CÓRREGO DAS PEDRAS (MT)

VIDAS E MEMÓRIAS DA TERRA DE TRABALHO

CB034041

Editora Appris Ltda.
1.ª Edição - Copyright© 2022 dos autores
Direitos de Edição Reservados à Editora Appris Ltda.

Catalogação na Fonte
Elaborado por: Josefina A. S. Guedes
Bibliotecária CRB 9/870

P436c 2023	Pereira Filho, José Córrego das Pedras (MT) : vidas e memórias da terra de trabalho / José Pereira Filho. – 1 ed. – Curitiba : Appris, 2023. 241 p. ; 23 cm. – (Ciências sociais. Seção sociologia). Inclui referências. ISBN 978-65-250-5268-7 1. Vida rural – Córrego das Pedras (MT). 2. Identidade social. 3. Cultura. 4. Tangará da Serra (MT) – História. I. Título. II. Série. CDD – 307.72

Livro de acordo com a normalização técnica da ABNT

Appris
editora

Editora e Livraria Appris Ltda.
Av. Manoel Ribas, 2265 – Mercês
Curitiba/PR – CEP: 80810-002
Tel. (41) 3156 - 4731
www.editoraappris.com.br

Printed in Brazil
Impresso no Brasil

José Pereira Filho

CÓRREGO DAS PEDRAS (MT)
VIDAS E MEMÓRIAS DA TERRA DE TRABALHO

FICHA TÉCNICA

EDITORIAL	Augusto Coelho
	Sara C. de Andrade Coelho
COMITÊ EDITORIAL	Marli Caetano
	Andréa Barbosa Gouveia - UFPR
	Edmeire C. Pereira - UFPR
	Iraneide da Silva - UFC
	Jacques de Lima Ferreira - UP
SUPERVISOR DA PRODUÇÃO	Renata Cristina Lopes Miccelli
ASSESSORIA EDITORIAL	Cibele Bastos
REVISÃO	José Bernardo dos Santos Jr.
PRODUÇÃO EDITORIAL	Bruna Holmen
DIAGRAMAÇÃO	Luciano Popadiuk
CAPA	Mateus de Andrade Porfírio
REVISÃO DE PROVA	Stephanie Ferreira Lima

COMITÊ CIENTÍFICO DA COLEÇÃO CIÊNCIAS SOCIAIS

DIREÇÃO CIENTÍFICA **Fabiano Santos (UERJ-IESP)**

CONSULTORES

Alícia Ferreira Gonçalves (UFPB)
Artur Perrusi (UFPB)
Carlos Xavier de Azevedo Netto (UFPB)
Charles Pessanha (UFRJ)
Flávio Munhoz Sofiati (UFG)
Elisandro Pires Frigo (UFPR-Palotina)
Gabriel Augusto Miranda Setti (UnB)
Helcimara de Souza Telles (UFMG)
Iraneide Soares da Silva (UFC-UFPI)
João Feres Junior (Uerj)

Jordão Horta Nunes (UFG)
José Henrique Artigas de Godoy (UFPB)
Josilene Pinheiro Mariz (UFCG)
Leticia Andrade (UEMS)
Luiz Gonzaga Teixeira (USP)
Marcelo Almeida Peloggio (UFC)
Maurício Novaes Souza (IF Sudeste-MG)
Michelle Sato Frigo (UFPR-Palotina)
Revalino Freitas (UFG)
Simone Wolff (UEL)

Aos sitiantes da comunidade rural córrego das Pedras, parceiros e parceiras, possibilitando uma vivência no cotidiano de suas vidas familiares, comunitárias e dos seus trabalhos. Foram três anos de incansáveis horas de convivência, colhendo pacientemente o saber e as experiências de vida de pessoas e famílias que, genuinamente, construíram junto a suas famílias uma trajetória de vida no campo. Foram infinitas e ricas experiências. Aos sitiantes, sujeitos da pesquisa, minha eterna gratidão. No meio do caminho, muitas convivências e amizades eternizadas.

AGRADECIMENTOS

Ao apoio da família que, partícipe de todo o processo, sofreu com a minha ausência física durante o trabalho e com a minha "ausência de espírito", quando estive focado diuturnamente nas tarefas acadêmicas, mesmo estando próximo. Só o amor sustenta a ausência. De forma especial, quero reportar ao meu pai que, no sofrimento de uma cama, necessitando dos cuidados do seu único filho do sexo masculino, importava-se com o meu tempo, se eu podia ou não cuidar dele, ficar mais ou menos tempo… Gratidão eterna, papai… Sempre disse que gostaria que o senhor estivesse vivo para comemorar esse momento, que é muito seu. Sem nenhum tipo de orgulho, porque minha trajetória de vida não permite, mas é muito simbólico o filho do retirante mineiro ser doutor.

Agradeço também à Universidade do Estado de Mato Grosso, instituição onde tenho exercido a função de professor titular da cadeira de Metodologia e Técnica de Pesquisa que, por meio do convênio com a Ufscar, possibilitou-me o sonho do doutorado e do desenvolvimento da pesquisa, tendo por resultado o presente livro. Obrigado à Unemat e aos seus gestores, que colocaram como prioridade os processos de formação docente.

Aqui, faço menção ao Programa de Pós-Graduação de Sociologia da Ufscar, na pessoa do coordenador do programa, Prof. Dr. Rodrigo Constante Martins, e do quadro docente. Tenho a honra de dizer que passei por um Programa de Pós-Graduação com profissionais da mais alta competência e de muito compromisso. Minha eterna gratidão.

E, por fim, à minha orientadora, Prof.ª Dr.ª Maria Aparecida de Moraes Silva, pela compreensão e pela generosidade para comigo durante os três anos de convivência. Sei que fui um acadêmico disciplinado nas minhas tarefas, porém, provido de muita ansiedade, o que criava severas dificuldades para a orientadora. Sei que ela teve que ter muita paciência comigo. Foi uma autêntica orientadora, cobrando-me as tarefas devidas, porém me estimulando ao desafio da pesquisa. Agradeço por seu compromisso e sua rigidez, que foram essenciais na minha construção como sujeito pesquisador. Não foi fácil pensar a sociologia rural, tecer os caminhos da pesquisa e da escrita. Sofri muito, mas um sofrimento necessário que me fez crescer. Uma enorme gratidão de quem teve a honra de tê-la como orientadora.

Minha esperança (do verbo esperançar) é que todo esse processo reflita positivamente na minha atuação profissional e no meu compromisso social, mesmo diante das dificuldades em que estamos envoltos, que seja eu um indutor da continuidade da construção de uma sociedade justa, humana, fraterna e plural. Que a plantação floresça, dê frutos e gere vida. Ratifico meu eterno agradecimento e gratidão.

"Aqueles que passam por nós,
Não vão sós, não nos deixam sós.
Deixam um pouco de si e
Levam um pouco de nós."
Autor: Antonie de Saint-Exupéry.

LISTA DE ABREVIATURAS

Adunemat Seção Sindical dos Docentes da Universidade do Estado de Mato Grosso

ALMT Assembleia Legislativa do Estado de Mato Gross

CTN Centro de Tradições Nordestinas

Empaer Empresa Mato-grossense de Pesquisa, Assistência e Extensão Rural

EUA Estados Unidos da América

FHC Fernando Henrique Cardoso

Funai Fundação Nacional do Índio

IAC Instituo de Agronomia de Campinas

IBC Instituto Brasileiro do Café

IBGE Instituto Brasileiro de Geografia e Estatística

Incra Instituto Nacional de Colonização e Reforma Agrária

Intermat Instituto de Terras de Mato Grosso

h hora(s)

ha hectare(s)

IDH Índice de Desenvolvimento Humano

km quilômetro(s)

LRF-MT Lei de Responsabilidade Fiscal do Estado de Mato Grosso

MG Minas Gerais

MT Mato Grosso

min minuto ou minutos

PDT Partido Democrático Trabalhista

Prodeic Programa de Desenvolvimento Industrial e Comercial de Mato Grosso

Pronaf Programa Nacional de Fortalecimento da Agricultura Familiar

PSDB Partido da Social Democracia Brasileira

PT Partido dos Trabalhadores

R$ Real (moeda brasileira)

Sintep-MT Sindicato dos Trabalhadores no Ensino Público de Mato Grosso

Sita Sociedade Comercial e Imobiliária Tupã para a Agricultura.

TCE-MT Tribunal de Contas do Estado de Mato Grosso

UFMT Universidade Federal de Mato Grosso

UFSCar Universidade Federal de São Carlos
Unemat Universidade do Estado de Mato Grosso

PREFÁCIO

Prefaciar o livro de José Pereira é rememorar caminhos e histórias de resistência. Por isso, antes de tudo, só posso expressar meu contentamento com o lugar de escrita da abertura do livro *Córrego das Pedras: trajetórias de vida e memórias da terra de trabalho*. Pude acompanhar este trabalho desde seus primórdios, conhecer a comunidade, me inspirar com seus sujeitos e ver nascer a tese de doutorado que originou o presente livro — um belíssimo trabalho que os leitores poderão conferir.

Recordo-me da primeira visita à Comunidade Córrego das Pedras. Estávamos de carro, percorrendo uma estrada que saía de Tangará da Serra, sentido Deciolândia, em uma transição da cidade para o campo e que levaria para territórios ocupados pelo agronegócio sojicultor da região. Adentramos em uma estrada de terra, na direção da comunidade Córrego das Pedras, no qual da estrada, de um lado da estrada, visualizávamos algumas casas. Do outro lado da estrada, víamos descampados com algumas cabeças de gado, ao fundo, algumas casas de alvenaria. Conforme a estrada seguia, fomos cercados dos dois lados por diferentes tipos de matas, algumas produções de milho, outras que eu nem podia identificar. A sensação era como se estivéssemos adentrando em um mundo mágico.

Senti a acolhida dos/as sitiantes. Essa experiência se traduz no livro, que conduz o leitor para dentro da Comunidade Córrego das Pedras, para dentro da casa do Senhor Arestides e da Dona Alcina, para o quintal de Dona Nega, para a Festa de São Sebastião, enfim, para o complexo mundo dos sitiantes, espaço de produção da vida material e imaterial de suas famílias. O esforço em demonstrar como os migrantes de outras regiões do país carregaram seus modos de vida, costumes e tradições para Mato Grosso não se difere do esforço em levar tudo isso ao leitor. A resistência dos sitiantes — expropriados de outras regiões do país, que migraram para Mato Grosso e formaram a comunidade — é transmitida ao leitor, que é convidado a compartilhar, pelo menos durante a leitura, o sentido de vida apresentado pelos sujeitos.

Desde o começo do livro, somos levados a dividir com José Pereira sua trajetória, partindo do desenho da pesquisa até sua entrada em campo empírico. Somos apresentados aos sujeitos da pesquisa por meio de uma preciosa tabela com algumas informações sobre eles. Mas conhecemos ali também o próprio pesquisador, quando traz os aspectos mais humanos e sensíveis do fazer sociológico.

Adentramos ao Capítulo 1, "Ocupação das terras no Sudoeste de Mato Grosso", já em uma relação próxima com os sujeitos da pesquisa e com o sujeito pesquisador. Estamos, portanto, prontos para conhecer a história do território. O capítulo apresenta, primeiro, o processo de bandeiras do Brasil Colonial, passa pela ascensão, declínio e retomada do garimpo em MT, pelas legislações agrárias nacionais e estaduais da ditadura militar[1] e pela própria disputa em torno da formação do estado de Mato Grosso. A minuciosa retomada histórica nos localiza em um território que tem na sua construção social e política a explicação de seus conflitos contemporâneos. Ainda, por meio de uma atenta coleta de dados nos cartórios dos municípios de Tangará da Serra, Barra do Bugres e Rosário Oeste, o capítulo traz dados específicos da ocupação da região da comunidade.

Uma vez ambientado social e historicamente, no segundo capítulo, "História e memória: o caminho da migração para Tangará da Serra", o leitor pode se aprofundar mais na história dos sujeitos. Em uma perspectiva quase decolonial (apesar de não se propor a tanto), José Pereira traz a história do povo Paresí e sua relação com os pioneiros da região de Tangará da Serra e da Comunidade Córrego das Pedras. Extrapolando as fronteiras do território pesquisado, o autor alonga a compreensão de formação de Tangará da Serra e da comunidade para o processo de modernização da agricultura que, em outros territórios, expropriou o campesinato, criando uma massa de migrantes que depois vieram a tornar-se os pioneiros daquela região. Longe de apresentar isso como processo espontâneo, o capítulo mostra os processos políticos e econômicos relacionados a essa migração.

Já com as informações sobre o processo de migração dos pioneiros da Comunidade Córrego das Pedras, conhecemos os sitiantes, categoria cara para a pesquisa de José Pereira. Além do processo político da migração, entendemos as motivações subjetivas desses sujeitos, muito relacionadas ao "sonho de possuir um pedaço de terra boa" (p. 88). A relação com a terra se mostra central; as famílias já se dedicavam à pequena produção agrícola nas regiões das quais foram expropriadas pela modernização da agricultura. Assim, a garantia da reprodução familiar passava por permanecer na terra,

---

[1] No mesmo capítulo, são apresentados dados relevantes sobre a política de incentivo fiscal em Mato Grosso desde os anos 1990.

mesmo que fosse em outra localidade, mesmo enfrentando uma série de adversidades e mesmo com outra forma de organização produtiva. Assim se constituíram as minis e pequenas propriedades — os sítios —, que se proliferaram e formaram diversas comunidades rurais na região de Tangará da Serra durante as décadas de 60 e 70. Boa parte dessas comunidades foram se desmantelando com o avanço do agronegócio na região nas décadas de 1990 e 2000, sendo a comunidade Córrego das Pedras, uma das exceções.

O fim do Capítulo 2 e todo o Capítulo 3, "Ruralidade e resistência nas relações sociais da Comunidade Córrego das Pedras", demonstram que as estratégias de sobrevivência dos sitiantes são formas de resistência: permanecer na terra, adaptar-se em termos de processo produtivo (a chegada da feira, muito bem explicada no tópico 2.4, "Do saber tradicional à reinvenção da arte de lavrar a terra"), criar laços de comunidade, manter hábitos e tradições (festas, culinária, práticas religiosas), produzir em uma lógica não essencialmente capitalista, mas que "produz uma experiência humana".

Na comunidade se produz alimentos, em mini e pequenas propriedades, uma lógica muito distante dos latifúndios monocultores do agronegócio. Outras vozes aparecem no Capítulo 3 para conceber essa resistência no decorrer do tempo, sujeitos da segunda geração, filhos dos pioneiros. São eles que acompanharam a virada produtiva da local, que antes se dedicava ao plantio de café e, depois, por meio do olhar justamente da segunda geração, passa à produção de alimentos (legumes, verduras e frutas) para comercialização na feira municipal. No esteio desse debate, José Pereira aprofunda as reflexões sobre a relação modernidade e tradição, costurando empiria e teoria (Thompson, 2016; Bourdieu, 2008; Wanderley, 2009; Scott, 2002, entre outros).

A esta altura do livro, encontramos-nos imersos na Comunidade Córrego das Pedras, instigados a conhecer mais sobre seus processos e sujeitos. Como sendo conduzidos, chegamos ao Capítulo 4, "Identidade, cultura e memória como amálgama da resistência". Com um início teórico importante para o posicionamento do trabalho em relação ao debate de identidade e cultura, embasado em Raymond Williams, Antônio Candido, Maria Isaura Pereira de Queiroz, entre outros, chegamos à Festa de São Sebastião. Há de se destacar que as experiências dos sujeitos de pesquisa tecem o texto todo o tempo.

Mais do que apenas uma festa religiosa, a Festa de São Sebastião explicita os laços comunitários que permaneceram no decorrer do tempo, a despeito dos ataques do agronegócio regional (algodão, milho, soja, gado) e dos projetos de desenvolvimento estatais para a região. Trata-se de um espaço de socialização (Candido, 1982), de reprodução e fortalecimento da comunidade. Nesse sentido, a culinária é central. Desde o abate dos animais ao preparo dos pratos, toda organização remete a um mundo caipira reiventado em outro território, numa relação entre passado e presente que demonstra, afinal, a resistência. Aqui entramos na reflexão sobre memória, apoiada em Halbwachs (2015) e sobre solidariedade de Durkheim (2000).

No Capítulo 5, "Mulheres e filhos(as): trabalho e escola no cotidiano da vida", somos chamados a entender o papel feminino em todo o processo anteriormente apresentado. Mesmo que as relações patriarcais típicas do mundo caipira se mantenham no decorrer das gerações, entendendo as atividades femininas como "ajuda" e atribuindo-lhes a responsabilidade pelo cuidado, as mulheres de Córrego das Pedras ocupam papel crucial na comunidade. Seja no processo migratório inicial, seja na produção e reprodução familiar, seja na atuação na esfera produtiva (roça e feira), seja ainda dentro da divisão sexual do trabalho — bem explicado no tópico 5.1.1 A relação de gênero e a divisão sexual do trabalho —, seja na ocupação de cargos decisórios da estrutura comunitária, as mulheres se mostram essenciais na construção da resistência que é característica daquela comunidade. É imprescindível acompanhar a trajetória de Dona Nega, que explicita todo o debate apresentado.

Ainda no Capítulo 5, chegamos à terceira geração da Comunidade Córrego das Pedras. A exposição das diferentes impressões da vivência da vida comunitária no decorrer das gerações traz uma compreensão dos distintos desafios dos sujeitos, abordados no tópico 5.3, "A educação formal, o processo sucessório e o trabalho no campo". A questão escolar é uma entrada para o debate sobre as tensões entre modernidade e tradição. Por meio do uso da metodologia da produção de desenhos como "produções do imaginário de sujeitos imersos em um contexto social, no qual, para além de produzir imagens, acabam por exprimir as percepções presentes e as perspectivas futuras onde a vida se desenrolou e desenrola" (p. 221), somos apresentados à perspectiva das crianças e jovens da comunidade, que demonstram exatamente a simbiose entre a modernidade e o tradicional.

José Pereira nos conduz desde o começo do livro até o final à experiência dos sitiantes da comunidade. Trata-se de uma experiência que perpassa gerações, que expressa distintas formas de existir e resistir. Tais experiências se voltam para a produção e reprodução da vida no campo, diferenciada do modelo do agronegócio que pressiona sua própria existência. A produção de alimentos em mini e pequenas propriedades não se trata apenas de organização produtiva, mas de práticas de vida, de cultura, de memória.

Nesse sentido, entendemos que se fala de memórias subterrâneas (Pollack, 1989), invisibilizadas e apagadas. Eis a importância desta publicação. O presente livro faz aquilo que Walter Benjamin (1987) chama de escovar a história à contrapelo, trazendo à tona o que é escondido pela história oficial. No estado chamado de celeiro do mundo, conhecido pela produção do agronegócio, o modo de vida do sitiante, caipira, ouso dizer, camponês, resiste. Desejo que assim como os sitiantes resistiram e resistem, e como eu pessoalmente pude me inspirar em suas resistências em meu próprio processo (distinto) de resistência, os leitores também possam adentrar ao mundo da Comunidade Córrego das Pedras e ser atravessados por tais histórias e reflexões.

Boa leitura!

Tainá Reis de Souza
Graduada em Ciências Sociais pela UFSCar.
Mestre e doutora em Sociologia, também pela UFSCar.
Pesquisadora sobre ruralidade com foco nas questões agrárias e de gênero.
Atualmente está atuando como professora e pesquisadora na UFBA.

SUMÁRIO

INTRODUÇÃO

a) Aspectos gerais da obra

O presente livro aborda a temática da "ruralidade"[2], a partir de uma pesquisa realizada em uma comunidade rural denominada Córrego das Pedras, com o propósito analisar a dinâmica social referente às formas de sobrevivência das famílias que vivem em minis e pequenas[3] propriedades, denominadas sítios, em um contexto de expansão do agronegócio. A designação do território se deu em função de um pequeno riacho denominado Córrego das Pedras, que corta aquelas terras.

Buscamos conhecer e analisar o processo de produção de vida material e vida imaterial das famílias, com os seguintes propósitos: a) reconstituir, por meio da memória, os caminhos da migração, apontando as motivações e os desafios enfrentados no processo de ocupação, permanência, produção e reprodução da vida; b) classificar as formas de produção de vida material, verificando a incidência da utilização de tecnologias de produção e suas implicações no processo de produção da vida material e das manifestação de afeto à terra; c) analisar as formas de produção da vida material (forma que se organizam e produzem) e imaterial (produção, reprodução e ressignificação da cultura), permeadas pelos elementos de modernidade e de tradição, como mecanismos de resistência e reprodução de um modo de vida; d) analisar o papel da mulher no contexto familiar, da produção e a repercussão no âmbito das relações comunitárias; e e) apontar para o horizonte de continuidade das famílias em seus sítios, a partir da perspectiva dos filhos, constituintes da terceira geração.

---

[2] Para Wanderley (2001), trata-se de um universo socialmente integrado ao conjunto da sociedade brasileira e ao contexto atual das relações internacionais, com particularidades históricas, sociais, culturais e ecológicas, em que milhares de famílias, Brasil afora, produzem e reproduzem vida material e imaterial. Um lugar diverso e polissêmico, pouco reconhecido, caracterizado por variadas formas de vida, de trabalho e de relacionamento da vida com a terra. Um espaço que transita entre a modernidade e a tradição, portanto, permeado por tensões.

[3] Em relação ao tamanho das áreas, os imóveis rurais são classificados pelo Instituto Nacional de Colonização e Reforma Agrária (Incra) em minifúndio ou mini propriedade, em se tratando de imóvel rural com área inferior a 1 (um) módulo fiscal; pequena propriedade com área compreendida entre um a quatro módulos fiscais; média propriedade com área compreendida entre quatro a 15 módulos fiscais; e, grande propriedade compreendendo áreas com tamanho superiores a 15 módulos fiscais. Essa classificação é definida pela Lei 8.629, de 25 de fevereiro de 1993, variando o tamanho do módulo fiscal em função do tipo de exploração econômica da área rural de cada município brasileiro, disponibilizando o Incra uma tabela de enquadramento. No caso específico do município de Tangará da Serra, o módulo fiscal corresponde a 80 ha.

A permanência das famílias na comunidade Córrego das Pedras, produzindo e reproduzindo vida material[4] e imaterial[5], está fundamentada nas históricas relações comunitárias, nos processos de trabalho desenvolvidos e na construção de mecanismos próprios de sobrevivência (produção da vida material) e vida imaterial (ligada a aspectos da cultura e das tradições). A ocupação e permanência das famílias acabaram por constituir-se em resistência, considerando a dinâmica de ocupação das terras na região, fundada na concentração de grandes extensões de terras voltadas à produção de soja, milho e de criação do gado de corte.

Conforme os apontamentos de Brandão (2007) e Paulilo (2016), de que há variadas formas de vida no campo, a pesquisa demonstra, em perspectiva histórica e sociológica, desde o processo migratório iniciado na primeira metade da década de 1960 até os dias atuais, como as famílias construíram variadas formas de vida no ambiente rural em que vivem, produzindo e reproduzindo cultura, em um ambiente que transita de forma ambivalente da vida individual à vida comunitária, construindo, ao longo do tempo, uma coesão social, apontada por Durkheim (2000) como solidariedade mecânica, articulada ao processo de resistência.

Apesar das terras valorizadas e do interesse do capital, os sitiantes, ao longo do tempo, mantiveram-se em seus pedaços de terra, produzindo a subsistência, reproduzindo e produzindo cultura, gerando formas plurais de se relacionar com a terra. São experiências diversas de produção e comercialização, mantenedoras dos homens e mulheres no campo.

Trata-se de um espaço *sui generis* e de uma trajetória de luta pelo acesso e permanência na terra por minis, pequenos e médios produtores rurais, em um espaço geográfico de predomínio do agronegócio, que demanda um olhar acurado, com o propósito de registrá-lo e analisá-lo, contribuindo com o conjunto das reflexões em torno das relações sociais no campo, como espaço plural, diverso e que resiste às tensões da modernidade.

---

[4] Vida material: constituída pela força de trabalho desprendida por homens e mulheres, em condições sociais determinadas, que compreende a construção dos meios de sobrevivência, composto essencialmente pelos bens materiais, como alimentação, moradia, deslocamento, roupas, remédios e outros, necessários à sobrevivência humana.

[5] Vida imaterial: conjunto das experiências de vida, hábitos, costumes e tradições que, no seu conjunto, identificamos como cultura, presentes no contexto das relações sociais dos sitiantes da comunidade Córrego das Pedras, espaço de produção da vida material.

b) O cenário

A comunidade Córrego das Pedras está a 12 km de distância da cidade de Tangará da Serra (MT), tendo por acesso principal a rodovia MT-480, saída para Deciolândia (pequeno povoado que é distrito do município de Diamantino), em direção à antiga Linha Doze[6] e com acesso secundário pela estrada do Córrego Mutum[7], rodeada por outras comunidades: Belo Horizonte, Linha Doze, Reserva, Acampamento, Pé de Galinha e Aterro[8], que se misturam, tanto do ponto de vista das fronteiras geográficas, visto que os limites são imaginários, quanto em relação ao trânsito de sitiantes de um espaço a outro, quer seja pela proximidade, quer seja pela convivência entre elas.

Dessas comunidades citadas, Córrego das Pedras, Linha Doze, Acampamento e Aterro são possuidoras de estrutura física como igreja e salão de festas, com vida comunitária. Na comunidade Belo Horizonte há somente uma antiga igrejinha, aparentando estar abandonada. Na comunidade Pé de Galinha existe uma escola antiga, em alvenaria, também aparentando estar abandonada. No entorno da comunidade Linha Doze, em um espaço de transição entre o campo e a cidade, existem alguns bares e residências, rodeados por chácaras que se transformaram em residências, concentrando um significativo número de pessoas.

Os limites físicos visíveis são suas sedes, como é o caso de Córrego das Pedras, Linha Doze, Acampamento e Aterro e dos remanescentes de sedes, como Pé-de-Galinha e Belo Horizonte. No local denominado Reserva não há vestígios de estrutura física que possa identificar sua existência.

Na comunidade Córrego das Pedras, a área social foi doada pelo senhor Arestides, um dos seus primeiros moradores, que lá se radicou na década de 1960, precisamente no ano de 1965. Seu espaço físico limita-se à frente

---

[6] No início da colonização do Município de Tangará da Serra, as estradas rurais foram numeradas, denominadas linhas. A Linha 12, uma das estradas rurais, inicia-se a aproximadamente 5 km do centro da cidade de Tangará da Serra, na confluência com a rodovia estadual MT-480, sentido Tangará da Serra ao distrito de Deciolândia, município de Diamantino (MT). Nessa confluência, localiza-se a comunidade rural denominada Linha Doze.

[7] Estrada rural secundária de acesso à comunidade Córrego das Pedras.

[8] A identificação por nome das comunidades se deu em virtude de peculiaridades locais constituintes da trajetória de ocupação da região. Assim temos: a) Belo Horizonte – local onde se fixou famílias migrantes do estado de Minas Gerais; b) Linha Doze – nomina uma estrada municipal. A sede foi construída no início da estrada; c) Reserva – local em que foi deixado uma reserva de mata virgem com a existência da planta medicinal de alto valor comercial denominada poaia; d) Acampamento – local em que a empresa loteadora instalou uma estrutura física com barracos para abrir estradas e recepcionar eventuais compradores de sítios, constituindo um acampamento; e) Pé de Galinha – cruzamento da Rodovia MT-480 com a estrada rural da comunidade Córrego das Pedras, cruzamento que tem o formato de um pé de galinha; e f) Aterro – local em que foi feito um aterro por moradores, com uso de enxada e enxadões, para transpor uma baixada alagadiça na estrada e diminuir o aclive de um morro.

com a estrada rural também denominada Córrego das Pedras, na lateral esquerda com o Córrego das Pedras e ao fundo e lateral direita com terras pertencentes ao espólio do senhor Arestides, contendo uma igreja nova de alvenaria em que são celebradas as missas e cultos, um salão de madeira de grandes proporções utilizado para reuniões, confraternizações e festas, uma cozinha conjuminada com o salão de festas, um campo de futebol *society*[9] com iluminação artificial e um espaçoso quintal, sendo parte gramado e parte em chão batido. Ao lado da igreja nova, havia uma antiga, de madeira, em que se realizavam as celebrações religiosas, porém, no início do ano de 2019, o cenário foi alterado com a sua demolição.

Trata-se de uma região que ainda concentra muitas minis, pequenas e médias propriedades, variando bastante as atividades produtivas, com fortes relações com a cidade de Tangará da Serra, parte em função da pouca distância da cidade, e parte em função da feira do produtor rural, realizada às quartas-feiras e aos domingos que possibilita uma relação comercial direta dos sitiantes com os consumidores.

Especificamente na comunidade Córrego das Pedras existem, no raio pesquisado, 136 pessoas distribuídas em 47 famílias, ocupando uma área de 855,68 ha, com densidade populacional de uma pessoa para cada 6,29 ha.

c) Os sujeitos

A intenção inicial foi trabalhar com a primeira geração de sitiantes que ocupou as terras da comunidade Córrego das Pedras, nas décadas de 1960 e 1970. Os idosos são memórias vivas do processo de migração, ocupação, produção e reprodução das relações sociais naquele local. Seus filhos, que constituem a segunda geração, ocupam importante papel na dinâmica social, sendo que parte migrou junto com seus pais quando crianças e parte lá nasceram.

Hoje, essa geração é a força de trabalho que dá sequência à reprodução de uma forma de vida no campo herdada dos pais e mães, estando na faixa etária de 45 a 55 anos. São responsáveis pela continuidade de uma forma de vida advinda das construções sociais e culturais do interior de Minas Gerais e São Paulo, reproduzindo hábitos e costumes de produção, de alimentação, de vida comunitária, de práticas religiosas e de relação com a terra.

---

[9] Campo gramado para a prática de futebol, semelhante aos campos de futebol de areia, por ter as dimensões menores e comportar sete atletas. Trata-se de uma prática esportiva que se popularizou a partir dos anos 2000, muito provavelmente por requerer menos espaço, com menores custos de manutenção e, suspostamente, em função das dimensões menores, exigir menor esforço físico por parte dos praticantes.

A segunda geração foi e é garantidora da continuidade de um modelo de vida no campo, trazido junto com o processo migratório, fundamentado nas históricas relações patriarcais. Os homens herdam de seus pais a condição de dar seguimento à reprodução familiar: quando casados, permanecem nos sítios. Já as mulheres da segunda geração, quando casadas acompanham seus esposos, para a cidade ou para o campo, quando são proprietários de sítios ou trabalham como empregado em alguma fazenda.

A terceira geração é formada pelos netos e netas da primeira geração: crianças, jovens e adolescentes que permanecem com suas famílias nos sítios. Os adolescentes e jovens do sexo masculino compõem parte da força de trabalho, consorciando o trabalho na roça com as atividades de estudo. Praticamente todos compatibilizam a idade cronológica com a idade escolar, o que constitui um significativo indicador da preocupação familiar com a trajetória escolar. As crianças, adolescentes e jovens, filhos da segunda geração que saíram da comunidade, são visitantes assíduos, assim como são seus pais. É comum, nos finais de semana, os filhos e netos da primeira geração se fazerem presentes nos sítios onde moram os avós. Do mesmo modo, participam das comemorações e festividades na comunidade.

Assim, o quadro de sujeitos é composto pelos sitiantes da primeira, segunda e terceira gerações, construtores e construtoras das relações sociais. São eles e elas que, ao longo do tempo, produziram uma dinâmica de vida social em constante mutação, iniciada no início da década de 60.

A reconstituição da trajetória de ocupação e permanência na terra e o desenvolvimento das atividades produtivas deram-se a partir da memória dos sitiantes. Foram selecionados considerando a liderança exercida, as atividades produtivas que desenvolvem, o tempo de moradia e o ensejo de uma situação particular *sui generis*, como é o caso de dona Nega, trabalhadora rural, negra e de origem camponesa, e do Senhor Oscar, camponês negro, com trânsito pela cidade em São Paulo, que fez da terra uma opção de vida, sem preocupação com produção e renda.

Além dos sujeitos internos (membros da comunidade), o quadro de sujeitos é composto também por agentes externos: a) o Senhor Wilson Galli, um dos loteadores da região, por seu conhecimento do processo de ocupação da região e de forma específica das terras da comunidade Córrego das Pedras; b) o senhor Eliel Ferreira Porto, técnico da Empaer que, ao longo do tempo, acompanhou os processos produtivos da região, inclusive o rompimento dos sitiantes com as lavouras cafeeiras; e c) a Senhora Maria

Helena Azumezuhero, liderança indígena Paresí, por ser atendente de enfermagem e militante da causa indígena, é conhecedora dos processos de ocupação e desocupação das terras pelos índios Paresí, incluindo as terras que compõem o espaço físico da pesquisa.

O quadro apresentado é demonstrativo dos sujeitos entrevistados das três gerações (primeira, segunda e terceira) e dos sujeitos externos:

Quadro 1 – Demonstrativo dos sujeitos entrevistados

Geração	Nome	Idade	Sexo	Parentesco	Origem	Ano de migração
1ª	Arestides[10]	89	M	Esposo de Alcina	MG	1965
	Gentil	87	M	–	MG	1966
	Antonio Freitas	85	M	Irmão de Salvador	SP	1968
	Manoel	77	M	Esposo de Leonora	PR	1972
	Salvador	75	M	Irmão de Antônio	SP	1968
	Dona Nega	85	F	–	GO	2000
	Alcina	82	F	Esposa de Arestides	MG	1965
	Leonora	72	F	Esposa de Manoel	PR	1972
2ª	Oscar	72	M	Pais falecidos – irmão de Luzia	SP	1971
	Severino	58	M	Pais falecidos	SP	1972
	Gerson Okada	53	M	Esposa de Julieta	SP	2004
	Pedro	51	M	Filho de Antônio e esposo de Rose-neire	MT	Nasceu na comunidade
	Ornezino	49		Filho de Arestides e esposo de Silvânia	MT	Nasceu na comunidade
	Ronaldo	45	M	Filho de Salvador e esposo de Neide	MT	Nasceu na comunidade
	Paulinho	45	M	Filho de Antônio	MT	Nasceu na comunidade

---

[10] O senhor Arestides, patriarca da segunda família a migrar para a região do Córrego das Pedras, autêntico narrador, com quem era mantinha regulares e longas conversas, foi acometido por um AVC na manhã do dia 11 de julho de 2018, vindo a óbito na noite do dia 18, após oito dias de internamento. Sua ausência física será muito sentida entre familiares e amigos, bem como, na comunidade Córrego das Pedras, pois foi um homem de comunidade. Face à sua trajetória de vida e ao reconhecimento de sua liderança, sua memória é imortal.

Geração	Nome	Idade	Sexo	Parentesco	Origem	Ano de migração
2ª	Luzia	70	F	Pais falecidos – irmã de Oscar	SP	1971
	Julieta	51	F	Esposa de Gerson	SP	2004
	Roseneire	51	F	Esposa de Pedro	PR	1979
	Silvânia	43		Esposa de Ornezino	MT	Nasceu em Tangará da Serra na Gleba Palmital
3ª	Fábio	30	M	Filho de Severino	MT	Nasceu na comunidade
	Cristian	22	M	Neto do senhor Antônio	MT	Nasceu na comunidade
	Alfredo	19		Neto do senhor Antônio	MT	Nasceu na comunidade
	Rosiane	32	F	Filha do senhor Severino	MT	Nasceu na comunidade
	Natália	26	F	Esposa do Fábio	MT	Nasceu na comunidade Gleba Amor, em Tangará da Serra
Sujeitos externos	Eliel	58	M	Técnico da Empaer	MT	1984
	Wilson Galli	82	M	Colonizador	SP	1963
	Maria Helena Azumezuhero			Liderança indígena[11]	MT	1958

Fonte: o autor

---

[11] Maria Helena Azumezuhero foi constituída liderança por ser atendente de enfermagem. Conforme Souza (1997), a realidade social da nação Paresí tem apresentado elementos novos na estrutura de poder daquele povo: há um poder das lideranças tradicionais que emana da organização social e simbólica do próprio grupo, é estrutura de poder sólida e permanente; e, há o poder dos novos líderes (professor, motorista, atendente de enfermagem) que emana de uma situação do contato com a civilização branca que não tem a mesma solidez porque carece de estabilidade. Não emana de uma organização social histórica daquele povo, mas das necessidades impostas pela vida contemporânea.

d) Caminhos teóricos metodológicos

Trata-se de um estudo desenvolvida no âmbito das ciências humanas e sociais, abordando a diversidade relacional dos sujeitos e as relações com o meio na comunidade Córrego das Pedras, espaço de convivência social de um conjunto de famílias, portanto, uma complexidade com variações de natureza política, social, econômica e cultural.

Considerando os objetivos, estamos diante de uma abordagem qualitativa, em que os "procedimentos têm por objetivo investigar práticas da ação social na complexidade do dia a dia e apreender o mundo a partir da perspectiva dos sujeitos no cotidiano [...]." (Rosenthal, 2014, p. 22). Trata-se de adentrar em um mundo estranho, exigindo cautela e sensibilidade nos processos de interações.

Como procedimento metodológico utiliza-se a história oral, pois "a evidência oral é uma fonte importante, é mais uma das formas de que dispõe o pesquisador para a construção de identidades do passado, para a interpretação das representações no tempo e espaço das experiências humanas" (Lucena, 1999, p. 24), tendo a memória como uma categoria necessária e relevante para o desenvolvimento da pesquisa.

A história oral permite reproduzir o mundo real vivido em suas dimensões multifacetadas, explora as relações entre memória e história, coloca em evidência a construção identitária pelos próprios atores sociais, reconhece que as lembranças são as artes do indivíduo e redimensiona as relações entre o passado e presente. "O passado é construído segundo as necessidades do presente [...]" (Lucena, 1999, p. 24).

Por meio da história oral, reconstitui-se a memória e a trajetória dos moradores e os aspectos envoltos nesse processo que, na prática, constituem a vida passada, presente e futura dos sitiantes nas relações individuais e coletivas estabelecidas.

> A história oral fornece ao historiador oportunidade de reconstruir aspectos de personalidades individuais inscritas na existência coletiva, pelo fato de as fontes orais dizerem respeito à memória. A arte de lembrar é sempre um ato individual, porém moldado pela dinâmica do meio social. (Lucena, 1999, p. 23).

Para os procedimentos de geração de dados, inicialmente, utilizamos como recurso a observação direta, tendo como premissa a interação com os sujeitos, com acompanhamento presencial do cotidiano da vida das famílias e da comunidade.

O processo inicial de observação direta foi importante para abrir caminhos para as entrevistas. As entrevistas foram utilizadas como forma de resgatar, por meio dos relatos, a trajetória e as experiências de vida dos sujeitos da pesquisa. Foram realizadas entrevistas de roteiro aberto e semiestruturado, em função do perfil dos sujeitos e dos interesses da pesquisa, a partir de contatos prévios estabelecidos.

As conversas com os idosos tornaram-se uma importante estratégia, pois suas lembranças são memórias vivas do passado, portanto, de suas trajetórias individuais e coletivas. Conforme Bosi (2004, p. 60):

> Ao lembrar o passado ele não está descansando, por um instante, das lides cotidianas, não está se entregando fugitivamente às delícias do sonho: ele está se ocupando consciente e atentamente do próprio passado, da substância mesma da sua vida.

Consiste em um exercício da vida, percebido como momentos de contentamento e regozijo, quando de nossas visitas e entrevistas.

Nas narrativas dos mais idosos, frequentemente, quem fala são os homens, muito provavelmente pela ascendência de um modo de vida no campo, muito demarcada por relações patriarcais. Na segunda geração, no tocante à fala, verifica-se um menor desequilíbrio de gênero, onde homens e mulheres sentem-se à vontade nas conversas e entrevistas desenvolvidas[12].

Os entrevistados são narradores portadores de experiências e de memórias vividas que expressam a história de vida dos sujeitos. Nesse sentido, a relação entrevistador/entrevistado constitui-se em uma interação, em que a necessidade de falar de um é a de ouvir do outro, recolocando o passado em perspectiva presente, na qual as experiências de vida e a memória dos sujeitos protagonizam o cenário. É uma busca de, por meio do narrador, "reconstituir os acontecimentos que vivenciou e transmitir a experiência que adquiriu" (Queiroz, 1988, p. 20).

Do ponto de vista metodológico, considerar-se-á que a trajetória de vida dos sitiantes tem um significado relevante no desenvolvimento do estudo, pois é a oportunidade do despertar de consciências, o que Pollak

---

[12] Nas entrevistas realizadas com o senhor Arestides (90 anos) e com o senhor Antônio Freitas (84 anos), não ocorreu a participação de suas esposas, já nas entrevistas com Ronaldo (46 anos), com Ornezino (49 anos) e com Pedro Freitas (51 anos), suas esposas acompanharam e participaram.

(1989) chama de memórias subterrâneas. Essas memórias, também entendidas como subalternas, irrompem o silêncio histórico socialmente determinado aos homens e mulheres do campo. Uma contraposição à memória oficial e de senso comum ou, muitas vezes, de uma memória nem lembrada e nem falada.

São trajetórias de vida de sujeitos com raízes no campo, que migraram em função, principalmente, do esgotamento das condições de produção e reprodução social dos locais de origem. Mudaram suas trajetórias tendo, como pano de fundo da migração, a reprodução daquilo que lhes era essencial: a continuidade da vida no campo. Assim, a reconstituição das trajetórias de vida se deu a partir da memória individual e coletiva, do ponto de vista dos sitiantes, que labutam na terra há décadas construindo, no âmbito do trabalho familiar, a produção material de suas vidas.

Com o propósito de ampliar e qualificar os procedimentos de produção de dados, realizou-se um levantamento documental, iniciado a partir das escrituras mais antigas e sem transmissão de posses intermediárias. Essa primeira informação foi necessária para posterior localização do perímetro do espaço da pesquisa no Cartório de Registro de Imóveis de Tangará da Serra. A partir daí, procedemos a reconstituição da cadeia dominial completa, realizando buscas no Cartório do 1º Ofício das cidades Tangará da Serra, Barra do Bugres e Rosário Oeste. Essas últimas estão distantes da cidade de Tangará da Serra, respectivamente, a 80 km e a 210 km.

Tal caminho foi necessário para reconstituir a cadeia dominial completa de algumas áreas, com o propósito de melhor compreender o processo de ocupação da gleba onde se situa a comunidade. Para a análise, considerar-se-á uma fronteira simbiótica na relação história/memória em que "é a memória que dita e a história que escreve" (Nora, 1993, p. 24), buscando fazer uma interface dos achados empíricos nos levantamentos cartorários com os achados de memória colhidos no desenvolvimento da pesquisa.

Foram feitas visitas à prefeitura municipal de Tangará da Serra para obter informações sobre aspectos como localização, mapas, estradas rurais e histórico da população rural e na Fundação Nacional do Índio, com o propósito de identificar áreas do município que compõem reservas indígenas.

Como recurso complementar de geração de dados utilizamos o questionário[13], que teve como propósito verificar e classificar a utilização do uso

---

[13] Em relação ao questionário, foi realizado de forma censitária, sendo que, em um primeiro momento, foram entregues três formulários para três famílias escolhidas, por amostragem não probabilística, com o propósito de

de tecnologias por parte dos sitiantes nos processos produtivos; o emprego de eletrodomésticos nas cozinhas das residências rurais; identificar a origem e o período temporal da migração; identificar o proprietário(a) do sítio, tamanho e forma de aquisição e o tipo de produção que desenvolvem; quantificar a densidade demográfica na região a partir do número de famílias e pessoas que habitam a propriedade; e classificar a divisão das tarefas entre homens e mulheres nos trabalhos no âmbito da propriedade.

As vivências no interior das famílias e na comunidade possibilitaram perceber a movimentação das crianças, dos adolescentes e jovens presentes e envolvidos nas atividades comunitárias, e no âmbito das famílias, nas tarefas de trabalho. Isso fez com que as percebesse como sujeitos, colocando como propósito ouvi-los(as), na busca de identificar em que medida as marcas da comunidade fazem parte de suas vidas, em perspectiva presente e futura.

A presença das crianças, dos adolescentes e jovens é rotineira nas atividades religiosas, nas festas e nas confraternizações, quase sempre com os pais. Os adolescentes e jovens do sexo masculino, rotineiramente, praticam o futebol entre eles ou com colegas da cidade. A prática do futebol é exclusivamente masculina.

Para dialogar com eles e elas, utilizou-se a técnica de desenho, ou seja, usamos a arte de desenhar como uma linguagem. A ideia de representar por desenhos o pensamento presente e futuro, permeado pelas interações sociais com seus familiares e com o contexto da vida comunitária, foi sugestiva e ocorreu quando colocamos na pauta a necessidade de ouvir as crianças e os jovens. Conforme Silva e Melo (2009, p. 22), "a investigação precisa recorrer a outras ferramentas a fim de captar além do visível, o invisível. Os desenhos das crianças permitem a revelação destes elementos visíveis e escondidos".

---

evidenciar possíveis deficiências e dificuldades e proceder ajustes necessários. Posteriormente, em uma sexta-feira, dia da atividade religiosa, foi entregue um formulário para cada família. Como não estavam presentes todas as famílias católicas e como há famílias que não são católicas ou não frequentam as atividades religiosas, visitamos todas elas colhendo as informações por meio do questionário.

Quadro 2 – Demonstrativo dos participantes da dinâmica do desenho

Nome	Idade	Situação Escolar
Gustavo	04	Não frequenta escola – FIE
Gabriel	07	Cursando o 1º ano – EF
Rafael	09	Cursando o 3º ano – EF
João Pedro	08	Cursando o 2º ano – EF
Eduardo	09	Cursando o 3º ano – EF
Matheus	15	Cursando o 1º ano – EM
Jefferson	17	Cursando Agronomia – ES
Alfredo	17	Cursando Biologia – ES
Lucas Rafael	18	Cursando Engenharia Civil – ES
Igor Matheus	19	Ensino Médio completo – EMC
Leonardo Eyi Okada	19	Cursando Zootecnia Civil – ES
Maurício dos Santos	20	Cursando Agronomia – ES
Cristian Rodrigo	21	Cursando Agronomia – ES
Camila	06	Não frequenta escola-FIE
Ana Paula	09	Cursando o 4º ano – EF
Krysllei	22	Cursando Biologia – ES

Legenda:
FIE – Fora da Idade Escolar
EF – Ensino Fundamental
EM – Ensino Médio
ES – Ensino superior
Fonte: o autor

Posteriormente, foram realizadas entrevistas com jovens, com o propósito de melhor perceber suas sensações em relação à vida presente e a perspectiva futura de reprodução da vida nos sítios de seus avós e pais.

e) Organização do texto

A partir dos dados coletados e das reflexões apresentadas, o texto está organizado conforme disposto a seguir.

A primeira seção apresenta uma abordagem sobre a colonização do estado de Mato Grosso e os aspectos sociais e políticos presentes no processo de ocupação, como é o caso da modernização da agricultura no Sudeste com a expulsão de milhares de famílias do campo. A migração foi o caminho de reconstrução da vida, os históricos privilégios no processo de ocupação das terras mato-grossenses e a forma contemporânea de manutenção dos privilégios a uma elite empresarial urbana e rural do estado.

Na segunda seção, abordamos de forma mais específica, a partir da história oral e da memória dos sitiantes, a ocupação do sudoeste do estado, onde localiza-se o município de Tangará da Serra, analisando os aspectos da migração e da produção, buscando situar o espaço no qual se desenvolve a pesquisa e sua constituição histórica.

Na terceira seção, apresenta-se uma discussão sobre ruralidade, focando o processo de produção de vida material e imaterial como um processo de resistência, permeados pela modernidade e a tradição que, em simbiose, transitam pelo contexto da vida deles.

Na quarta seção, o texto faz uma abordagem sobre a construção iden-titária dos sitiantes[14] e os aspectos da cultura como a festa de São Sebastião e a culinária, em um cotidiano de produção de vida material e imaterial, em que as experiências de vida, constituintes da tradição, revivificadas pela memória, refletem um passado vivido no tempo presente.

Na quinta seção, discute-se a relação das mulheres com o mundo do trabalho rural e, nessa relação, com o contexto familiar e comunitário. Trata-se de um mundo diverso, no qual as relações de trabalho das mulheres também são multifacetadas, o que traz à tona, a figura de dona Nega, que, aos 85 anos, continua na lida do trabalho e na condução da sua família. Ainda nessa seção, a partir das vivências com as crianças, jovens e adoles-centes, busca-se refletir sobre as possibilidades do processo sucessório na reprodução de um modo de vida rural, a partir da realidade de um mundo

---

[14] O termo é utilizado na identificação dos sujeitos da pesquisa – homens e mulheres –, que são possuidores e possuidoras de um pedaço de terra denominado sítio, tratando-se, portanto, de uma construção identitária. Não se trata de uma identidade única e cabal, mas aquela que reflete a denominação a si atribuída pela maioria dos sujeitos pesquisados.

contemporâneo, impulsionado pela dinâmica da modernidade e das novas vivências dos jovens, em sua maioria, com acesso ao ensino superior e ao mundo tecnologizado.

Por último, nas considerações finais, busca-se situar as discussões apresentadas no contexto das discussões que envolvem a temática ruralidade, abordando a diversidade rural de um mundo rural que se funda em projetos de vidas, de pessoas que fizeram, fazem e farão a opção pela vida no campo, garantindo a sua existência, com novos sujeitos e formas diferentes de se relacionar com a terra. Um mundo rural diverso e dinâmico.

O autor

CAPÍTULO I

A OCUPAÇÃO DAS TERRAS NO SUDOESTE DE MATO GROSSO

A história de luta pelo acesso e pela permanência na terra não é recente. É fruto do próprio processo de colonização do território brasileiro, que tinha e tem por base a concentração de enormes áreas nas mãos dos proprietários de terra, processo que se estendeu quando da abertura das fronteiras de exploração econômica nos diversos ciclos, da cana de açúcar à moderna monocultura da soja e criação de gado que hoje experienciamos. Para Moreira (2007, p. 86):

> No caso brasileiro, o domínio privado sobre o território nacional foi fundado no monopólio monárquico colonial do Reino Português nas concessões de uso das capitanias hereditárias e das sesmarias. Ainda sobre o poder monárquico do Império Brasileiro, a Lei de Terras, de 1850, reconhece a base da estrutura de uso anterior da terra com direitos de propriedade e institui os futuros acessos pela compra e venda no mercado de terras. Nos processos de urbanização e de industrialização do pós 1930 e no surto de democratização do pós 1946 essa forma de acesso à terra é tensionada pelo movimento camponês. O Estatuto da Terra, de 1964, instituído pelo poder do Golpe Militar do mesmo ano, não foi capaz de estabelecer parâmetros para uma significativa reforma do domínio privado sobre o território. O domínio do território não é democratizado. No presente, os elevados índices de concentração da propriedade da terra demonstram que a grande propriedade agrária ainda exerce um domínio quase absoluto sobre o território nacional. Na medida em que o Estado nacional moderno tem seu fundamento no domínio de um dado território e no direito burguês da propriedade privada, o Estado brasileiro ainda tem fortes raízes agrárias.

Historicamente, o processo de ocupação das terras brasileiras esteve vinculado às estruturas dominantes, de poder econômico e político. Desde os anos 50 do século XX, o Estado brasileiro assumiu de forma mais incisiva o papel planificador de uma política agrária fundada em grande medida na concentração de grandes porções de terras e na modernização das práticas produtivas, precipitada com o estabelecimento do regime militar.

> No Brasil, o debate da modernização identificada à industrialização já vinha ocorrendo desde os anos 50, quando a dicotomia dos dois Brasis acirrou em torno do velho, arcaico, atrasado, identificados ao rural, e do novo desenvolvido, industrializado, identificados ao urbano. Portanto, a implantação do regime militar representou a vitória da tese da modernização. (Silva, p. 35, 1999).

As políticas públicas voltadas à atividade agrícola e pecuária focaram as grandes propriedades como estratégia de desenvolvimento e consolidação de um modelo de produção ancorada no agronegócio.

> É importante salientar que o agronegócio não se resume apenas na posse de grandes áreas utilizadas para monocultura de espécies agrícolas voltadas para exportação. Na realidade, além de se materializar no espaço geográfico via infraestrutura e logística, também se consolida nos fluxos financeiros, nas relações políticas, comerciais de trabalho e nas transformações das culturas e das relações sociais, buscando homogeneizar as relações de dependência e subordinando a agricultura camponesa. (Rossetto, 2015, p. 41-42).

Marx (1985), ao abordar a posse da terra no capitalismo, aponta para a questão da apropriação dos meios de produção, do monopólio e da concentração de riquezas por parte dos detentores do capital, como características imanentes a esse modo de produção. No campo, não é diferente.

> A propriedade fundiária pressupõe que certas pessoas têm o monopólio de dispor de determinadas porções do globo terrestre como esferas exclusivas de sua vontade privada, com exclusão de todas as outras. [...] o monopólio da propriedade fundiária é um pressuposto histórico e continua sendo o fundamento permanente do modo de produção capitalista, [...]. (Marx, 1985, p. 124).

No caso deste livro, os dados objetivos propõem compreender como esse processo se desenvolveu no estado de Mato Grosso. Apresentar-se-á, a seguir, uma retomada histórica da ocupação do território em questão, apontando a apropriação capitalista da terra e o papel do Estado nesse processo.

1.1 A ocupação de Mato Grosso

O processo de ocupação do estado de Mato Grosso, em grande medida, coincide com as políticas de ocupação do território brasileiro nos séculos XVIII, XIX e XX, como parte das determinações econômicas orientadas pela Coroa Portuguesa e, após a Proclamação da República, pelas estratégias de ocupação pautadas pelo governo federal brasileiro.

No caso de Mato Grosso, o exercício do poder político foi utilizado como instrumento de legitimação de um modelo colonizador e concentrador de terras em favor das elites rurais e seus apaniguados. "O poder dessas elites, representado historicamente pelo domínio das oligarquias, está imbricado no poder político que sempre esteve sob o comando dessa mesma classe dominante ou frações dessa classe" (Moreno, 2007, p. 33).

O ciclo de exploração e ocupação das terras brasileiras por parte da Coroa Portuguesa, iniciado no século XVI e estendido até o século XVII, deu-se a partir da exploração de produtos naturais, tendo por excelência o pau-brasil, árvore típica da mata atlântica brasileira, de valor comercial na Europa. Esse ciclo, pela sua característica e especificidade, não foi extensivo à região em que hoje está o estado de Mato Grosso, à época, pertencente à capitania de São Paulo.

O ciclo subsequente de exploração econômica teve início no século XVII e estendeu-se até meados do século XVIII, caracterizado pela produção e manufatura da cana-de-açúcar, também destinada ao mercado europeu. Esse ciclo de desenvolvimento iniciou-se nas terras férteis do Nordeste brasileiro, estendendo-se posteriormente para a região Sudeste, principalmente em São Paulo e Minas Gerais. Barrozo (2007) destaca que a cana-de-açúcar se transformou no principal produto de exportação da Coroa e, durante o Império, porém, com limitações como a concorrência no mercado internacional que puxava os preços para baixo, a dependência da mão de obra escrava, que já dava sinais de esgotamento, e as precárias condições de expansão da infraestrutura no Brasil, tornou-se uma atividade instável.

Conforme Barrozo (2007), a crise da economia brasileira alicerçada na indústria açucareira, replicada na economia portuguesa que tinha no Brasil sua principal colônia de exploração, foi determinante para a abertura de novas frentes de exploração, entre elas a exploração mineral. Diante das incertezas da monocultura da cana e produção do açúcar, "em Portugal compreendeu-se claramente que a única saída estava na descoberta de metais preciosos. Retrocedia-se, assim, à ideia primitiva de que as terras americanas só se justificavam economicamente se chegassem a produzir ditos metais" (Furtado, 1980, p. 73). Furtado estava referindo-se à exploração mineral de ouro e diamante, identificados como metais preciosos, exigindo pequenas estruturas com maior mobilidade.

Ressalta-se o papel das entradas e bandeiras[15], que, segundo Costa e Mello (1993), constituíam-se em expedições para o interior da colônia à procura de riquezas minerais e índios para serem escravizados, extrapolando os limites do território brasileiro de domínio português. A Coroa Portuguesa, alimentada pelos interesses econômicos ingleses na região, buscava alargar seu domínio territorial, avançando em relação às fronteiras do Tratado de Tordesilhas (1494) que, em linha imaginária, dividia os domínios territoriais na América do Sul entre Portugal e Espanha.

> Além das entradas, surgiram a partir do século XVII, expedições organizadas e patrocinadas por particulares, chamadas bandeiras. A pé ou em canoas, os bandeirantes entravam pelo sertão em busca de seus interesses econômicos, e ultrapassavam a linha de Tordesilhas. Aliás, durante o período da União Ibérica, a divisão estabelecida pelo Tratado de Tordesilhas perdeu a validade, uma vez que tudo pertencia à Espanha. (Cotrim, 1999, p. 114).

Conforme Cotrim (1999), era tarefa das bandeiras a exploração econômica, a repressão aos grupos indígenas – a chamada limpeza da área, para o avanço da exploração econômica. "Foram responsáveis pelo massacre de milhares de índios, despovoando amplas regiões do sertão, que, assim, puderam ser ocupadas [para exploração econômica]" (Cotrim, 1999, p. 116).

---

[15] Conforme Costa e Mello (1993), as entradas se constituíam em expedições de explorações organizadas pelo governo e as bandeiras por particulares.

Figura 1 – Mapa de identificação da linha imaginária do Tratado de Tordesilhas

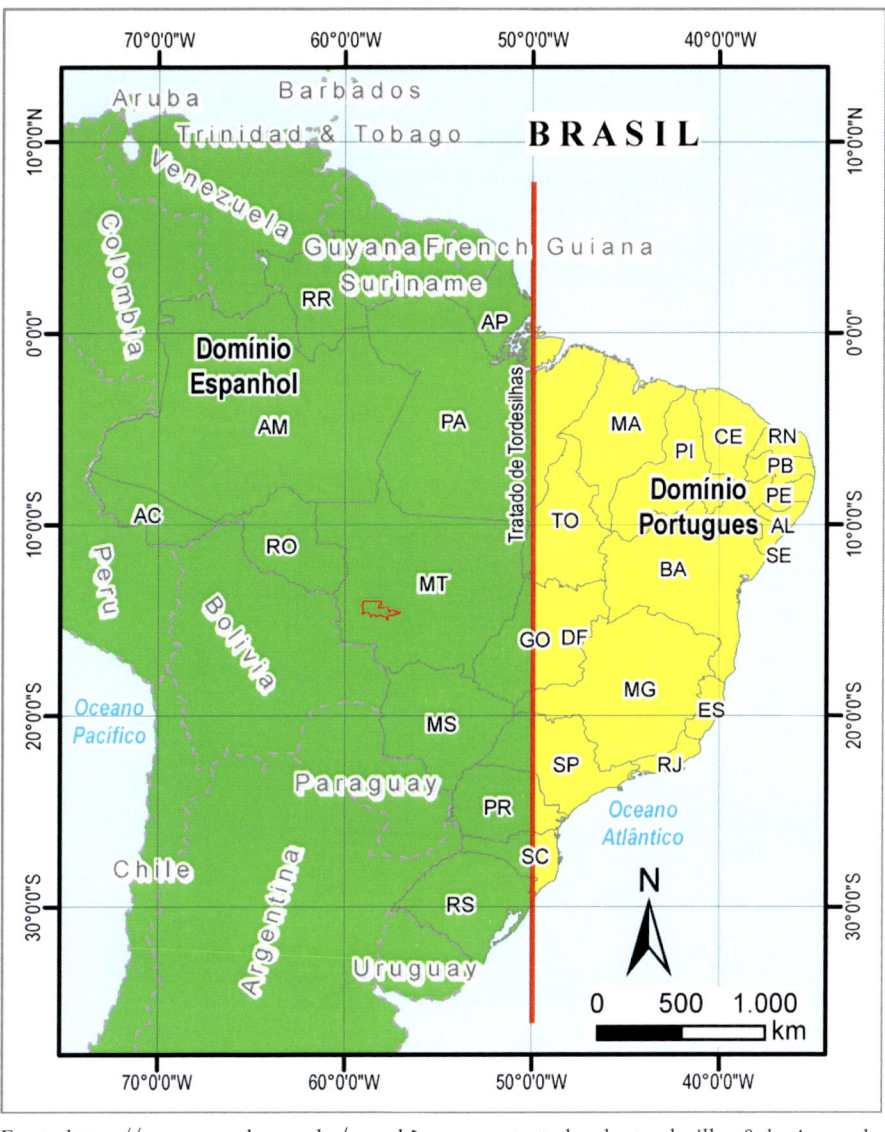

Fonte: https://www.google.com.br/search?q=mapa+tratado+de+tordesilhas&rlz. Acessado em: 10 jul. 2018. Adaptado por Almir José de Azevedo, desenhista técnico cartográfico

O início da exploração mineral em Mato Grosso coincide com a assinatura do Tratado de Madri, no ano de 1720, que redefiniu as fronteiras entre o domínio espanhol e português na América do Sul. Agora, não mais uma linha imaginária, mas limites geográficos, com marcos definidos, ampliando o domínio português para a região Norte, grande parte do Centro-Oeste e praticamente a totalidade da região Sul, conforme demonstrado no mapa da Figura 1.

O interesse econômico e o cenário de disputas pelo poder político estimularam o avanço das fronteiras brasileiras em direção ao Pacífico em terras espanholas, tendo as bandeiras como protagonistas desse avanço. Para Costa e Mello (1993), a Guerra dos Emboabas (1707-1709) se constituiu em litígio nacional de disputas de terras de mineração entre bandeirantes paulistas e os denominados emboabas (chegantes portugueses nas minas mineiras para a prática do comércio). Derrotados, os paulistas organizaram-se em bandeiras em direção oeste, buscando novas áreas de exploração mineral em Goiás e Mato Grosso.

Figura 2 – Mapa de rotas das monções e bandeiras para Mato Grosso[16]

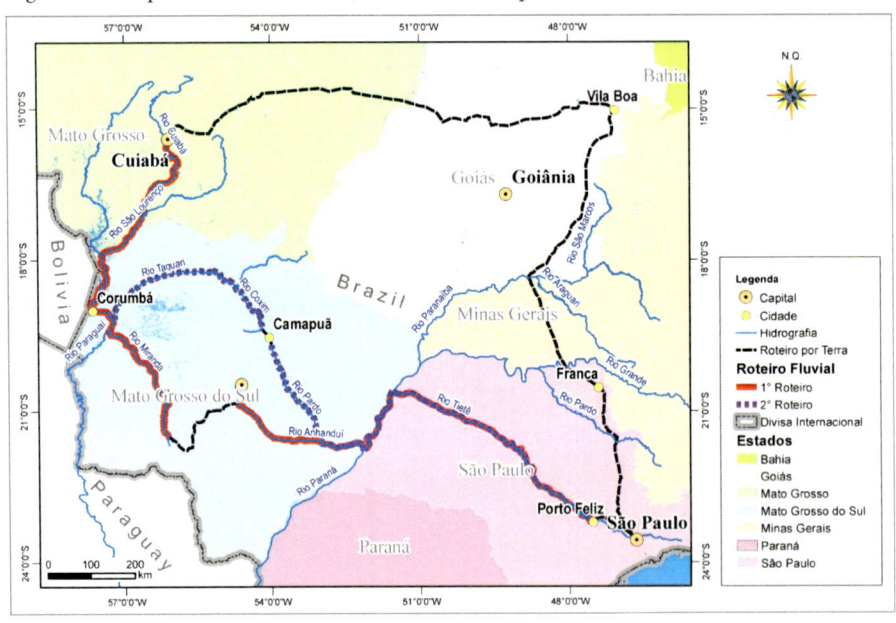

Fonte: http://prof.medeiros.zip.net/images/moncoes.jpg. Acessado em: 10 jul. 2018. Adaptado por Almir José de Azevedo, desenhista técnico cartográfico

---

[16] O mapa acima apresenta três rotas do Sudeste e Nordeste do Brasil para Mato Grosso: rota 01 – em carreadores e estradas de chão, passando por Goiás, para migrações vindas de Minas Gerais, Bahia e demais províncias do nordeste brasileiro; rotas 02 e 03, saindo de São Paulo pelo rio Tietê, uma das rotas passava pelos rios Pardo e Taquari, tendo Camapuã como ponto de apoio, com pouca progressão em solo, e a rota 2, com maior progressão em solo, passando pelo rios Anhanduí e Miranda, ambas aportando em Corumbá, no Rio Paraguai, subindo em direção a Cuiabá pelo rio São Lourenço.

Estavam dadas as condições para o princípio do ciclo da exploração mineral em Mato Grosso, iniciado no início do século XVIII em meio a conflitos e disputas de terras. A mineração ocorreu primeiramente com o ouro e, posteriormente, com o diamante, uma atividade que tem capacidade mobilizadora de pessoas para os chamados garimpos, locais de exploração, em função da sedução pela riqueza rápida e, ainda, por possibilitar a exploração manual, exigindo poucos investimentos.

> A mineração, ao contrário, oferecia às pessoas pobres a possibilidade de trabalharem por conta própria, visto que no Brasil não se exploravam minas, como no México e Peru, mas ouro e diamante de aluvião. Não era necessário capital, nem mão de obra alugada, ou paga, a não ser a do próprio "faiscador". Quem tivesse capital, podia comprar escravos e ferramentas e explorar um serviço maior. Havia, na opinião de Furtado (1980), espaço para todos. (Barrozo, 2007, p. 32).

As frentes de garimpos abertas, a partir do avanço das bandeiras, atraíam multidões, em virtude da utopia da riqueza fácil, o que permitiu a implantação de vários povoados no interior de Mato Grosso, nas regiões garimpeiras. Barrozo (2007) mostra que as concessões das áreas de exploração eram prioritariamente destinadas para aqueles que mantinham escravos em cativeiro; Guimarães Neto (2006) aborda a morte de escravos em confronto com indígenas na região de Guiratinga e Cuiabá, o que demonstra a existência de mão de obra escrava desde o processo inicial da colonização em Mato Grosso. Então, foi a partir do início das atividades garimpeiras em Mato Grosso, no início do século XVIII que, conjuntamente com a exploração garimpeira, inseriu-se a mão de obra escrava no território.

Sobre o impacto populacional nas áreas de exploração garimpeira, Guimarães Neto (2006, p. 42) faz uma abordagem a partir de uma analogia com as ocupações no faroeste norte-americano.

> Em termos de ocupação ininterrupta, apesar da fragmentação, da fluidez e das rápidas mudanças de um lugar para outro, os deslocamentos acentuam-se, a partir da década de 1920. Nas descrições ufanistas chega-se a configurar o movimento para os garimpos como algo que se aproxima do espetáculo das "carroças de colonos" que se colocam a caminho, que o cinema norte-americano imortalizou, fundando os "povoados do faroeste", dando ensejo a notícias que circulam pela capital do país, como essa: Engenheiro Morbeck (Lageado)

> era a pequena capital da nova Califórnia que emergia no coração dos sertões do Brasil Central. Nessa mesma linha de encenação figurativa, o rio Araguaia aparece enaltecido como "o Mississipi do oeste brasileiro", levando os nortistas em marcha a cumprirem o seu papel edificador de novos bandeirantes: não tanto no sentido de alargar fronteiras, mas no de descobrir, segundo esta representação, os territórios desconhecidos do Brasil, trazendo à civilização os "vastos sertões".

Conforme Barrozo (2007), a crise da indústria açucareira é explicativa da extraordinária rapidez com que se desenvolveu a economia do ouro, sendo determinante para a aglomeração humana em locais de garimpo. A descoberta de ouro e diamante em Mato Grosso, iniciada pela região de Poxoréu e Guiratinga, foi estendida posteriormente a Cuiabá e, de lá, para Diamantino, Alto Paraguai, Nortelândia e Arenápolis, colocando a Coroa Portuguesa, definitivamente, a lupa da exploração em terras mato-grossenses.

O processo de ocupação das áreas garimpeiras foi controlado pela Coroa Portuguesa, em função da possibilidade de abocanhar fartos recursos via concessão de terras para exploração e das elevadas taxas de impostos cobradas sobre a exploração.

> As "datas" seriam concedidas conforme o número de escravos que cada um possuísse, ficando descartada para o homem livre e pobre a possibilidade de possuir lavra própria. Waldemar de Almeida Barbosa mostra que pobre só tinha chance se descobrisse uma mina, caso em que a primeira data caberia ao descobridor do ribeiro. As restantes ficavam uma para a Fazenda Real e as demais para quem tivesse escravos, sendo favorecidos aqueles que mantinham cativos mais de 12 escravos. (Barrozo, 2007, p. 31).

A exploração artesanal e o rigor na concessão de áreas de exploração em desfavor da população livre e pobre, combinados com as grandes extensões de áreas de exploração, acabaram por estimular o crescimento da atividade de exploração mineral por meio do garimpeiro autônomo, o contraventor, fora do controle da Coroa.

> Na verdade, devido ao sistema de distribuição das "datas minerais", que favorecia quem tivesse capital e escravos, a maioria, os "desclassificados", era pobre e excluída. Daí porque cresceu o número dos "garimpeiros", e faiscadores, que extraíam ouro e diamante "ilegalmente". Eles garimpavam

aonde os mineradores com escravos e equipamentos não iam: nos socavões, nos riachos correntosos e isolados, nas montanhas inacessíveis". (Barrozo, 2007, p. 32).

Barrozo (2007) aponta a relevância da mineração para o avanço da colonização do território nacional. Conectada à exploração mineral, ocorria uma rápida concentração humana nos locais de exploração, abrindo frentes de possibilidades econômicas, geradoras de desenvolvimento nos locais mais distantes e inexplorados do território nacional. A concentração populacional nos pontos de exploração garimpeira, geradora de demanda de bens e serviços, foi determinante no estabelecimento de relações comerciais regionais e entre o estado de Goiás, extensivo ao Sudeste brasileiro, principalmente com os estados de Minas Gerais e São Paulo.

Conforme Barrozo (2007), a extração mineral em Mato Grosso iniciou-se por volta de 1719, sendo interrompida em meados do século XIX, em função de um conjunto de circunstâncias, como o achado de diamantes, o que provocou o fechamento dos garimpos por parte da Coroa devido às dificuldades de controlar a exploração dessa preciosa pedra, de expressivo valor. Pelo alto valor de mercado, o diamante era um minério de exploração exclusiva da Coroa Portuguesa. Para Siqueira (1990 *apud* Barrozo, 2007, p. 42), "a proibição de se minerar diamantes em MT, no século XVIII foi uma atitude eminentemente política", pois, se a exploração das minas fosse liberada, "a fronteira poderia se despovoar", considerando que a população iria para as minas, "abrindo um flanco à penetração das forças espanholas".

Barrozo (2007) aponta ainda outras dificuldades que, em seu conjunto, contribuíram para interromper o processo de exploração mineral em Mato Grosso e, por conseguinte, frear a abertura de fronteiras de desenvolvimento, a saber: a) rotas de acesso para São Paulo e Rio de Janeiro; b) conflitos entre brasileiros e portugueses[17]; c) conflitos políticos internos que desestabilizavam as relações sociais e econômicas na Província; d) reposição de mão de obra com o fim do trabalho escravo; e, ainda, e) as dificuldades de permanência dos garimpeiros em regiões de difícil acesso e suprimento de produtos essenciais para o consumo, combinados com doenças típicas da região como é o caso da malária.

---

[17] Entre os conflitos regionais, Rodrigues (1999) destaca a Rusga, no ano de 1834, como um movimento político marcado pela disputa pelo poder por parte das elites políticas e agrárias. A província de Mato Grosso passava por uma grave crise econômica, em função da primeira crise garimpeira, e o movimento acabou catalisando uma revolta popular em virtude da condição de vulnerabilidade das camadas populares, do garimpo e da cidade. Houve saques, roubos e mortes. No caso de Mato Grosso, não foi uma revolução como alguns apregoam, visto que não ocorreram alterações na estrutura social, econômica e de poder, mas um movimento entre grupos políticos, em disputa pelo poder.

Guimarães Neto (2006) aborda a questão da resistência das populações indígenas, pois a colonização não foi pacífica, mas violenta e sangrenta, considerada como um dos entraves para o avanço da exploração em Mato Grosso e em várias regiões: na região do Araguaia, a resistência Bororo; na região de Cuiabá em direção ao Pantanal, a resistência Paiaguás; no território de Barra do Bugres, que incluía as terras do hoje município de Tangará da Serra, a resistência Umutina e Paresí.

Não há indícios de que a pacificação não tenha sido violenta, visto que, historicamente, os processos de colonização não se deram ao som de valsas e com flores, mas com a força bruta do colonizador e com o soar das baionetas.

As dificuldades apontadas para a manutenção da atividade garimpeira, agravadas pela iniciativa da Coroa Portuguesa de impor severa taxação fiscal e a proibição da exploração de diamante, acabaram por estimular a exploração em direção oeste, precisamente no vale do rio Guaporé. "A opressão fiscalista, responsável pela retirada de substancial parcela da população, promoveu um movimento via Guaporé, ocasião em que foram encontrados veios auríferos de certa significação" (Moreno, 2007, p. 34).

Conforme Moreno (2007), tratou-se de uma estratégia da Coroa para a ocupação e a defesa de fronteiras, o que alçou a cidade de Vila Bela da Santíssima à condição de capital da Província de Mato Grosso, no período que se estendeu de 1752 a 1820, cabendo-lhe a tarefa de vigiar as fronteiras e garantir o domínio da região oeste de Mato Grosso. Em seguida, a capital da Capitania de Mato Grosso retorna para Cuiabá, por ser a cidade de maior concentração populacional e econômica, consolidando-se como o centro político-administrativo da Capitania.

Até por volta da primeira metade do século XIX, a colonização, a exploração e os meios de desenvolvimento do território de Mato Grosso, restringiram-se às regiões garimpeiras, precisamente a exploração do ouro e diamante.

Se a exploração mineral em Mato Grosso foi o caminho para o desenvolvimento, foi também o caminho para o avanço privado sobre as posses de terras, inicialmente por meio das sesmarias e, posteriormente, pela concessão de terras pela Coroa Portuguesa para a exploração garimpeira.

As atividades garimpeira e de comércio e serviço nos garimpos, proporcionaram a constituição de uma elite econômica, a partir da qual formaram-se as primeiras elites agrárias locais, desenvolvendo atividades de pecuária, agricultura, ampliando as atividades de comércio e serviço. Desse modo, em conjunto com a estrutura militar e burocrata advinda da capitania, constituíram-se também como poder político.

Nesse contexto de crise no garimpo e abertura de novas possibilidades econômicas, ocorre a Guerra do Paraguai, no período de 1864 a 1870. São, portanto, seis prolongados anos, constituindo-se no maior conflito armado da América do Sul, de que se tem notícia. Conforme Chiavenatto (1979), assim como o avanço na linha do Tratado de Tordesilhas, a Guerra do Paraguai atendeu a interesses comerciais britânicos, que via no Paraguai um concorrente regional em função do processo de industrialização em curso naquele país, contrariando os interesses da Coroa Britânica. Junto com os interesses comerciais ingleses, havia os interesses regionais: o Brasil, interessado na abertura de uma saída pelo Pacífico, facilitando a conexão com a Europa, Argentina e Uruguai interessados em avançar sobre as terras férteis do Paraguai. Estavam dadas as condições, sob a égide dos interesses ingleses, de construir a tríplice aliança: Brasil, Argentina e Uruguai, para guerrear contra o emergente país Paraguai.

Ao final da guerra, segundo Chiavenatto (1979), o que se viu foi o aniquilamento por completo do Paraguai – aniquilamento industrial, bélico e humano. A última resistência paraguaia foi formada por adolescentes e jovens, praticamente, sendo totalmente extinta a população masculina daquele país. A Guerra do Paraguai ocorreu em um momento de retração da atividade garimpeira em Mato Grosso, o que acabou por aprofundar a crise, em função dos riscos da guerra, principalmente no deslocamento de cargas e pessoas, que tinham como rota principal o rio Paraguai, sendo também a principal rota da guerra.

Mesmo nesse cenário, a crise do garimpo na parte norte do território de Mato Grosso estimulou o processo de incremento de outras atividades econômicas, destacando entre elas a cana-de-açúcar, voltada à produção de açúcar, álcool e cachaça e o extrativismo vegetal. "O norte redefiniu suas forças produtivas tendo por base a produção açucareira e o extrativismo, atividades estimuladas pela utilização de uma nova aquavia [...], a abertura da navegação pelo rio Paraguai (1856)" (Moreno, 2007, p. 36/37). Se, no contexto macro do Brasil, o esgotamento do ciclo da cana-de-açúcar é o fator central para o desenvolvimento da atividade de exploração mineral, em Mato Grosso, o esgotamento do ciclo do garimpo, aliado a uma dinâmica de colonização fundada no avanço das oligarquias rurais, que se apropriaram de grandes extensões de terras, são determinantes para o início e desenvolvimento da exploração canavieira.

O sul mato-grossense teve uma outra dinâmica de desenvolvimento, a partir da região norte de São Paulo, com predomínio da atividade pecuária. Moreno (2007) demonstra que as incursões vindas de São Paulo, especialmente da Franca, foram responsáveis pelo desalojamento das populações nativas, com a apropriação e implantação de grandes fazendas, voltadas à criação de gado. "O desenvolvimento da pecuária foi responsável, no século XX, pela constituição da elite política da região sul do estado" (Moreno, 2007, p. 40). Para Moreno (2007), a abertura da rota fluvial do rio Paraguai e a construção da ferrovia (1914) foram determinantes para a ampliação das atividades econômicas do sul, incluindo aí a extração da erva-mate, planta nativa da região, abrindo um novo ciclo de desenvolvimento para o estado, com novas bases sociais e econômicas.

Norte e sul mato-grossenses, historicamente, antagonizaram-se em relação às disputas políticas, fundadas nas oligarquias rurais que se formaram ao longo do processo de exploração das terras: o norte com uma oligarquia que se originou no garimpo e se expandiu para o domínio das terras, voltada à produção açucareira; e o sul, com uma oligarquia que se formou a partir dos domínios das terras, com características de exploração pecuária e de exploração de ervas naturais.

Conforme Barrozo (2007), a retomada da atividade garimpeira na região de Diamantino e Alto Paraguai deu-se em meados do século XX, praticamente, após 100 anos de abandono, em função do esgotamento da exploração das regiões de Poxoréu e Cuiabá, pela abundância de ouro e diamante na região, e, também, como estratégia de desenvolvimento da região Centro-Oeste, planificada pelo governo central brasileiro, agora, com o advento da República. A extração mineral, reiniciada por volta dos anos 20 do século XX, passou novamente a impulsionar a dinâmica de reocupação e desenvolvimento regional, até porque ainda havia resquícios de exploração passada não concentrada, mas dispersa na região que, agora, diante da política de incentivo à exploração por parte do Estado, colocava-se novamente como importante alternativa.

Importa ressaltar que, durante o período de desmobilização da atividade garimpeira, em algumas regiões, sua dispersão acabou por influenciar o início de uma outra atividade, que economicamente sustentou a dispersão do garimpo e estimulou o avanço para as áreas de matas: era a cata da poaia[18], planta rasteira nativa das matas, principalmente na beira dos rios e córregos. A cata da poaia, feita de forma extensiva, acabou por estimular muitas caravanas de exploração que vinham via terrestre da baixada cuiabana até o município de Barra do Bugres e, dali, via fluvial através do rio Paraguai e seus afluentes, para as áreas de coleta, que descendo o rio Paraguai, acessava o rio Sepotuba.

Figura 3 – Mapa hidrográfico identificando o Rio Paraguai e o Rio Sepotuba, principais rotas da cata da poaia

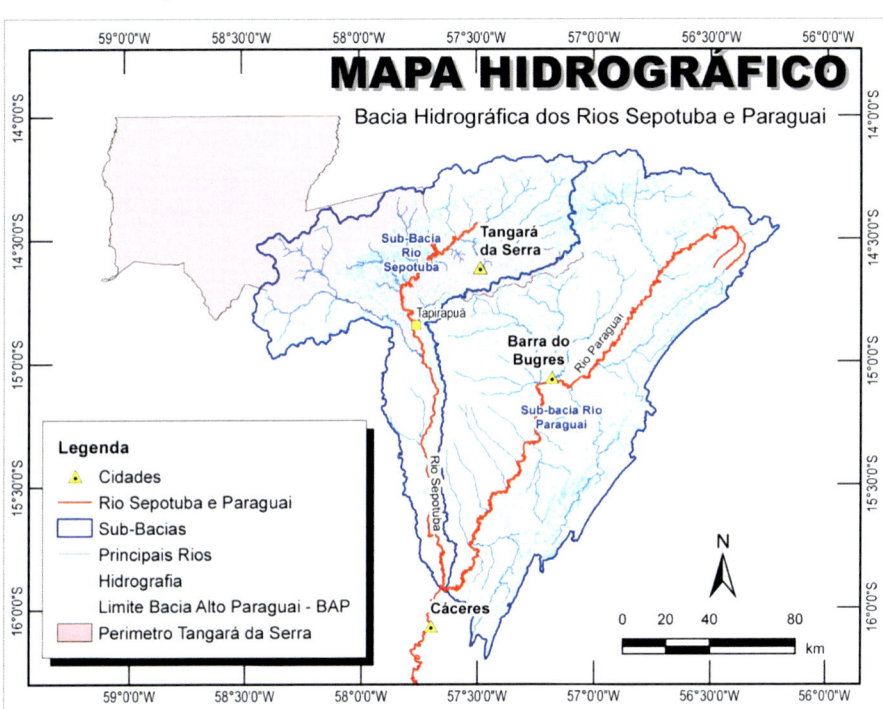

Fonte: criado por Almir José Azevedo, desenhista técnico cartográfico. Cartas Topográficas IBGE/DSG, Imagens SRTM (Shuttle Radar Topography Mission)

---

[18] Conforme Marien (2008), trata-se de um arbusto pequeno de significativo valor medicinal, o que lhe confere um alto valor comercial. Era abundante nas regiões de matas tropicais, principalmente nas beiras dos rios e banhados. Sua exploração era realizada com extrema dificuldade, pois exigia dos poaeiros enfrentar as densas florestas em período chuvoso, expondo-se às doenças típicas das florestas tropicais, como a malária e a leishmaniose, além de mosquitos, pernilongos e a animais peçonhentos, como cobras e aranhas. Sua exploração era concentrada no período chuvoso, pois o arbusto deveria ser arrancado com as raízes, necessitando que a terra estive com bastante umidade para sua extração. O valor medicinal concentrava-se nas raízes, razão pela qual era necessário arrancar o arbusto puxando-o com as mãos, para aproveitamento das raízes. Tratava-se de um produto de alto valor comercial, destinado principalmente ao mercado europeu.

O município de Barra do Bugres passou a ser estratégico na exploração da poaia, pois de Barra do Bugres, às margens do rio Paraguai, no desaguadouro do rio Bugres, tanto descendo ou subindo, acessavam-se as áreas de exploração da poaia. Outras caravanas utilizavam a rota fluvial, saindo do município de Cáceres (MT), via rio Paraguai, até o rio Sepotuba, subindo para as regiões de exploração, em áreas do hoje município de Tangará da Serra.

A exploração da poaia foi importante, pois permitiu fixar boa parte da população remanescente do garimpo, durante os praticamente 100 anos de inatividade da produção garimpeira, e estimulou o conhecimento e abertura de novas fronteiras, até então desconhecidas, como é o caso da extensão territorial localizada entre o rio Paraguai e a serra do Parecis, navegando pelos rios Paraguai e Sepotuba, sendo esse espaço territorial também permeado pela serra do Tapirapuã, coincidindo em parte com terras do hoje município de Tangará da Serra, região de terras férteis, posteriormente ocupadas a partir de projetos de colonização, com foco nas atividades agrícolas, pecuárias e de exploração madeireira.

O reinício da extração mineral na região sudoeste (municípios de Diamantino, Alto Paraguai, Nortelândia e Arenápolis), próximos a Tangará da Serra, na primeira metade do século XX, consorciada com a exploração da poaia, significou a retomada do desenvolvimento regional. Um importante marcador desse processo de desenvolvimento foi a implantação do acesso aéreo que ligou Mato Grosso ao sudoeste brasileiro.

> No final dos anos 30, já havia uma linha aérea entre Belo Horizonte, Cuiabá e Corumbá, com escala em Poxoréu. Havia outra linha, com vôos regulares, ligando Gatinho (Alto Paraguai), Rosário Oeste, Cuiabá, Lajeado, Tesouro e Poxoréo. A partir de Cuiabá havia linha regular para as cidades de São Paulo e do Rio de Janeiro. (Barrozo, 2007, p. 72).

A implantação de alternativas de interligação regional com o sudeste do país, incluindo aí a aérea, é sintomática da extensão do giro econômico da atividade garimpeira e das atividades complementares, desenvolvidas em torno da exploração garimpeira.

Havia também uma política pública de incentivos (financiamentos a juros modestos e isenções fiscais) para as atividades de agricultura e pecuária em conjunto com a exploração madeireira, em função das grandes extensões de matas nativas da região, com o propósito de alavancar uma política de desenvolvimento.

1.2 O caráter modernizante da agricultura no sudeste e o caminho do norte

Conforme Silva (1999), a política agrária nacional com caráter modernizante, em grande medida, pautou-se pelo processo de expropriação de significativas parcelas da população rural de suas terras e da ocupação de extensas áreas de terras devolutas, como foi o caso do estado de Mato Grosso, demonstrado por Moreno (2007). Silva (1999) mostra que estamos diante de um processo de planificação do desenvolvimento econômico nacional, com fulcro no processo de modernização da atividade econômica, com significativos reflexos no campo.

O Estado brasileiro, considerando o governo federal e os governos estaduais, do ponto de vista da legislação, construiu as condições objetivas exigidas pela modernização, em perspectiva capitalista.

O arcabouço de leis que regulava a relação do homem com a terra, notadamente: a Lei de Terras, n.º 601 de 18.09.1850, do período imperial; o Estatuto do Trabalhador Rural (ETR), de 1963; e o Estatuto da Terra (ET), de 1964, e, no caso de Mato Grosso, o conjunto de leis estaduais: as Leis Estaduais n.º 20 e n.º 24 de 1892; o regulamento n.º 38, de 1893, vigente até 1902, quando foi substituído pelo Decreto n.º 130, de 14 de junho; o Decreto-Lei n.º 161 de 1939; e a Lei n.º 336 de 6/12/1949 (código de terras de 1949), tiveram como efeito prático serem instrumentos a favor do processo de ampliação da concentração de terras, marginalizando o trabalhador rural de duas formas: a) expulsando os trabalhadores rurais de suas terras, ou da possibilidade de trabalharem até mesmo como meeiros e arrendatários; e b) criando barreiras impeditivas do acesso à terra aos trabalhadores.

Conforme Moreno (2007), a Lei n.º 20 tratou dos processos de regularização fundiária e a Lei n.º 24 criou um órgão estadual específico para a regulamentação, a "Diretoria de Obras Públicas, Terra, Minas e Colonização". Essa regulamentação, em conteúdo, tem semelhança com a Lei n.º 550, de 20 de dezembro de 1949, do estado de Minas Gerais, citada por Silva (1999), na medida em que prioriza a regulamentação de áreas já ocupadas: "a Lei n.º 20 dispunha sobre os processos de revalidação das sesmarias, legitimação das posses e venda das terras devolutas [...]" (Moreno, 2007, p. 65). Do ponto de vista prático, significou o avanço das oligarquias, utilizando-se do aparato do Estado sobre as terras devolutas.

Moreno (2007) aponta que o ordenamento jurídico e político que deu sustentação às ocupações territoriais em Mato Grosso estava dentro do processo de planificação econômica nacional, com um viés capitalista desenvolvimentista, sendo o poder político, em grande medida, ocupado pelas oligarquias econômicas e militares[19], priorizando o favorecimento à monopolização da propriedade privada da terra.

A modernização no sudeste do país, baseada na concentração de terras para a implantação de monoculturas como as florestas exóticas para produção de celulose e a implantação das lavouras de cana-de-açúcar para suprir as indústrias do setor sucroalcooleiro, combinada, ainda, com o processo de maquinização das práticas agrícolas no campo, gerou uma multidão de expropriados das terras. Verificou-se a ruptura com uma forma tradicional da relação de homens e mulheres com a terra e o estabelecimento de um modelo concentrador pautado em monoculturas, que acabou por gerar uma massa de trabalhadores rurais expulsa de suas terras. "Baseando-se nos projetos modernizantes, todo um mundo assentado em relações específicas com a terra e dos homens entre si foi determinado a desaparecer" (Silva, 1999, p. 45).

"No período de 1960-1980, foram expulsas 2,5 milhões de pessoas do campo paulista" (Silva, 1999, p. 63), contingente que acabou tendo como alternativas a migração para os grandes centros, onde estava a todo vapor o processo de industrialização, ou a migração para outras regiões brasileiras, como foi o caso do estado de Mato Grosso, até então, indiviso. É nesse contexto de expropriação de uma grande parcela de trabalhadores rurais do acesso à terra e ao trabalho rural, e de avanço da modernização das relações de trabalho no campo, com o advento dos grandes empreendimentos estimulados e financiados pelo Estado brasileiro, que se buscará compreender o processo de ocupação mais recente do estado de Mato Grosso, notadamente no segundo período de exploração garimpeira.

Dessa forma, a ocupação do território mato-grossense se verificou a partir de um conjunto de estruturações fundiárias, de formas diferentes, mas dentro de uma dinâmica capitalista. No século XX, com a

> [...] alienação de terras devolutas e públicas, através da venda direta por meio do processo de licitação ou através de concessões do governo; regularização fundiária, com ou sem a exigência de concorrência e concedendo ou não o direito de preferência; colonização oficial e particular, segundo uma política maior, empreendida pelo Governo Federal, para a

---

[19] Refere-se à estrutura militar que compunha a burocracia provincial ou estatal desde o período imperial.

> ocupação dos "espaços vazios" e sua integração à economia nacional, principalmente na sua fase recente de acumulação capitalista. (Moreno, 2007, p. 26).

Destaca Moreno (2007) que a política de vendas de terras, a partir da década de 1940, transformou-se em uma das principais fontes arrecadadoras do Estado, o que acentuou a característica mercantilista da posse da terra, reforçando o viés capitalista dos processos de ocupação e a continuidade de um modelo de colonização centrados na concentração de terras, fortalecendo as aristocracias rurais, que, concomitantemente, avançaram sobre o poder político, colocando o Estado como um instrumento de legitimação dos interesses das elites, principalmente as agrárias. Sem obedecer a qualquer ordenamento fundiário, foram utilizadas basicamente duas estratégias: a) a venda direta de terras pelo Estado; e b) a transferência de concessões para empresas incorporadoras e imobiliárias para a implantação das colônias rurais. "Até aquele período, as regularizações fundiárias restringiram-se mais à legitimação de grandes posses e reconhecimentos de domínios particulares (a maioria deles verdadeiros grilos)" (Moreno, p. 2007, p. 26).

A planificação da política agrária em Mato Grosso, a partir do conjunto das leis federais e estaduais citadas, privilegiou de forma decisiva a concentração de terras, com a consequente formação de grandes latifúndios rurais.

> O total geral de terras alienadas, conforme dados levantados de 1822 a 1929, correspondeu a 48.942.292,5 hectares [...]. Interessante verificar que as concessões gratuitas, concedidas no mesmo período, num total de 149 concessões, não chegaram a somar 5.000 hectares de terras (Moreno, 2007, p. 73).

As concessões gratuitas apontadas por Moreno (2007) seriam para minis e pequenos produtores rurais. Conforme se verifica, a média titulada por produtor ou família foi de 33,56 hectares, perfazendo 0,01% do total de terras alienadas. Ou seja, as concessões gratuitas representavam uma pequenina porcentagem das terras alienadas. Esses dados são demonstrativos das relações sociais no campo e do privilégio histórico que as elites políticas e econômicas tiveram no processo de ocupação do território brasileiro, inclusive no estado de Mato Grosso.

Atendendo às diretrizes nacionais de ocupação do campo, com o propósito de minimizar os conflitos rurais no país e desconcentrar espaços rurais, o governo federal estimulou os governos estaduais a implementarem os processos de aberturas de novas fronteiras agrícolas.

Entre 1947 e 1964, os governos estaduais implementaram a colonização particular. Para tanto, grandes áreas de terras foram destacadas das áreas previamente reservadas à colonização e aos futuros núcleos de povoamento e dadas em concessão a firmas particulares para o estabelecimento de núcleos coloniais. O objetivo era atender à política federal de expansão da fronteira agrícola de Mato Grosso, incorporando-a à economia nacional e, ao mesmo tempo, absorver os excedentes populacionais de outras regiões do país. (Moreno, 2007, p. 26).

Mostra Moreno (2007) que poucos projetos particulares de colonização cumpriram seus objetivos. Foram utilizados, em sua grande maioria, como instrumento de expansão do latifúndio, não conseguindo atender a demanda migratória originária dos processos modernizantes no campo, principalmente dos estados de São Paulo e Minas Gerais.

É no contexto iniciado nos anos 50, a partir da remodelação da forma de acesso à terra, por meio da venda de terras, que se desenvolveu o processo de avanço para região sudoeste do estado (entre as serras Tapirapuã e do Parecis), iniciado pela ocupação das terras do município de Tangará da Serra (MT), entre a serra do Tapirapuã e o rio Sepotuba.

No final dos anos 50 e início da década de 60, iniciou-se o processo de colonização do hoje município de Tangará da Serra, incluindo a localidade de Córrego das Pedras, região de terras férteis, via migração de famílias advindas dos estados de Minas Gerais, São Paulo, Paraná e de "nordestinos"[20]. Eram famílias com trajetória de vida no campo, buscando oportunidade de fixar-se em um pedaço de terra para trabalhar na roça[21] e continuar a produção e reprodução de suas vidas.

No início, as terras foram apropriadas por empresas imobiliárias do estado de São Paulo. No caso da região de Tangará da Serra, nas terras entre as serras do Tapirapuã e do Parecis (parte baixa), o processo de colonização

---

[20] Entende-se por "nordestinos" todos os migrantes que vieram de algum estado do Nordeste brasileiro, identificados em função de suas características regionais como "falar nordestino", a "comida típica", as expressões artísticas como cantorias, poesias regionais, música e a tradicional prática da vaquejada. Em Tangará da Serra, na década de 80, eles constituíram o CTN (Centro de Tradições Nordestinas), espaço social utilizado para as confraternizações e manifestações culturais, identificando-os como uma unidade grupal.

[21] Caracterizava o trabalho de lavrar a terra em pequenas porções, que consistia na derrubada de mata virgem de forma manual e posterior queimada, com o concomitante plantio da lavoura de arroz. Após a colheita, no mesmo ciclo, na palhada do arroz, o plantio da roça de milho ou feijão. Denominava-se "roça de toco", porque a plantação era feita de matraca (equipamento de plantio manual de sementes) no meio de galhadas grossas e toras derrubadas não pulverizadas pelo fogo, quando da realização da queimada.

ocorreu principalmente por intermédio da empresa Sociedade Comercial e Imobiliária Tupã para a Agricultura (Sita). A empresa adquiriu as terras diretamente do Estado, ou de terceiros que já tinham adquirido do Estado, para posteriormente serem fracionadas e comercializadas.

O quadro a seguir apresenta algumas áreas de terras, identificadas como glebas, que fazem parte do município de Tangará da Serra, entre as quais, as constituintes da comunidade Córrego das Pedras.

Quadro 3 – Identificação de áreas pertencentes ao município de Tangará da Serra

Adquirentes do Estado	Nome da Gleba	Número da matrícula	Data de aquisição	Tamanho da área em há
Tokinobu Koike, alienada em favor da Sita em 15/03/1963.	Gleba Juntinho	R-5137-A	26/03/1953	6.021,00
José Vilela Filho e outros, alienada em favor de José Joaquim Azevedo Figueiredo em 01/07/1958.	Gleba sem denominação	R-7237	29/04/1953	10.000,00
Yoshie Kimoto, alienada em favor de Wilson Galli em 02/07/1966.	Gleba Boa Esperança	R-6481	10/03/1955	3.972,00
Euclides Borges Leal, alienada em favor de sócios da Empresa Sita em 20/01/56.	Gleba Sta. Fé	R-4004	19/11/1953	5.860,00, revisada para 9.870,00
MassanoriHiroke	Gleba Pitanga	R-2164	21/05/1954	6.091,00
Sussumo Nakamura e Shigeo Akiyoshi.	Gleba São Paulino	R-1004	11/11/1952	6.221,00

Fonte: Informações extraídas de certidões emitidas pelo Cartório de Registro de Imóveis de Barra do Bugres e Rosário Oeste em abril de 2018

As terras da comunidade Córrego das Pedras estão contidas nas quatro primeiras matrículas (R-5137-A, R-7237, R-6481 e R-4004), sendo que, dessas quatro de que constituímos a cadeia dominial completa, duas (R-5137-A, e R-6481) foram adquiridas por japoneses ou seus descendentes, fato que considero relevante.

A partir dessa situação, procurou-se buscar outras matrículas de outras regiões do município. As duas últimas do quadro (R-2164 e R-1004), originalmente adquiridas do estado de Mato Grosso por japoneses ou descendentes é fato comprobatório da presença japonesa e seus descendentes no início da colonização das terras do município de Tangará, região localizada entre a serra do Tapirapuã e o rio Sepotuba, no Baixo Parecis.

Oliveira (2012) chamava a atenção para a presença de japoneses ou seus descendentes como primeiros adquirentes das terras do município de Tangará da Serra, no início da década de 1950, incorporando uma área total adquirida por japoneses de 184.531,00 ha.

Em relação à presença japonesa na região, relata Oliveira (2012) que Kubo Sakuyoshi, agrimensor paranaense, veio à região de Tangará da Serra, em 1956, para conferir e marcar as terras adquiridas pelos japoneses. Na ocasião, entrou em conflito com posseiros que, em emboscada no vizinho município de Nova Olímpia, quando retornava ao estado do Paraná, foi assassinado.

Os indícios apresentados por Oliveira (2012) mostram que o assassinato premeditado do primeiro japonês de quem se tem notícia de ter colocado os pés na terra dos Tangarás, pode ter desestimulado a migração japonesa para a região que, em função do risco, acabaram por vender suas posses a preço vil ou abandoná-las, abrindo espaços para muitos litígios por posse e propriedade de terras.

Outra versão sobre a presença japonesa na região é dada por um pioneiro da região, que participou do processo de colonização:

> A colonização aqui iniciou na época do Presidente Getúlio Vargas, sendo que era para serem assentadas nesta região 27.000 famílias japonesas. Os japoneses não vieram para cá por causa da guerra. O Japão foi contra a aliança liderada pelos EUA e perdeu a guerra. Na época tinha um japonês chamado Matswubara, de Marília, que era aliado do Presidente Getúlio Vargas, tinha influência no governo e interesse na região. Após o suicídio de Getúlio Vargas, mudou o cenário político. Esse tal de Matswubara teve que fugir e cancelaram a migração dos japoneses. Com a derrota da aliança do eixo na guerra, os japoneses ficaram impedidos de deslocar de qualquer lugar no Brasil. Naquela época, os japoneses mais capitalizados no Brasil, era a turma do Paraná: o Matswubara, que tinha acesso aos títulos aqui dessa região de Mato Grosso, vendeu tudo para os japoneses do Paraná e fugiu.

A maioria dos compradores das áreas aqui de Tangará era do Paraná. Porém esses japoneses, impedidos de deslocar no país, venderam esses títulos. (Entrevista com o Senhor Wilson Galli, em maio de 2018).

Trata-se de uma versão que traz elementos complexos da migração japonesa para uma região próspera, onde foram os primeiros proprietários das terras, conforme demonstram os documentos cartorários, confirmado na narrativa de um loteador.

Esses fatos demonstram que a ocupação do território do município no Baixo Parecis não foi tranquila e notícias de grilos e litígios por disputas de terras, até com mortes, durante muito tempo, fizeram parte do processo de colonização.

Conforme Moreno (2007), nas décadas de 1950 e 1960, quando se intensificaram os processos de vendas de terras pelo Estado, era comum os casos de usurpação de imensas extensões de terras públicas, os tradicionais e conhecidos "grilos". Tal prática era assegurada, em muitas situações, pela regularização pelo Estado, em função das influências políticas exercidas pelas elites agrárias. Tratava-se de um processo de grilagem, ancorado em um poder político, que se colocava a serviço dos grandes proprietários de terras.

Importante fato ilustrativo é a matrícula R-4004, registrada no Cartório de Registro de Imóveis de Barra do Bugres, área com 5.860 ha adquirida do estado de Mato Grosso por Euclides Borges Leal, em 19 de novembro de 1953, e posteriormente alienada por compra direta aos senhores Fábio Liserre, Júlio Martinez Benevides e Joaquim Oléa. Esses últimos dois senhores sócios da empresa Sita, loteadora de grande parte do território do município de Tangará da Serra. Conforme consta na matrícula, após a alienação aos sócios da Empresa Sita, foi feita uma revisão da área que a ampliou para 9.870 ha, correspondente a 59,37% de ampliação, majorando a área originalmente adquirida do Estado em 4.010 ha. Essa aquisição se deu em 19 de novembro de 1953 e a averbação da ampliação, em 13 de abril de 1960, portanto, mais de sete anos após a primeira aquisição. Tal ampliação de área constituiu-se em indicativo de fraude. Moreno (2007) já apontava para tratativas fraudulentas no interior dos órgãos de regularização fundiária do estado de Mato Grosso, com o propósito de ampliar o quantitativo das áreas adquiridas do Estado, que já se constituíam em latifúndios. Silva (1999) analisando os processos de transmissão de áreas rurais no Vale do Jequitinhonha (MG), demonstra o mecanismo da burla nos registros cartorários para ampliar as áreas, caracterizando "roubo legalizado das terras com a anuência do poder público" (Silva, 1999, p. 51). Em um dos casos analisado constatou-se a emissão de duas escrituras idênticas, sendo uma com área de 726 ha e 2.440,00 ha, respectivamente.

Oliveira (1990), ao tratar dos conflitos no processo de ocupação da Amazônia Legal em que o *modus operandi* coincide em parte com a ocupação do município de Tangará da Serra, detalha os processos fraudulentos de ocupação de terras e de ampliação de posses de terras, isto já na década de 70, quando da ocupação do norte mato-grossense e dos estados do Pará e Amazonas:

> Naquele período, as empresas, para poderem aplicar o incentivo fiscal, passaram a adquirir títulos de propriedade de terras, que obedeciam à lógica da "grilagem legalizada". Ou seja, um "procurador" obtinha-os através de procurações passadas por pessoas que, às vezes, nem sabiam o que estavam assinando ou, então, até recebiam uma certa quantia em dinheiro para assinarem; e, mesmo em época de eleição, aproveitava para oferecer títulos de terras para quem votasse nos "candidatos do governo". De posse desta procuração, o "procurador" dava entrada no órgão governamental competente e obtinha em nome de terceiros os títulos de propriedade de terras devolutas. Como se sabe, anexava ao processo duas declarações sabidamente falsas, uma de que nas terras solicitadas não havia índios, e outra de que não havia posseiros. Com os títulos em mãos, diga-se de passagem, com todo o "falso levantamento de divisas" feito por profissionais habilitados (engenheiros civis, arquitetos, agrimensores, etc.), passava a oferecê-los aos grupos econômicos do Centro-sul do país, isto quando não foram estes mesmos grupos que executaram o processo de grilagem sobre essas terras e obtiveram os títulos por esse caminho. (Oliveira, 1990, p. 83-84).

Além dos processos fraudulentos de concessão da titulação de área, outro *modus operandi* fraudulento que Oliveira (1990) aponta foram vendas de títulos duplicados. Título de uma mesma área era vendido para mais de um comprador, o que ampliava os conflitos em relação às posses.

Só muito recentemente, após o advento do georreferenciamento, os órgãos oficiais começaram a pacificar as posses, fazendo a titulação definitiva para quem comprovasse estar ocupando a terra, com o reconhecimento das divisas por todos os vizinhos. Um processo lento e burocrático.

Multiplicaram-se os latifúndios no estado de Mato Grosso (ainda indiviso), tanto no sul, quanto no norte. No norte, após a divisão no ano de 1977, as oligarquias rurais, de posse do poder político, abocanharam grandes porções de terras, constituindo-se em um estado de grandes propriedades rurais. O campo mato-grossense já era assim ocupado, ficando os possuidores de pequenas propriedades rurais expostos aos interesses dos grandes proprietários que avançavam sobre essas terras, expulsando-os, seja por meio de compras diretas a preço vil, seja por meio da expulsão via intimidação. Prevalecia, em grande medida, o poderio do latifúndio, já que as oligarquias rurais representavam também o poder político.

Pelo tamanho do corte das glebas que compuseram originariamente o município de Tangará da Serra, percebe-se que estava dentro do processo de expansão prevista para Mato Grosso. Isso significa uma política agrária voltada para grandes propriedades, sendo as iniciativas do mercado especulativo imobiliário, associadas a um grande fluxo de camponeses expulsos de suas condições de trabalho no centro sul brasileiro que possibilitou a mudança de rumos do processo de colonização, como foi o caso de Tangará da Serra. Boa parte das grandes propriedades passaram a ser fatiadas para comercialização de terras no campo, enquanto, paralelamente, iniciava-se a implantação de um pequeno povoado, o distrito de Tangará da Serra, pertencente ao município de Barra do Bugres (MT). Estávamos diante de um processo de colonização com base nas minis e pequenas propriedades que acabou por estimular a formação de inúmeras comunidades rurais na região; Córrego das Pedras é uma delas, que subsistiu e subsiste ao tempo.

O fato é que, em função da qualidade das terras e do clima, com possibilidade de produção de café, a especulação imobiliária possibilitou que boa parte da região fosse loteada em minis, pequenas e médias propriedades, com o propósito de aproveitar o surto migratório dos estados de Minas Gerais, São Paulo e Paraná.

Quem colonizou essa região de Tangará foi a turma de Tupã: o Júlio Martinez e o Joaquim Oleas. Eu estudava em Tupã, no colégio Dom Bosco com o filho do Júlio Martinez, o Wanderley. Naquela época, vivia-se o ciclo do café, já era o final do ciclo. Então eles disseram: "descobrimos uma região que não gea e dá café". Ora, isso era a mesma coisa que achar um filão de ouro e diamante. Não gea, dá café e a terra é roxa. Eu falei: "vocês estão doidos, isso não existe". Eles falaram: "existe, é Tangará da Serra". E eu fui ver, e não é que era mesmo. (Entrevista com o Senhor Wilson Galli, em maio de 2018).

Muitas famílias remanescentes das lavouras de café do sudeste brasileiro, lavouras essas extintas com o processo de modernização, optaram pela migração. Buscaram manter-se no campo, onde tradicionalmente produziram e reproduziram uma dinâmica de vida, quer seja como proprietários de pequenas propriedades, quer seja como arrendatários ou meeiros.

Das famílias migrantes do interior de São Paulo e Minas Gerais para a região de Tangará da Serra, muitas são advindas das expropriações das lavouras de café, possuidoras de pequenas propriedades ou que tocavam roças como meeiros ou arrendatários. Há, ainda, situações de migrantes que se deslocaram em função do esgotamento das condições de sobrevivência nos locais de origem, provocadas por fracionamento das propriedades pelas partilhas, pelo esgotamento das terras e, ainda, por não possuírem posses. Esses percebiam em Mato Grosso a oportunidade de conquistarem a terra para o trabalho.

Em situações diversas nos locais de origem, para permanecerem na terra, a saída das famílias foi a migração para Mato Grosso. É nesse contexto que se dá o processo de ocupação das terras de Mato Grosso, a partir da década de 1950, com foco nas atividades agrícolas, pecuárias e de exploração de madeiras.

No caso específico da ocupação das terras da comunidade Córrego das Pedras, as famílias migrantes tiveram acesso à terra por meio da compra direta – quando traziam algum capital –, pela troca de terras em serviços e pela aquisição após adquirem renda da terra trabalhando terras arrendadas ou em derrubadas de matas. Conforme relatos, as terras brutas (ainda com as florestas nativas) possuíam baixo valor, enquanto a mão de obra era valorizada, face sua escassez, o que possibilitava a troca de terra em serviços ou o ganho de recursos para adquirir pequenas frações de terras.

Na região de cerrado localizada no Alto Parecis, acima da serra do Parecis, que inclui parte do município de Tangará da Serra, impulsionada pelo processo de maquinização da atividade agrícola, conforme destaca Moreno (2007), iniciou a colonização no final da década de 70 e início da década de 80.

> Naquele período, o Estado de Mato Grosso dispunha de uma área com mais de quinhentos mil quilômetros quadrados, situada ao norte da Chapada do Parecis. Parte desta área estava situada no cerrado e parte na floresta amazônica, com baixa densidade demográfica e baixa ocupação produtiva. Esta

imensa área, maior que a área do Estado de São Paulo, ou do Paraná, passou a ser alvo da atenção do Governo Federal, para ser ocupada com projetos de colonização e projetos agropecuários. (Barrozo, 2010, p. 14).

A colonização das terras do Alto Parecis (a partir da década de 70 e 80), especificamente nos municípios de Campo Novo do Parecis, Comodoro, Campos de Júlio, Deciolândia no munícipio de Diamantino e Brasnorte, regiões circunvizinhas ao município de Tangará da Serra, deu-se a partir da venda de grandes porções de terra pelo Estado, diretamente a fazendeiros ou empresas, constituindo hoje as fazendas do agronegócio. Tratou-se de um processo eivado de disputas, em função da prática de grilagem e sobreposição dos documentos de posse, gerando muitos conflitos. Para ocupar as extensas áreas do Chapadão do Parecis, houve um significativo ciclo migratório de paranaenses, catarinenses, predominando os gaúchos, com a implantação das grandes fazendas do agronegócio, baseada na modernização tecnológica e nas monoculturas da soja, milho e algodão.

Diferente do que ocorreu no Baixo Parecis, na região de Tangará da Serra, onde o processo de colonização, iniciado na primeira metade da década de 1960, ocorreu, por meio do trabalho manual, a ocupação da região do Alto Parecis, nas décadas de 1970, 1980 e até 1990, aconteceu a partir do emprego das chamadas tecnologias de ponta, com uso de maquinarias e de insumos (adubos, sementes selecionadas, herbicidas e fungicidas), com elevados índices de produtividade.

Além do domínio político do poder estatal na repartição das terras mato-grossenses, fundamental no processo da concentração nas mãos das elites agrárias, Guimarães Neto (2000) faz uma abordagem sobre as políticas de controle sobre as populações pobres, excluídas do acesso à terra e às riquezas produzidas no Estado.

Configura-se aí uma realidade social complexa, apreendida em movimentos simultâneos e diferenciados de ocupação (mobilidades contestadoras), na qual se destaca a existência de homens e mulheres destituídos de qualquer meio de subsistência – das áreas agropastoris, dos setores madeireiros, dos garimpos –, sem moradia ou em habitações muito precárias, apresentando graves problemas de saúde. Entre estes podem-se citar: a malária, a verminose, a intoxicação – por vários tipos de drogas, pó e fumaça, decorrente da queima de serragens e de restos de madeiras – e, ainda, as diversas mutilações sofridas no complexo madeireiro e minerador,

> sem falar de um número enorme de pessoas em condições subumanas de trabalho, ou em regimes de escravidão não formal. (Guimarães, 2000, p. 182-183).

Das políticas de controle social, poder-se-á destacar como questão de fundo, muito utilizada nos processos de colonização, a absoluta ausência do Estado no controle da relação trabalhista. O serviço braçal de derrubada e implantação das pastagens eram feitos por "peões"[22], arregimentados, no caso da região de Tangará da Serra, nos dormitórios, bares e ruas da cidade, situação que se estendeu como estratégia de colonização nas regiões mais ao norte do estado, nas décadas de 70 e 80.

Para caracterizar a ocupação produtiva, nos primeiros anos da SUDAM, o Governo Federal exigia que os donos das terras na Amazônia desmatassem 50% da área. Para isso, as empresas agropecuárias levaram para suas fazendas milhares de trabalhadores, os peões, para derrubar a mata no machado. As grandes empresas, apesar de capitalistas, implantaram seus empreendimentos agropecuários em Mato Grosso, utilizando relações sociais de produção antigas, ou seja, o trabalho de pessoas submetidas a relações análogas ao trabalho escravo. (BARROZO, 2010, p. 22).

1.3 Mato Grosso e os modernos privilégios das elites econômicas urbanas e rurais

Nos últimos 24 anos[23], a situação histórica de privilégios para elites econômicas se manteve, correspondente ao período de seis governos. Nesse

---

[22] Em Tangará da Serra, no final das décadas de 60, 70 e 80, existia um contingente muito grande de trabalhadores, sem residência física, dispostos ao trabalho braçal nas fazendas, identificados por peões. Esses trabalhadores migravam de muitas partes do país, sozinhos, sem o acompanhamento das famílias. Quando não estavam nas fazendas trabalhando, faziam ponto nos bares da cidade, pernoitando em dormitórios, quando era portador de alguma referência, ou fiado por alguém, ou nas ruas. Na maioria das vezes, eram contumazes bebedores de cachaça (bebida destilada da cana-de-açúcar). O responsável por agenciar os trabalhadores era identificado como "gato", pegando-os nas pensões e ruas e levando-os para as fazendas em carrocerias de caminhões. Quando o "gato" retirava o peão da pensão, ele pagava sua conta ou assumia o compromisso de pagá-la. O gato levava "cachaça" e outros produtos, como higiênicos, alimentos e remédios para o local de trabalho, normalmente longe da cidade, e vendia a preços avultantes para os trabalhadores, descontando do pagamento do seu trabalho. Não havia controle das despesas, da dívida na pensão e do valor do trabalho, ficando os peões totalmente expostos à condição de trabalho imposta pelo gato, não havendo qualquer tipo de fiscalização e controle dessa relação de trabalho.

[23] Nos últimos 24 anos, intensificou-se a política de incentivos fiscais aos setores produtivos do estado, com privilégios ao agronegócio, conforme demonstrado. O acesso às terras devolutas do estado e as regularizações de posses de grandes propriedades constituíram-se em um privilégio histórico às oligarquias rurais e políticas do estado, porém, encerrou-se, em função do esgotamento de terras disponíveis para alienação. Como política de privilégios ao setor produtivo, incluindo o agronegócio, o Estado incrementou políticas públicas de incentivos fiscais, como mecanismo de continuar garantindo privilégios às elites mato-grossenses.

período, Dante Martins de Oliveira exerceu o governo por dois mandatos (1995 a 2002), seguido por Blairo Borges Maggi (um dos maiores latifundiários do estado e sócio do maior grupo produtor mundial de soja), que exerceu diretamente o governo do estado por dois mandatos (2003 a 2010), posteriormente eleito senador e nomeado ministro da Agricultura pelo governo Temer. No interstício de 2011 a 2014, o governo foi exercido por Silval Barbosa, latifundiário do norte do estado, da cidade de Guarantã do Norte, atualmente preso em regime domiciliar, condenado por corrupção em várias áreas do governo, entre elas, isenções fiscais; no período de 2015 a 2018, o estado foi governado por Pedro José Taques, ex-procurador federal, fortemente vinculado ao agronegócio. Para o quadriênio 2019 a 2022, em curso, foi eleito o empresário urbano Mauro Mendes, novamente ancorado no agronegócio, tendo como Vice-Governador Otaviano Pivetta, empresário rural e liderança política expressiva do agronegócio mato-grossense, sendo três vezes prefeito da cidade de Lucas do Rio Verde (MT), cidade polo do agronegócio, e um mandato de deputado estadual pelo estado de Mato Grosso.

Dante Martins de Oliveira foi eleito para o primeiro mandato do PDT (1995-1998), em aliança com PT, portanto, dentro de um espectro político de forças consideradas progressistas, fora do campo das oligarquias políticas do estado. Era possuidor de um ativo eleitoral advindo do movimento nacional "Diretas já", pois foi dele a emenda constitucional em favor das eleições diretas para presidente da república, o que lhe possibilitou visibilidade nacional e uma ascensão eleitoral no estado. Posteriormente, após a eleição, migrou para o PSDB, aproximando-se das forças políticas oligárquicas do estado, replicando em seu governo a política neoliberal do governo FHC. Foi reeleito para o segundo mandato (1999-2002), com o apoio explícito das oligarquias rurais – agora expressas no agronegócio –, iniciando as políticas de incentivos fiscais para os setores considerados produtivos.

Com o esgotamento do banco de terras devolutas em Mato Grosso, em função da transferência da totalidade das terras para os detentores do poder econômico e político, a estratégia dos últimos anos foi investir na isenção fiscal, chamada de renúncia fiscal, que significa a desistência voluntária do estado do direito de exigir tributos que seriam devidos, supostamente em função de uma política de geração de emprego e renda. O programa de concessão de incentivo fiscal foi instituído em 1987, com o propósito de alavancar o desenvolvimento industrial e comercial do estado de Mato Grosso, em tese, considerando as potencialidades regionais e as atividades econômicas principais, incluindo o agronegócio, incrementado, principalmente, a partir dos mandatos do então Governador Blairo Borges Maggi. O objetivo do programa de renúncia fiscal seria contribuir para a expansão, modernização e diversificação das atividades econômicas, estimulando a realização de investimentos, a renovação tecnológica das cadeias produtivas e o aumento da competitividade estadual, com ênfase na geração de emprego e renda e na redução das desigualdades sociais e regionais.

Dessa forma, foram criados os programas setoriais com base nas principais cadeias produtivas existentes, conforme quadro demonstrativo:

Quadro 4 – Demonstrativo dos Programas de incentivos fiscais de Mato Grosso

PROGRAMA	ATOS DE CRIAÇÃO E REGULAMENTAÇÃO	ESPECIFICIDADES
Prodei – Programa de Desenvolvimento Industrial	Instituído pela Lei n.º 5.323/88, regulamentado pelo Decreto n.º 1066/88 e alterado pelas Leis n.º 6.242/93, 7.367/00, 5.741/91, 7.577/01, 7.452/01, 7.727/02, 7.867/02, 7.799/02, 7.969/03, 6.688/95, 8.421/05, 6.896/97, 6.978/97, 8.622/06, 8.630/06	Com a finalidade de conceder incentivo financeiro mediante a postergação do pagamento do ICMS, com prazo de 10 anos limitado a 70% do valor do ICMS devido
Proalmat – Programa de Incentivos às Indústrias Têxteis e de Confecções de Mato Grosso	Instituído pela Lei n.º 6.883/97 e regulamentado pelo Decreto n.º 1.154 de 10/02/00	Com crédito fiscal de até 85% do ICMS devido
Procouro – Programa de Desenvolvimento da Cadeia Produtiva do Boi	Instituído pela Lei n.º 7.216/99 e regulamentado pelo Decreto n.º 1.290 de 14/04/00	Encerrado em dezembro de 2005
Promadeira – Programa de Desenvolvimento do Agronegócio da Madeira	Instituído criado pela Lei n.º 7.200/99 e regulamentado pelo Decreto n.º 1.239, de 20/03/00	Encerrado em dezembro de 2005

PROGRAMA	ATOS DE CRIAÇÃO E REGULAMENTAÇÃO	ESPECIFICIDADES
Procafé – Programa de Incentivo às Indústrias de Beneficiamento, Torrefação e Moagem do Café do Estado de Mato Grosso	Instituído pela Lei n.º 7.309/00 e regulamentado pelo Decreto n.º 2.437 de 29/03/01	Com crédito fiscal de até 85% do ICMS devido
Promineração – Programa de Desenvolvimento da Mineração	Instituído pela Lei n.º 7.606/01e regulamentado pelo Decreto n.º 4.135 de 04/04/02	Com crédito fiscal de até 70% do ICMS devido
Proarroz – Programa de Incentivo às Indústrias de Arroz de MT	Instituído pela Lei n.º 7.607/01 e regulamentado pelo Decreto n.º 4.366 de 21/05/02	Com crédito fiscal de até 85% do ICMS devido
Proleite – Programa de Desenvolvimento à Indústria da Pecuária Leiteira	Instituído pela Lei n.º 7.608/01 e regulamentado pelo Decreto n.º 4.629 de 11/07/02	-
Prodeic – Programa de Desenvolvimento Industrial e Comercial de Mato Grosso	-	Instituído e regulamentado no âmbito da Lei do Prodeic
Prodeic – Programa de Desenvolvimento Industrial e Comercial de Mato Grosso, instituído pela Lei n.º 7.958/03 e regulamentado pelo Decreto n.º 1.432 de 29/09/03, alterado pela Lei 8431/05 e regulamentado pelo Decreto n.º 7083/06. A Lei n.º 7958/03 foi repristinada pela Lei n.º 8.607/07, que revogou a Lei 8431/2005.	-	A Lei n.º 7958/03 também prevê mecanismos de estímulo à importação via Porto Seco instalado dentro do Estado
Prodeflora – Programa de Desenvolvimento Florestal de Mato Grosso	Instituído pela Lei n.º 7.709, de 01/08/02	-

PROGRAMA	ATOS DE CRIAÇÃO E REGULAMENTAÇÃO	ESPECIFICIDADES
Propeixe – Programa de Incentivo a Industrialização do Pescado – Propeixe-Indústria	Instituído pela Lei n.º 7.754, de 21/11/02	-
Proálcool/MT – Programa de Incentivo às Usinas Produtoras de Álcool do Estado de Mato Grosso	Instituído pela Lei n.º 7.874, de 26/12/02	-
Porto Seco – Programa com objetivo de fomentar o Comércio Exterior	-	Instituído e regulamentado no âmbito da Lei do Prodeic

Fontes: ALMT, disponível em: https://www.al.mt.gov.br/legislacao/. Acesso em: 20 nov. 2018; TCE-MT, disponível em: https://www.tce.mt.gov.br/resultado_contas/governo. Acesso em: 20 nov. 2018

Conforme dados extraídos da Lei de Diretrizes Orçamentárias (Mato Grosso, 2015), no ano de 2002, segundo ano do governo Dante Martins de Oliveira, o estado executou valor de R$ 579.000.000,00 em renúncia fiscal; em 2009, penúltimo ano do governo Blairo Borges Maggi, o estado executou o valor de R$ 1.138.791.917,00 em renúncia fiscal; em 2014, último ano do governo Silval Barbosa, o estado executou o valor de R$ 1.504.379.716,07 em renúncia fiscal; em 2015, primeiro ano do governo Pedro José Taques, o estado executou o valor de R$ 1.623.856.675,41; em 2016, segundo ano do governo Pedro José Taques, o estado executou o valor de R$ 1.858.174.182,89, em renúncia fiscal, sendo previsto para o ano de 2018 o valor de R$ 3.565.724.702,14 para aplicação em renúncia fiscal.

No governo Blairo Maggi, em relação ao governo anterior, percebe-se que o estado praticamente dobrou os valores aplicados em benefícios fiscais, valores que se mantiveram e foram ampliados ao longo do governo Silval. No atual governo de Pedro Taques, esses valores foram significativamente ampliados, o que demonstra a manutenção e ampliação dos privilégios aos setores produtivos urbanos e rurais do estado. A ampliação das aplicações dos incentivos fiscais, nos últimos anos de governo, coincide com vésperas de períodos eleitorais e anos eleitorais, quando os grupos políticos se voltam para a captação de recursos para custear suas despesas nas disputas eleitorais e reeleger seus representantes, reproduzindo o quadro de privilégios, que se sustenta fundamentalmente por meio do poder político do Estado.

Para melhor ilustração, o quadro a seguir demonstra a execução orçamentária e financeira de incentivos fiscais por programa, exercício de 2015, no valor contabilizado de R$1.623.856.675,41.

Quadro 5 – Demonstrativo de Incentivos Fiscais por programa, executado no exercício de 2015

Programas	Incentivos Fiscais em (R$)	Participação em %
Proalmat Agricultura	98.812,04	0,01
Proarroz Indústria	13.361,10	0,0008
Prodeic	1.618.242.101,44	99,65
Proleite Indústria	77.813,98	0,0048
Proder	5.424.586,85	0,34
TOTAL	1.623.856.675,41	100

Fonte: FIP 215 – Balancete mensal de verificação emitido em 06/04/2016 (Mato Grosso, 2015).

Observa-se que o Programa de Desenvolvimento Industrial e Comercial de Mato Grosso (Prodeic) é o mais representativo dos programas de incentivos do Estado, registrando um total de R$ 1.618.242.101,44, o que equivale 99,65% dos incentivos concedidos em 2015. Outro aspecto importante a considerar é que o Prodeic foi criado no governo Blairo Borges Maggi, no processo de revisão e readequação do programa de incentivos fiscais que ocorreu no ano de 2001, com o propósito de atender de forma mais efetiva os interesses do agronegócio, conforme demonstram os valores aplicados no segmento. Ao atender interesses do agronegócio, atendeu também os interesses próprios e de sua família, pois constituem-se nos maiores produtores de soja do mundo.

Segue quadro dos incentivos fiscais por segmento, com os seus respectivos recursos aplicados em 2015:

Quadro 6 – Demonstrativo de incentivos fiscais por segmento em Mato Grosso no exercício de 2015

Segmentos	Incentivos Fiscais em (R$)	Participação em %
Soja	335.061.857,38	20,63
Arroz	79.319.232,08	4,88
Algodão	46.477.626,19	2,86
Atacado	189.125.707,32	11,65
Bebidas	284.464.438,72	17,52
Combustíveis	58.772.050,40	3,62
Energia elétrica	617.357,92	0,04
Madeira	22.876.546,75	1,41
Medicamentos	20.188.151,52	1,24
Pecuária	296.791.933,03	18,28
Supermercados	230.133,14	0,01
Transporte	7.770.095,64	0,48
Varejo	253.011.961,56	15,58
Veículos	1.621.576,22	0,1
Outros	27.528.007,54	1,7
Total	1.623.856.675,41	100

Fonte: FIP 215 – Balancete mensal de verificação emitido em 06/04/2016 (Mato Grosso, 2015).

Verifica-se que o segmento que mais recebeu incentivos diretos foi o setor produtivo do agronegócio (soja, arroz, algodão e pecuária), por meio das empresas agroindustriais, com 46,65% das aplicações, correspondendo ao valor de R$ 757.650,648,60, sendo a soja, o principal produto beneficiado com 20,63% das aplicações, correspondendo ao valor de R$ 335.061.857,38.

Poder-se-á, ainda, apontar como benefícios indiretos os incentivos concedidos aos segmentos do atacado, varejo, combustíveis, madeira e transporte, que impactam fortemente nas atividades do agronegócio. No caso específico do varejo, ocorre a desoneração fiscal para aquisição de veículos utilitários como medida que impacta diretamente o agronegócio, pois o segmento é o principal consumidor dos veículos da espécie. São valores significativos que impactam as receitas do estado e comprometem a execução de políticas públicas, em benefício das elites empresariais, estimulando a concentração de riquezas.

A demonstração dos valores envolvidos mostra o volume de recursos destinados a essa política de concessão de incentivos fiscais: no caso da folha de pagamento dos servidores do executivo estadual, incluindo os aposentados, no ano de 2017 e 2018, girou em torno de R$ 600.000.000,00 mês, para uma previsão de concessão de incentivos fiscais ao empresariado de R$ 2.449.125.258,56, correspondendo a quatro folhas de pagamento. Para o exercício de 2018, a previsão de incentivos é ainda maior, valor de R$ 3.565.724.702,14, correspondendo a praticamente seis folhas de pagamento.

Considerando a previsão de receitas e gastos do poder executivo para o exercício de 2018, cujo valor orçado é de R$ 17.343.276.890,00, o percentual de renúncia fiscal é de 20,55%. Pode-se considerar valores e percentuais astronômicos para um estado que produz e concentra riquezas de um lado e, de outro, mantém a maioria da população fora do acesso às riquezas produzidas e das políticas públicas.

Estamos diante de um estado economicamente rico, porém com uma riqueza concentrada e uma população pobre, alheia às riquezas produzidas, resultado de uma dinâmica social elitista construída historicamente. Como nos velhos tempos, o estado é conformado por elites econômicas, agora não mais os grandes latifundiários, mas os barões do agronegócio, reproduzindo os privilégios das elites rurais.

Dados do IBGE dos anos de 2016 a 2018 atribuem ao estado um índice de desenvolvimento humano (IDH)[24] de 0,772, considerando o ano de 2017, ocupando o nono lugar no *ranking* nacional. Apesar das riquezas produzidas, as famílias mato-grossenses possuem um rendimento nominal mensal domiciliar per capita de R$ 1.386,00, o que coloca Mato Grosso com uma das maiores concentrações de rendas das unidades de federação do país.

Olhando para cidades do agronegócio, percebe-se que a renda per capita é alta em comparação com o contexto nacional e até em compara-

---

[24] Conforme Atlas (2019), o IDH é calculado considerando a longevidade, a renda e os índices de educação da população. No ano de 2010, no qual o IDH foi de 0,725 a longevidade contribuiu com 0, 821, a renda com 0,732 e a educação com 0,635 para composição do índice.

ção com cidades de Mato Grosso que estão fora do eixo do agronegócio. Importante ressaltar que mesmo nas cidades do agronegócio há um visível *apartheid* econômico, revelando a concentração de rendas nas mãos de uma pequena parcela da população.

****

Este capítulo trata do processo histórico de ocupação das terras do estado de Mato Grosso, com suas nuanças sociais e políticas, em um cenário de ocupação do território brasileiro, focando aspectos como o processo de modernização das relações de produção do campo, precisamente em São Paulo e Minas Gerais, que repercutiram na ocupação das terras mato-grossenses. Aborda, também, o histórico de privilégios às oligarquias rurais no processo de avanço sobre as terras em Mato Grosso, determinante para uma colonização que muito privilegiou a grande propriedade rural. Em tempos contemporâneos, como esses privilégios continuam sendo reproduzidos a favor de uma elite econômica e rural. A partir de então, adentro às especificidades da ocupação do município de Tangará da Serra e, de forma particular, da comunidade Córrego das Pedras.

CAPÍTULO II

HISTÓRIA E MEMÓRIA: O CAMINHO DA MIGRAÇÃO PARA TANGARÁ DA SERRA

Buscando estabelecer uma relação da história com a memória, abordar-se-á neste capítulo o processo de migração das famílias para Tangará da Serra, demonstrando os caminhos trilhados pelos sitiantes e suas famílias na busca de garantir a produção e reprodução da vida material, iniciada no processo de migração, na conquista e permanência na terra, o que, ao nosso ver, constituíram-se em um processo de resistência, visto que, ao longo do tempo, para manterem-se em suas terras, tiveram que suportar as severas dificuldades iniciais de ocupação e no transcurso, a reordenação das atividades produtivas.

2.1 O município de Tangará da Serra no contexto regional

A região onde hoje se localiza o município de Tangará da Serra é limítrofe à região garimpeira do Alto Paraguai, Nortelândia e Arenápolis, tendo a serra do Tapirapuã como divisa seca entre Tangará da Serra e esses municípios, na direção sudoeste; e, por outro lado, em direção noroeste, após a Serra do Parecis, divisa com o prolongado "Chapadão do Parecis"[25].

Conforme fontes do Instituto Brasileiro de Geografia e Estatística (IBGE), o município de Tangará da Serra tem área de 11.323,685 km², com população estimada de 96.932 habitantes para o ano de 2016, sendo que 52,20%, correspondentes a 5.911,185 km² de seu território, são formados por reservas indígenas da etnia Paresí[26], devidamente demarcadas.

---

[25] Localizado a sudoeste do estado de Mato Grosso, porém, em direção ao noroeste brasileiro, com vegetação baixa e rasteira, constituindo o Cerrado, em transição com a floresta amazônica. Suas águas compõem a bacia amazônica, com muitos rios e cachoeiras. Boa parte das terras é demarcada como áreas indígenas.

[26] Paresí ou Parecis – nome dado pelos brancos para identificar a Etnia "Haliti", que significa povo. O município de Tangará da Serra tem 52,2020% de seu território de terras indígenas da etnia Haliti ou Parecis/Paresí, distribuídos em quatro polígonos distintos, sendo um polígono com área de 19.749,4741 ha localizado no Baixo Parecis, comportando seis aldeias. Os outros três polígonos, constituindo a maior porção de terras, perfazendo conjuntamente 1.229.744,3175 ha, localizam-se no Chapadão do Parecis, comportando 60 aldeias (RELAÇÃO, 2016).

Figura 4 – Mapa identificador do município de Tangará da Serra, no contexto de Mato Grosso e do Brasil

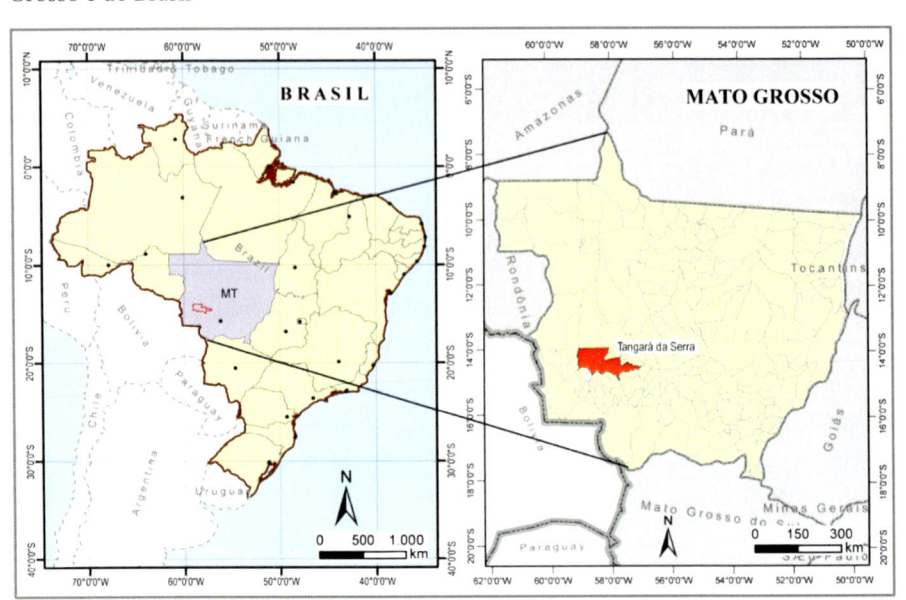

Fonte: criado por Almir José Azevedo, desenhista técnico cartográfico. Cartas Topográficas IBGE/DSG, Imagens de Satélites, dados Disponibilizados pela Sema/Mtsema/MT

O município de Tangará da Serra é cortado e banhado em grande parte de sua extensão pelo rio Sepotuba, um dos principais afluentes do rio Paraguai, que se constituiu em uma importante rota fluvial de acesso ao município para as caravanas que vinham sentido rio Paraguai – Tangará da Serra, região noroeste do estado de Mato Grosso e norte do país, precisamente em direção aos estados de Rondônia e Acre. Situado um pouco mais ao norte do sudoeste do estado de Mato Grosso, caracteriza-se por ser área de transição entre o cerrado e a floresta amazônica, com significativa parte de suas terras composta pelas florestas tropicais, com grandes extensões de terras férteis, com potencial agrícola, porém, até a década de 50, inexploradas.

Sua hidrografia é composta pela Bacia do Prata, tendo como principal rio o Sepotuba, que tem como afluentes mais destacados os rios Tocas, Formoso, Sangue e Juba. O rio Sepotuba é um dos principais afluentes do rio Paraguai em direção sudoeste; e, pela Bacia Amazônica, através dos rios Verde, Papagaio, Sacre, Juruena e Guaporé, em direção noroeste.

Apesar da proximidade com a região garimpeira e de possuir um dos principais afluentes do rio Paraguai, o que garantia o acesso fluvial, Tangará da Serra não foi alvo do processo de exploração mineradora iniciado em Mato Grosso no século XVIII.

2.2 A ocupação das terras do Tangará e os Povos Indígenas Paresí

Concomitantemente à dimensão territorial apontada por Campos (1862), outro aspecto relevante a observar é que acima da serra do Parecis, "todas as águas correm para o Norte" (Campos, 1862, p. 443). Os povos Paresí estavam estabelecidos acima da serra do Parecis, no chapadão, rota oeste em direção norte, sendo toda a bacia fluvial pertencente à Bacia Amazônica.

Figura 5 – Mapa do Município de Tangará da Serra[27]

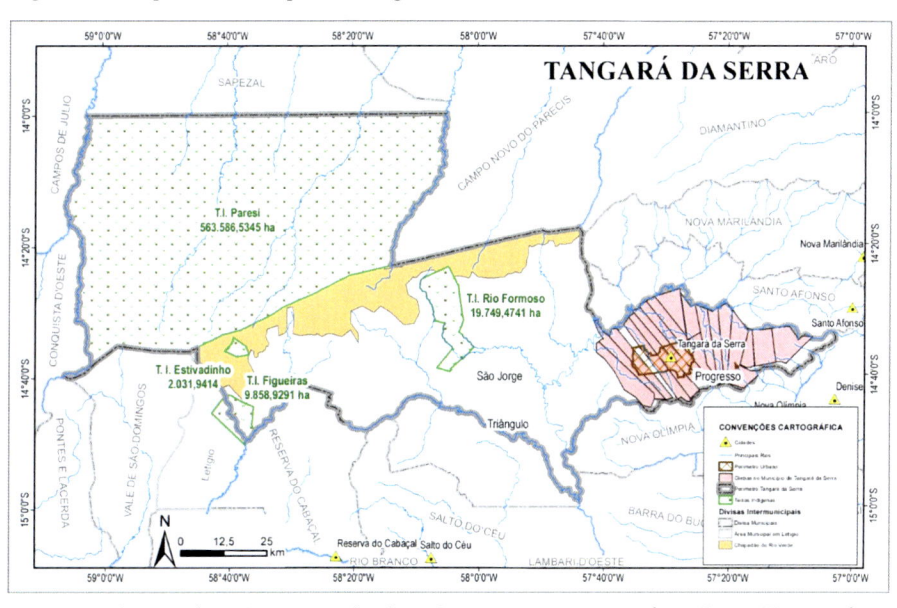

Fonte: criado por Almir José Azevedo, desenhista técnico cartográfico. Cartas Topográficas IBGE/DSG, Imagens de satélites, dados do Intermat

---

[27] Para fins de melhor identificação das informações constantes no mapa, prestamos os seguintes esclarecimentos: os polígonos identificados em cor verde são terras indígenas, pertencentes aos povos Paresí, sendo a maior porção, a do Chapadão do Parecis e as menores porções, no Baixo Parecis; o polígono amarelo são extensões de terras de propriedades particulares no Alto Parecis, que constituem fazendas do agronegócio no município de Tangará da Serra, na região identificada como Chapadão do Rio Verde; o polígono em cor rosa constitui o primeiro projeto de ocupação da região de Tangará da Serra, terras cortadas em glebas entre a Serra do Tapirapuã e o rio Sepotuba, percebíveis em polígonos menores dentro do polígono maior. No polígono maior está identificada a localização da cidade de Tangará da Serra.

Em torno de 52% do território do município de Tangará da Serra localiza-se acima da serra do Parecis, onde a maior parte se constituiu em áreas indígenas. Os outros 48% são terras que foram colonizadas nas décadas de 50, 60 e até meados de 70. "A região onde se localizam atualmente Tangará da Serra e outros municípios na Chapada do Parecis e adjacências, era terra indígena" (Nardoque, 2015, p. 92).

> Os índios estavam na Barra do Bugres. Para chegar em Barra do Bugres tinha uma aldeia. Aqui nas glebas de Tangará da Serra, nessa região loteada, não se via a presença de indígenas. Não vi vestígios de índios do lado de cá do Rio Sepotuba. Nós sabíamos que tinha índios da Serra do Parecis para cima, já em direção ao Estado do Amazonas. Inclusive no Salto das Nuvens, nas Glebas Água Limpa, Maracanã, do lado de lá do Rio Sepotuba, mas abaixo da Serra, não tinha índio. Essa colonização foi pacífica na relação com índios, nunca apareceu índio por aqui, não tivemos problema com eles. Depois de muito tempo, nas décadas de 70 e 80, quando o Olacyr de Moraes chegou aqui e abriu a Fazenda Itanorte, no alto da serra, foi que desceu índios para cá, antes não tinha índio da serra para baixo. No Rio Formoso, abaixo da serra, onde hoje tem uma aldeia, também não era habitado por índio. Isso era um mundão, não tinha nada. (Entrevista com Wilson Galli, em maio de 2018).

O Senhor Wilson Galli colocou os pés na região no ano de 1963, como colonizador. Trata-se de um fala que não inclui a presença de indígenas na região. Pollak (1989) faz referência à disputa ideológica da memória e as estratégias de esquecimento e silenciamento da memória pelos discursos dos colonizadores e oficiais. Esse fenômeno discursivo está registrado em *Fios de Memória: pioneiros de Tangará da Serra* (Vilalva; Miyazakia, 2013). As narrativas catalogadas inauguram o discurso de fundação, na mesma direção que os portugueses quando "descobrem o Brasil", dando-nos a certidão de nascimento em 1500. Fomos descobertos pela Europa, passamos "a existir", nesse instante. A posição do discurso fundador sistematiza-se pela força da propriedade, pela legitimação do direito à terra. "Eu descobri. Logo a terra é minha!". A estratégia historicamente foi a de legitimar o direito de posse, de propriedade e ocultar a violência e a barbárie em todo esse processo.

Há índios até hoje nos arredores de Tangará. Como não haveria nas décadas de 40, 50 e 60? Os fatos narrados na perspectiva colonizadora acabaram por instigar novas buscas, face à necessidade de aprofundar o conhecimento e as discussões sobre a questão posta, pois, sabidamente, toda a região do vale do Sepotuba está muito próxima das terras indígenas Paresí.

Em pesquisa de mestrado, Souza (1997, p. 45-46) indica a geografia da ocupação de terras dos índios Paresí:

> Os Paresí ocupavam uma grande extensão de terras na região centro-norte de Mato Grosso. A bibliografia, bem como os depoimentos indígenas, indica fronteiras que iam das cabeceiras do Arinos, próximo a cidade de Diamantino, até Vale do Guaporé, território Nambikwára; ao sul habitavam às margens de afluentes importantes do Rio Paraguai, como Jauru, Juba e Sepotuba e, ao norte, se aproximavam de onde estão atualmente os Irantxe, acima do Paralelo 14, nas proximidades da confluência dos rios Papagaio e Sacre.

Ela faz referência à ocupação indígena Paresí às margens dos rios Sepotuba e Juba, no município de Tangará da Serra. O rio Juba é um importante afluente do rio Sepotuba, com suas nascentes na Chapada do Parecis e curso no Baixo Parecis, até desaguar no rio Sepotuba.

Ainda sobre a ocupação Paresí na região, Maria Helena Azumezuhero, líder comunitária daquele povo, relata:

> Essa região da Beira do Rio Sepotuba foi terras indígenas. Os indígenas faziam a extração da poaia na beira do Sepotuba até a sede da fazenda Tapirapuã. Vendiam a poaia para Luís Noberto Luchame. Na forma da tradição indígena eles tiravam poaia na região. Muitos deles já morreram. Quando eu cheguei de volta do colégio interno, na condição de professora e enfermeira, eu tinha uma grande curiosidade de estar buscando saber até onde o meu povo os meus avós, os meus bisavós tinham acesso. Então com essa curiosidade eu tive esse conhecimento que eles habitaram essa região e extraiam a poaia. Através da poaia eles sobreviviam, se mantinham. Estou falando da Serra do Tapirapuã, toda essa redondeza para cá todinha, eu estou falando da serra até o rio Sepotuba. Antes de 1960 os indígenas já usavam essa região do rio Sepotuba. Os indígenas do Rio do Sangue desciam aqui, da região de Juininha, Irapuru, todos os Paresí, desciam aqui para a extração da poaia. Isso aqui era tudo terras ocupados pelos índios Paresí. Em 1960 os indígenas do rio do Sangue foram tirados e levados para o Bacaval, no hoje município de Campo Novo do Parecis, acima da serra do Parecis, no chapadão do Parecis. Foi quase um extermínio. Quem tirou

> foram os padres da ordenação jesuíta. Na época que eles foram tirados não existia a cidade de Campo Novo do Parecis e nem fazendas não tinha ainda. Eles faziam aldeia onde catavam poaia também, porque é a cultura do Paresí, onde param, fazem aldeia. Muitos falam que o Paresí tem território muito grande, mas é assim, hoje mora aqui, se perde um(a) filho(a) ou neto(a) por morte eles migram para outro lugar. Se vão para trabalhar, também migram. Todo percurso da existência do povo Paresí é assim. Quando começou a entrar o pessoal aqui eles recuaram, porque eles nunca foram de confronto. Eles subiram a serra. O meu povo Paresí sempre foi um povo pacífico. Os velhos têm um monte de informações. (Entrevista com Maria Helena Azumezuhero, em setembro de 2018).

A índia Azumezuhero aborda o recuo dos indígenas da região do vale do Sepotuba em 1960 e anos anteriores, período que coincide com a transferência das terras para grandes latifundiários e empresas do ramo imobiliário e o consequente processo de desocupação forçada executado pelo Estado brasileiro. Na área de ocupação dos índios Paresí, o processo de expulsão dos indígenas teve a participação dos padres jesuítas que também faziam parte da missão da retirada dos indígenas da região. O processo de expulsão passava também pela catequização dos indígenas com base nos valores cristãos católicos e a introdução ao processo de educação formal, conforme relata Azumezuhero: "Na verdade eles, os índios, não eram lá do Bacaval, eles eram do Rio do Sangue[28] e foram tirados por volta de 1960. Quem retirou foi a Missão Anchieta, Padres. Os índios do Rio do Sangue desciam aqui, então, eles já habitavam essa região do Rio Sepotuba". Relata, ainda, que o foco principal eram as mulheres e as mais novas. Ela mesma permaneceu, dos 4 aos 15 anos, em um centro de educação e catequização, saindo formada como professora e agente de saúde. A limpeza étnica, como era chamada a retirada à força das civilizações indígenas de suas terras, constituía a primeira etapa do processo de colonização dos territórios brasileiros, incluindo as terras do hoje município de Tangará da Serra do Baixo Parecis, destinada à colonização com viés puramente econômico.

A índia Maria Helena Azumezuhero fala de um povo pacífico que preferia o deslocamento ao confronto, o que os fizeram recuar das terras do Baixo Parecis, em direção ao Chapadão do Parecis. Na parte baixa ficou somente a aldeia do Formoso, por ser uma área simbólica para os povos

---

[28] O rio do Sangue é um afluente do rio Sepotuba, portanto, compondo o Vale do Sepotuba.

Paresí. Conforme Souza (1997), houve conflito com mortes para permanecerem naquelas terras, até a pacificação.

A despeito do silenciamento que impera em relação a presença indígena na região do Baixo Parecis no município de Tangará da Serra, os relatos de Maria Helena dão vazão ao contraditório, recolocando a perspectiva do colonizado no processo de ocupação das terras dos tangarás. O que ocorreu na região não foi diferente do que aconteceu no estado e no país.

Pollak (1989, p. 3) em suas reflexões sobre as tentativas de silenciamento, faz lembrar que:

> A despeito da importante doutrinação ideológica, essas lembranças durante tanto tempo confinadas ao silêncio e transmitidas de uma geração a outra oralmente, e não através de publicações, permanecem vivas. O longo silêncio sobre o passado, longe de conduzir ao esquecimento, é a resistência que uma sociedade civil impotente opõe ao excesso de discursos oficiais. Ao mesmo tempo, ela transmite cuidadosamente as lembranças dissidentes nas redes familiares e de amizades, esperando a hora da verdade e da redistribuição das cartas políticas e ideológicas.

São memórias subterrâneas, abordadas por Pollak (1989) que, como brasas em dormência, ao sopro do vento, acendem. A índia Maria Helena destaca: "Os velhos têm um monte de informações", fazendo referência as lembranças dos tempos em que seu povo ocupava a região poaeira no Baixo Parecis. Sua memória se constitui em uma memória herdada. Pollak (1992) faz referência à construção social e individual da memória, principalmente quando se trata de memória herdada.

Essas informações, incluindo o apontamento de Souza (1997) de que a Aldeia Formoso foi local de resistência indígena, apresenta evidências em relação à existência de indígenas no Baixo Parecis, que compreende o vale do rio Sepotuba.

A partir desses relatos, que mostram o avanço do homem branco sobre as terras indígenas, mesmo diante do recuo dos indígenas para a região do Chapadão do Parecis, apontado pela índia Azumezuhero, importam as seguintes observações, significativas no contexto da resistência dos povos Paresí e, posteriormente, para a demarcação de suas terras: a) o fato de, diferentemente dos índios Paiaguás que não fixavam moradia em uma área, tinham por hábito e cultura fixarem suas aldeias, fator determinante na delimitação de suas terras e posterior demarcação. Dentro dos limites de suas terras formam-se muitas aldeias, espalhadas em todas as áreas, possibilitando a concentração e reprodução familiar de forma mais estável e a defesa de seus territórios, visto que todo território indígena era vigiado em função da pulverização das aldeias; b) Campos (1862) e o colonizador Wilson Galli faziam referência a extensas áreas, que também foram fator significativo no processo de demarcação das terras. Mesmo diante do avanço do processo de colonização, eles resistiram, mantendo sob domínio significativas porções de suas terras originárias, hoje, demarcadas e livres de conflitos; c) o fato de trabalharem na terra e dela extraírem boa parte da alimentação, por meio da produção, permitiu e permite o processo de produção e reprodução das famílias, possibilitando um aumento populacional estável. Eles também praticam a caça e a pesca para o sustento alimentar, porém com menor dependência; d) a simbologia cultural deles em relação à terra, combinada com a fertilidade desta, no caso das densas matas identificadas como terra de cultura (caso específico da Aldeia Formoso), foi fator decisivo na fixação de parte de sua população no Baixo Parecis, região simbólica e de terras férteis, banhada pelo rio Formoso, afluente do rio Sepotuba; e e) apesar de serem considerados pacíficos, a forte resistência dos indígenas à intrusão dos brancos em suas terras como ocorreu na Aldeia Formoso. Posteriormente, nas décadas de 70 e 80, houve também forte resistência indígena no chapadão do Parecis, sendo comuns as notícias de bloqueio de passagem de caminhões com mudanças e maquinários agrícolas, inclusive com mortes, o que desestimulou, em muito, o avanço dos brancos em terras indígenas.

A presença do homem branco na região, capitaneado pelas comitivas do Marechal Cândido Rondon, são sinais das relações de conflito.

> No Vale do Guaporé e no Chapadão do Parecis, os povos indígenas Nambiquara[29] e Paresí sofreram com o impacto da rodovia Cuiabá-Porto Velho. Desde a instalação das linhas telegráficas, no início do século XX, estes povos vinham sofrendo os impactos negativos da entrada e passagem de membros da Comissão Rondon, de seringueiros e missões religiosas pelos seus territórios. Na década de 1960, com a consolidação da estrada através do Chapadão do Parecis, aumentou significativamente o trânsito, sobretudo de cami-

---

[29] Os índios Nhambiquara ou Nambiquara viviam no Vale do Guaporé, na floresta amazônica. Relata Oliveira (1990) que foram removidos do *habitat* natural quando do processo de colonização da Amazônia, para as áreas mais desvalorizadas, consideradas as piores para implantação dos projetos de colonização – cerrados de solos pobres da Chapada dos Parecis. Os Nhambiquara foram alojados em terras que pertenciam aos índios Paresí. Após o advento do agronegócio, com a implantação das lavouras no cerrado, essas terras passaram a ser valorizadas, a peso de ouro, objeto de cobiça do capital, porém, hoje, constituindo-se em áreas demarcadas.

nhões e, em consequência, a intensidade dos impactos sobre a região. (Barrozo, 2010, p. 16).

A passagem do Marechal Rondon deixou marcas no município e na região: seu casarão, à beira do rio Sepotuba, onde hoje está o Assentamento Antônio Conselheiro, a aproximadamente 50 km da cidade, serviu de base para as caravanas de exploração que subiam os rios Paraguai e Sepotuba, para pegarem a rota noroeste de Mato Grosso, seguindo em direção ao chapadão do Parecis e ao norte do país, ao estado de Rondônia. Também a miscigenação forçada da população Umutina em Barra do Bugres, que levou para a aldeia Umutina um contingente de índios Parecis, é marca visível da presença do colonizador na região.

Assim como observou Guimarães Neto (2006), consideramos relevantes as informações sobre as populações indígenas da região, porque elas fazem parte como sujeitos de um cenário de colonização, porém, não sendo esse o foco do estudo, limitamo-nos às informações e análises até aqui prestadas.

2.3 A ocupação das terras de Córrego das Pedras

A dinâmica nacional, que propunha um avanço para as fronteiras agrícolas a partir de uma lógica histórica de predomínio da grande propriedade, teve, como contraponto, dois fatores: a) a presença de empresas do ramo imobiliário que buscavam lucrar com o mercado de terras; e b) a busca de oportunidade por parte de um contingente de camponeses e trabalhadores rurais expropriados das terras e do trabalho. Associados a esses dois fatores, o conhecimento dos camponeses expropriados das terras e dos trabalhadores das práticas produtivas da roça e a disposição de se estabelecerem como proprietários de terras, sujeitando-se a trabalhar nas condições mais adversas possíveis, possibilitaram a formação de um modelo diferente de desenvolvimento, com base nas minis, pequenas e médias propriedades rurais.

O município de Tangará da Serra, por suas características de colonização, fundadas na pequena propriedade rural, cresceu e se desenvolveu com a presença de propriedades desse tipo, denominadas sítios. Houve a consequente formação de inúmeras comunidades rurais, espaço de referência da vida coletiva das famílias do campo, preservando, ainda hoje, em parte, tais características. A colonização se deu principalmente a partir da ocupação de áreas rurais voltadas às atividades agrícolas, com base na mão de obra familiar, pois eram as famílias que migravam e ocupavam as terras, onde desenvolviam, em um primeiro momento, a agricultura de subsistência.

> Nós chegamos aqui em janeiro de 1963. Foi a primeira vez que nós chegamos aqui. Viemos, ficamos aqui de seis a oito dias e voltamos para Tupã. Depois retornei em abril do mesmo ano, quando diminuiu a chuva. Sobrevoamos a região novamente. Gostei muito da região e comprei meu primeiro lote de terras aqui, na Gleba Recanto Alegre, na Estrada do Distrito São Joaquim. Depois, já no final de 64 e início de 65, comprei as Glebas Assaí, Boa Esperança e Parte da Gleba Amor. A Gleba Boa Esperança é na região do Córrego das Pedras. Todas as áreas que eu comprei, eu procurei implantar o que foi implantado lá em Tupã: em distância em volta do perímetro urbano nós procuramos assentar o maior número possível de pequenos proprietários, porque o pequeno proprietário além de produzir, ele vende e compra na cidade, é ele quem mantém a cidade, é o que dá vida para a cidade. A riqueza vem das pequenas propriedades. Os pequenos produtores produzem e vendem na cidade, até chegar a infraestrutura, um maior desenvolvimento, são eles quem mantém a cidade. (Entrevista com o Senhor Wilson Galli, em maio de 2018).

Conforme relato do ponto de vista do loteador, o pequeno sitiante se colocava no perfil adequado para estimular a política de colonização, valorização da região e de geração de riquezas. As famílias chegavam em seus sítios sem qualquer infraestrutura de estradas, de comércio e de serviços públicos. Muito rapidamente, iniciaram as relações comunitárias, face, talvez, às dificuldades a que as famílias eram submetidas. Elas já vinham de uma trajetória no campo, onde as relações de comunidade historicamente são presentes.

A colonização projetada[30] para minis e pequenos sitiantes e o grande volume de migrações para o campo geraram, como importante característica do município, a proliferação de comunidades rurais, caracterizadas

---

[30] Parte das terras do município foi loteada pela empresa Sita, que, conforme relata o Senhor Wilson Galli, optou por reproduzir um modelo de assentamento da cidade de Tupã, assentando minis e pequenos produtores rurais. A empresa adquiriu áreas de terceiros para implantar o loteamento. Inclusive, é a empresa loteadora do projeto da planta geral da cidade. Apesar da finalidade especulativa, centenas de famílias de minis e pequenos produtores tiveram acesso à terra, acabando por constituir-se em um contraponto em relação a um cenário de colonização que historicamente privilegiou a concentração de grandes porções de terras. O senhor Wilson Galli, adquirente de uma grande porção de terra, acabou vendo a oportunidade de negócio e projetou sua área para comercialização em minis e pequenas propriedades. Ainda, segundo ele, vendeu somente uma área com 300 alqueires, sendo o restante de sua propriedade cortada em lotes de 5 a 20 alqueires. Os sitiantes compradores adquiriram suas áreas a preços de mercado, não tendo nenhum tipo de benefício no processo de aquisição das áreas.

por agrupamento de estruturas físicas de comércio, de práticas religiosas, esportivas (futebol, boliche e jogo de malha[31]) e o espaço escolar (as chamadas escolas rurais), em espaços próximos aos sítios. Muitas delas subsistiram por vários anos, porém, em sua maioria, sucumbiram, frente ao desenfreado desenvolvimento do agronegócio, principalmente nas décadas de 1990 e 2000. Córrego das Pedras é uma das poucas que subsiste ainda hoje, preservando em parte suas características originais.

A comunidade Córrego das Pedras recebeu um fluxo migratório de camponeses e trabalhadores rurais que conseguiram ter acesso à terra por meio da compra direta ou troca de serviços por terras. Somadas à trajetória de migração e de luta pela permanência nas terras, a ruptura com formas tradicionais de produção — como a substituição da lavoura do café pela produção voltada à feira — e a entrada de novos sujeitos, a partir do ano 2000, produziram uma identidade plural, própria da modernidade, fora do espectro ideológico apontado por Martins (1986), que relacionava a constituição identitária com as lutas políticas de acesso à terra.

O relato a seguir é demonstrativo das condições de dificuldades em que muitos sitiantes viviam, em um cenário de crise de uma região, aprofundada por uma política de modernização do campo, que dificultavam a possibilidade das famílias de continuarem a produção da vida material em seus locais de origem.

> A coisa estava feia para nós. Lá nós íamos acabando com tudo. Era muita gente que não tinha nada e nem tinha o que fazer. Chovia pouco, só até final de dezembro e início de janeiro. Já não produzia nem o milho. Eu tinha pouca coisa, um pouquinho de gado que tinha que vender para comprar as coisas para comer. Já não tinha quase mais nada, rapaz. Eu pelejei uma vez com uma selaria. Fiquei uns quatro anos, mas ninguém tinha dinheiro para comprar nada e dava prejuízo, e eu parei com aquilo. Eu tinha cinco moleques e tudo que eu fazia não dava certo. Eu falei: "Deus vai mostrar para nós um lugar bom, que chove e produz para nós criarmos nossos filhos, porque aqui tá perigoso passarmos fome", porque não tinha nada de serviço para ganhar dinheiro. No

---

[31] O jogo de malha é disputado em duplas, em que se lançam discos de metal, denominados malhas, para derrubar um pino ou fazer as malhas chegarem o mais próximo possível do pino, a fim de somar o maior número de pontos. São utilizados dois pinos que ficam a uma distância de aproximadamente 50 metros um do outro, sendo que em cada pino fica um componente da dupla, para acompanhar a jogada do parceiro que está no lado contrário e arremessar a volta. Conta com um árbitro que é o regulador do jogo e um auxiliar do árbitro para fazer as anotações e somatórias dos pontos.

sítio era só quiçaça, saroba, já não produzia mais nada para ganhar dinheiro. (Entrevista com o senhor Arestides, em dezembro de 2016).

O senhor Arestides evidencia as dificuldades da vida camponesa no interior de Minas Gerais, marcada pela escassez de serviços e pelo baixo valor da mão de obra. Não expressa nostalgia em relação à vida que a família levava em Minas Gerais, muito provavelmente em função das dificuldades pelas quais passavam em relação à produção da vida material e da falta de perspectivas de criar a família naquele local. Seu relato demonstra uma condição de absoluta dificuldade, impeditiva, do seu ponto de vista, de garantir sua sobrevivência e da família. Ele buscou alternativas, como a profissão de seleiro, porém não conseguiu sobreviver, pois a pobreza da região em Minas Gerais era tamanha que não conseguia produzir e vender o suficiente para tratar de sua família. Ele fala que era desesperadora a situação, não só dele, mas também de parentes e amigos, em função da pobreza da região. Poder-se-á perceber essa forma de compreensão quando ele diz que "ninguém tinha dinheiro para comprar e dava prejuízo", sinalizando o risco de passar fome junto com sua família.

Na estrutura da família patriarcal, o homem é o principal provedor e a incapacidade de garantir a sobrevivência material de sua família, do ponto de vista simbólico, implica o fracasso dessa condição. Nesse caso, e para outras situações análogas, o caminho era a migração, pois abria oportunidades de produzir a subsistência familiar, e viabilizar a manutenção da condição de provedor da família, papel socialmente construído para os homens. O risco e a iminência de faltarem as condições de sobrevivência material da família, em um contexto social em que prevalece o modelo de família patriarcal, que imputa ao homem a responsabilidade de ser o provedor, foram eixos impulsionadores dos processos migratórios.

A pobreza extrema e a falta de perspectiva de vida nos locais de origem, como é o caso de muitas famílias migrantes do estado de Minas Gerais e o processo de modernização das práticas agrícolas, que expulsaram milhares de famílias do campo, são fatores explicativos do processo migratório massivo que ocorreu na região nas décadas de 60 e 70. O pano de fundo desse processo foi a busca de melhores condições de vida por parte dos migrantes para produzirem a própria subsistência e da família. Importa perceber que não se trata de uma dificuldade pontual e passageira. "Quando os migrantes falam que a vida em Minas estava difícil, referem-se a uma situação permanente de dificuldade. Não enxergam possibilidade de mudança" (Lucena, 1999, p. 40). É um cenário de dificuldade e desolação permanente, evidenciado na narrativa do senhor Arestides.

Não havia um local específico de chegada das migrações. Muitas vezes, sequer sabiam para onde iriam. No início da década de 1960, algumas famílias migrantes acabaram parando no sul mato-grossense, atualmente estado de Mato Grosso do Sul.

> Nós vínhamos pelo rumo, em sete famílias em um caminhão "pau de arara"[32]. Seis dias de viagem, chegamos em Fátima do Sul, no Município de Dourados, no Sul de Mato Grosso, pois naquela época era um Estado só. A turma olhou para um lado para outro e disse: "que lugar bom, dá para a gente ficar aqui". A turma estava cansada, aquele tempo a viagem eram em "pau de arara". A maioria era estrada de chão, só no estado de São Paulo tinha estradas asfaltadas, mas o trecho que viajamos naquele Estado era pequeno, pois passava somente em um canto. Para cá era muito chão. A turma disse, "Senhor Pacheco", que era o nome do meu pai, "ou compadre, vamos ficar por aqui". Nós vínhamos pelo rumo. Nós saímos de Itanhomi (MG) para ir para Mato Grosso, meio no rumo. Mato Grosso era muito falado. Meu pai falou que tem um lugar de Mato Grosso por nome Jangada, nós vamos para lá. Até hoje eu ainda lembro de Jangada, que era o lugar que nós íamos parar primeiro". (Entrevista com o senhor Gentil Pacheco, em janeiro de 2017).

Essa narrativa mostra a disposição para a migração e as condições em que se realizava. Muitas famílias em um caminhão pau de arara revelavam o grande fluxo de migração, em veículos desse tipo, na carroceria, com o mínimo de mudança, pois era necessário comportar várias pessoas. A referência ao local chamado Jangada – próximo a Cuiabá –, e a parada no sul mato-grossense são reveladores do cansaço de uma viagem feita de modo dificultoso, por caminhão, em estradas de terra, encerrando a viagem em algum lugar, antes do destino final. Esses fatos são reveladores das dificuldades e da incerteza da migração.

---

[32] O termo advém do transporte de aves e pássaros, incluindo araras, empoleirados em um pau, em gaiolas adaptadas em carrocerias de carroças de animal, caminhonetes ou caminhões. Consistia em um meio de transporte muito utilizado nos processos migratórios regionais. Esse é um termo definidor de condições precárias para viagem. Tratava-se de um caminhão, em que, após fazer a elevação da carroceria com madeira ou barras de ferro, coberta por lona, espalhava-se os colchões e malas de mudanças no assoalho para acomodação das famílias, o quanto coubesse.

Tive notícia de Fátima do Sul, município de Dourados. Era uma vila em que chovia. Tinha muita fartura, era um Mato Grosso só naquela época. Lá ganhava 1.200,00 a 1.400,00 contos por dia de serviço. Em Minas quando a gente encontrava serviço era 100 conto por dia. Aí o povo ficou doido rapaz, os parentes falaram para mim, vai lá ver, porque os outros não tinham coragem de viajar. Eu sempre viajava. Já tinha viajado para Belo Horizonte duas vezes, para Governador Valadares e para Caratinga. Consegui arrumar dois companheiros e fomos ver. Chegamos lá e vimos: arroz empilhado, feijão, milho, uma fartura. Povo muito bom. Voltei animado. Viemos para Mato Grosso do Sul, mais ou menos 75 pessoas, em um caminhão Chevrolet um pouco maior do que uma F-4000. Cada um trazia no máximo duas malas. Saímos segunda-feira e chegamos sábado em Fátima do Sul. Foi no ano 1963 que mudamos de Minas Gerais. E, quando foi de tarde, era um dia de lua cheia e começou a amarelar o tempo, quando foi pelas oito horas da noite esfriou, a geada começou, ficou dois graus abaixo de zero e nós sem agasalho. Acendemos três fogueiras grandes e a geada queimava mais que o fogo, e nós passamos a noite inteirinha ali. Falei, "nós vamos morrer tudo aqui, minha Nossa Senhora". Já estava endurecendo tudo, a mão estava endurecendo. A noite demorou a passar, até que o dia amanheceu, rapaz. Foi quando nós dormimos um pouco. Depois atiçamos o fogo com dificuldade, pois estava tudo molhado, coamos um café, esquentamos um pouco na fogueira e eu falei: "vou-me embora rapaz", pois à noite, se vier outra geada dessa, nós vamos morrer todos aqui. Foi isso, nós estávamos até gostando, pois a terra era boa e povo bom. Lugar bom para ganhar dinheiro, mas nós não aguentamos o frio. Foi quando ficamos sabendo da região de Tangará da Serra e fomos ver. (Entrevista com o senhor Arestides, em dezembro de 2016).

O senhor Arestides se viu diante de uma terra promissora, que produzia lavoura com fartura: arroz, milho e feijão, combinada com a valorização da mão de obra, fonte de renda para um migrante disposto ao trabalho braçal na roça, condição de trabalho da época. Para um homem com parte da família constituída e disposto a construir sua sobrevivência no campo, pois sua origem é campesina, o cenário foi animador, resultando em sua migração com um conjunto de famílias para Fátima do Sul, no estado de Mato Grosso do Sul no ano de 1963.

Em Fátima do Sul, apesar de toda fartura comprovada antes e depois da mudança, havia um significativo entrave: o frio. O mineiro, forjado na dureza da luta pela sobrevivência, em uma região pobre de Minas Gerais, com cinco filhos pequenos, não suportava o frio, e não estava preparado com agasalhos e casa que possibilitassem proteção. Como ele disse, "o frio era de matar". A solução foi a continuidade da migração para o norte. Tal experiência não representa um caso isolado. O senhor Gentil Pacheco também relata sua vivência no clima frio.

> Nós saímos de Minas Gerais em 1964 para irmos para Mato Grosso. Chegamos em Fátima do Sul, hoje Mato Grosso do Sul, desci para o sítio de barco tipo bote, a 12 km de Fátima do Sul, na picada era uns 15 km. Meu pai arrumou um barraco e também desceu para lá, mas era frio e geava, eu não gostava de frio. Eu passei muito frio lá, não conhecia geada. Eu falei, "aqui é frio demais". Eu falei, vou procurar um serviço para trabalhar, mas primeiro eu vou cercar o barraco. Fiquei uns três dias tentando tampar os buracos do barraco com sapé e não consegui. A gente colocava uma panela de água para fora da casa e no outro dia a água virava pedra de gelo. Não tinha como cercar o frio. Eu gostava de lá. Dois anos depois eu vim para Tangará. Nesse meio tempo chegaram uns homens, entre eles, o senhor Antônio Hortolani de Tangará, com um jipe e encontrou com a mineirada que estava em Fátima do Sul: o senhor Arestides, o Quinzinho a turma da Tubaína e o Senhor João Bernardo o finado meu pai já entrosou com a minerada, estava tudo lá. Viemos todos para Tangará, para a região do Córrego das Pedras. (Entrevista com o senhor Gentil Pacheco, em janeiro de 2017).

A migração do senhor Gentil e sua família foi independente da migração do senhor Arestides, apesar de residirem geograficamente em uma mesma região e migrarem em um mesmo tempo. Seu pai juntou a família e veio para o norte e parou em Fátima do Sul. Também não resistiu ao frio, e seguiram a caminho do norte. Ele fala de um senhor, Antônio Hortolani[33], que encontrou com os mineiros que estavam em Fátima do Sul,

---

[33] Senhor Antônio Hortolani foi representante da empresa Sita na origem da colonização de Tangará da Serra, destacando-se na busca do deslocamento de famílias sitiantes para adquirirem terras ou trabalharem na cidade, à época, distrito do município de Barra do Bugres. Constitui-se hoje em uma figura histórica do município, recebendo como homenagens do poder público municipal e estadual o nome de uma escola estadual (Escola Estadual de Ensino Fundamental Antônio Hortolani, no distrito de São Joaquim, distante a 22 quilômetros da cidade) e o nome de uma das ruas centrais da cidade (Rua Antônio Hortolani), paralela à Avenida Brasil, principal avenida da cidade.

e cita, entre outros, o senhor Arestides, conhecido de Minas Gerais, pois moravam na mesma região e se conheciam. Foi a chave para continuar a migração rumo ao norte.

Tanto o senhor Arestides, quanto o senhor Gentil e suas famílias, apesar de considerarem o cenário de Fátima de Sul promissor, terras boas e trabalho valorizado, apontam o insuportável frio, principal responsável, segundo os relatos, para a continuidade do processo migratório em direção norte

> O pai veio de São Paulo para Naviraí (MS) para colher café, em função de uma crise muito brava em São Paulo. Naquele tempo, o município de Naviraí estava produzindo muito café. Ele comprou uma terra que era muito fraca, não produzia. Lá ele mudou para outro sítio vizinho, que produzia melhor. Depois teve um ano de muito frio, deu uma geada muito forte, foi quando meu pai desanimou. Ele ficou com duas possibilidades: ou voltava para São Paulo ou mudava para Tangará. Ele tinha uns amigos que já moravam em Tangará, na região da Reserva, próximo daqui do Córrego das Pedras que incentivou ele a mudar para cá. Ele veio aqui em 1967 e viu muita fartura: grandes pilhas de arroz e muitos bananais. Colocamos as malas em um ônibus e partimos para cá, passando por Diamantino e Santo Afonso, pois não existia essa estrada por Barra do Bugres. (Entrevista com Severino Camilo, em janeiro de 2017).

Severino evidencia as dificuldades da vida camponesa na lavoura de café, no interior de São Paulo e a necessidade de novos horizontes. A crise de que ele fala está relacionada ao processo de modernização do campo naquele estado, com a substituição das lavouras de café pela dinâmica do emergente agronegócio (implantação das lavouras canavieiras), com a expulsão de milhares de camponeses e trabalhadores rurais do campo, conforme apontado por Silva (1999).

Severino aborda a migração também para o sul de Mato Grosso, Naviraí. O insucesso dessa migração se deu em função da combinação de dois fatores: o excessivo frio e terras consideras fracas. Seu pai tinha referência de amigos de São Paulo que haviam mudado para Tangará da Serra, constituindo-se no elo para a continuidade da migração em direção norte, o que demonstra que a migração também se concretiza por meio de rede de relações.

Os relatos do senhor Arestides, senhor Gentil e Severino trazem em comum a migração primeiro para o sul de Mato Grosso, as dificuldades nos locais de origem – os migrantes de Minas Gerais, por morarem em uma região muito pobre, sem perspectiva de produção de vida material, e Severino, pelas expulsões dos camponeses em São Paulo. As três famílias foram impulsionadas à migração em função de dificuldades, fato que nos remete considerar tratar-se de uma expulsão dos locais de origem e de uma migração forçada, por constituir-se, praticamente, na única alternativa para permanecerem no campo.

As três famílias saíram em busca de uma terra promissora, onde houvesse terras férteis em que pudessem trabalhar. Elas têm vínculos históricos com a terra, e buscaram caminhos de, na terra, continuarem o processo de produção e reprodução de suas famílias. Pode-se observar isso na fala de senhor Gentil:

> Em Minas toda a família trabalhava na roça. Eu estranhei aqui em Mato Grosso, pois eu nunca havia trabalhado em terreno dos outros. Meu pai tinha o sítio dele e eu trabalhava com ele. Quando saímos de Minas Gerais meu pai havia vendido o sítio, parando primeiro em Fátima do Sul, hoje Mato Grosso do Sul. Antes ele foi lá dar uma olhada, o meu cunhado morava lá quando ele veio ver as novas terras. Chegou e vendeu as terras que tinha em Minas. A gente tocava roça em Minas: arroz, milho, uma vaquinha, duas. Eu fiquei uns dois anos em Fátima do Sul, derrubava e plantava lavoura branca. (Entrevista com o senhor Gentil Pacheco, em janeiro de 2017).

Ao chegarem a Tangará da Serra, na região de Córrego das Pedras, perceberam a existência de terras de boa qualidade para a prática da agricultura e mão de obra valorizada em função da escassez. O senhor Arestides conta que, durante os primeiros sete anos após a migração para Tangará da Serra, em função da malária e das seguidas frustrações de suas lavouras, sobreviveu como trabalhador rural, vendendo sua força de trabalho em empreitas ou fazendo trabalhos na roça como diarista. Ele se defrontou com uma terra promissora, que produzia lavoura com fartura: arroz, milho e feijão.

Já os migrantes do século XVIII, descritos por Barrozo (2007), traziam, mais do que a busca de melhorar as condições de vida, o sonho e ambição do enriquecimento rápido, sentimento comum que moveu as migrações e permanências em regiões garimpeiras.

> As migrações para as "minas do Cuiabá" e particularmente para o "Alto Paraguai", em meados do século XVIII e, mais

> tarde, a partir de 1805, quando foi permitida a mineração na região, foram impulsionados, sobretudo, pela ambição e pelo sonho de enriquecer. O fascínio exercido pelo ouro e pelo diamante levava os portugueses a abandonar tudo para se embrenharem nos sertões do Brasil. (Barrozo, 2007, p. 139).

Normalmente, "para a maioria dos 'retirantes', a migração é uma alternativa à sobrevivência, ou uma estratégia de reprodução social" (Barrozo, 2007, p. 131), que se projeta como uma esperança, face ao esvaziamento das condições de produção e reprodução da vida material nos locais de origem. Não há certeza do que se encontrará pela frente, mas há convicção do que se busca, o que empurra as famílias em busca de novos horizontes que se colocam como um desafio, eivado de incertezas.

Se a magia que movia o garimpeiro rumo aos grotões do Brasil era a "pedra que brilha"[34] e seus encantos, contado por Barrozo (2007), e a que levava os mineiros de Barbacena para a grande São Paulo era a busca por melhores condições de vida e os encantos de uma cidade grande, contado por Lucena (1999), o que empurrava mineiros, paulistas e paranaenses do interior, da roça, para os grotões de Mato Grosso? Seria uma ilusão? Esta, conforme Barrozo (2007), é algo que não é irreal, mas desejável, portanto uma força de desejo, sendo a imaginação uma força motriz para a ação, para a atitude do deslocamento, em busca do incerto, mas desejável.

Esses homens e mulheres que migraram na busca por melhores condições de vida, são também possuídos por uma magia, assim como os garimpeiros de Barroso (2007) e os mineiros de Lucena (1999). A magia está nos brilhos dos olhos do senhor Arestides, ao falar sobre a descoberta.

> Ai quando virou para cá (região do Córrego das Pedras) ele ficou doido. Viu um pé de figueira: era terra boa. E ele falou, "vai lá no Córrego das Pedras, lugar de terra boa, mas de malária". Nem sabíamos o que era a tal de malária. "Ah! é uma febre, mas a gente dá um jeito nela". De fato, terra boa é aqui mesmo. (Entrevista com senhor Arestides, em dezembro de 2016).

A magia que movia o migrante mineiro, paulista e paranaense era a busca de um pedaço de terra para se estabelecer, para plantar e colher,

---

[34] Como narrado por Barrozo (2007), a "pedra que brilha" era o diamante, cristal precioso de muito valor, abundante em jazidas minerais de Mato Grosso, que junto com o ouro, atraiu um massivo ciclo migratório do Nordeste e do Centro-Sul para o estado, primeiramente para Guiratinga, por estar mais próxima dos centros populacionais originários da migração, e posteriormente para Cuiabá, Diamantino, Alto Paraguai, Arenápolis e Nortelândia.

para garantir a produção e reprodução familiar. Seu sonho era possuir um pedaço de terra boa. De fato, em Córrego das Pedras, encontraram terras férteis para plantar e colher. Uma região de mata densa, com animais silvestres; intensas chuvas, pois a região era provida de um clima com duas estações bem definidas — seis meses de chuva que se estendia de outubro a março, e seis meses de sol e seca, que se estendiam de abril a setembro — e as doenças causadas na relação dos homens e mulheres com uma região de matas virgens e clima tropical úmido — a malária e a leishmaniose, doenças típicas de florestas tropicais. Não imaginavam o tamanho da dificuldade, porém o sonho era a terra boa para plantar.

Martins (1973/1982) já fazia referência a um campesinato migrante que busca a terra como terra de trabalho, para produzir e reproduzir um modo de vida, como meio de garantir a subsistência própria e de suas famílias. No caso de Córrego das Pedras, predominavam as relações de mercado, em que apesar do baixo valor agregado no período de colonização, a terra fora convertida em mercadoria para a venda. Coube aos sitiantes, juntamente com suas famílias, ao ocuparem a terra, dar-lhe o sentido de terra para produzir e reproduzir a lógica campesina, para viver. Um contraponto à lógica de mercado capitalista, em que a terra se constitui em instrumento de subjugação do trabalho, voltada a gerar renda para a reprodução capitalista. Iniciava-se um processo de resistência contra a transformação da terra em um instrumento de exploração e subjugação do trabalho no campo.

A migração coletiva de um espaço rural para outro, visto que em um mesmo "pau de arara" viajavam várias famílias, e o encontro no local de destino com outras famílias aparentadas ou não, migrantes de uma mesma região, o que era comum em função do quantitativo de deslocamento, abrandava em muito o isolamento e os sentimentos de perda causados pelo processo de migração.

Praticamente todos migravam com o núcleo da família: esposa, filhos e muitas vezes, irmãos, irmãs e outros parentes. Os "paus de araras" sempre se deslocavam com um amontoado de famílias. O núcleo migrante — pais, mães, irmãos e irmãs — foi basicamente formado com homens e mulheres de meia idade, com parte da família constituída (no caso do Sr. Arestides, que tinha cinco filhos e depois teve mais cinco em Tangará da Serra), com expectativa de construir vida melhor e futuro para seus filhos, portanto, eram relativamente jovens.

O novo espaço, por ser rural, permitiu produzir e reproduzir uma dinâmica de vida que as famílias estavam acostumadas, ajudando na criação de novos laços. A nova vida, em um novo espaço, em um outro tempo, com suas dificuldades, é determinante para o estabelecimento de laços solidários e construção de uma coesão social entre o grupo, necessário para o abrandamento das dificuldades que as famílias enfrentariam.

> No começo, quando nós chegamos aqui já era tarde, no inverno, já tinha iniciadas as chuvas e, ainda, sem recursos para tocar lavoura. Chovia todo dia e não dava tempo para preparar a roça. No primeiro ano, eu plantei só para o gasto, uns pedacinhos só para a despesa. Não deu tempo de fazer roça maior, no começo era tudo na enxada. No outro ano que foi aumentando a plantação. Esse meio aqui era derrubado (e aponta a direção), agora de uma altura para cima era puro sapé. Todo ano eles colocavam fogo e queimava tudo, então virou sapé. Aqui eles chamavam de quiçaça. Eu pegava na lua minguante e capinava aquelas moitas de sapé e foi acabando a quiçaça, foi a hora que eu ia plantando. Comecei plantando uma muda de café aqui outra ali e foi aumentando, até formar o cafezal. (Entrevista com o senhor Manoel, em janeiro de 2017).

A mudança para um novo espaço e em um outro tempo trazem a esperança de uma nova vida, de melhores condições de sobrevivência, transformando a quiçaça e o sapé em lavoura de café, com a força de trabalho do senhor Manoel e sua família. O senhor Manoel chegou à comunidade no ano de 1971, com as matas derrubadas e depois da malária, "a febre braba" que se abateu sobre a região. Ele fala sobre o fogo, que queima tudo, não deixando a terra produzir. O fogo para limpar as matas após a derrubada não é mais o mesmo fogo, que agora queima também a terra e a enfraquece. Sua percepção é que o fogo é destruidor. Na sua fala, ele expressa um conhecimento popular: "eu pegava na minguante e capinava aquelas moitas de sapé e foi acabando a quiçaça". Ele está se referindo à lua minguante, propícia para a capina, quando, em virtude das forças da natureza, o mato não cresce, ou cresce menos, substituindo pelo fogo, destruidor da natureza. Na capina, a quiçaça e o sapé se transformam em adubação natural, já o fogo, historicamente utilizado como um meio de auxiliar no preparo da terra, acaba por expô-la ao novo ciclo de quiçaça e sapé, que, se não extraídos com a enxada na lua minguante, florescem com mais força no ano seguinte, sufocando a roça.

> De manhãzinha, a Alcina (esposa do senhor Arestides) lavava roupa no córrego. Eu ia tratar dos porcos. Quando eram nove

> horas ela levava o almoço. Quando nós largávamos a roça, o sol estava bem baixinho. Ainda trazíamos cana para moer na engenhoca. Era para fazer a rapadura e açúcar para fazer o café. Naquele tempo nem açúcar tinha. Depois começou a produzir o porco e resolveu o problema da banha. Carne de boi nem sonhar. Nós matávamos anta que dava dez a doze arrobas: matei uma anta ali. Deu uns quinze litros de banha. É igual banha de porco e a banha durou até eu engordar o porco. Dependia muito pouco da cidade. Adubo e veneno não existiam: plantava e colhia. (Entrevista realizada com o senhor Arestides, em dezembro de 2016).

As experiências passadas são incorporadas ao cotidiano da vida. Nos relatos do senhor Arestides fica evidenciado que sua sobrevivência e da família estavam ancoradas em suas experiências de vida: fazer a rapadura da cana para substituir o açúcar, produzir o óleo, primeiramente por meio da caça e depois com a produção de porcos para consumo doméstico, depender muito pouco da cidade para viver, incluindo a implantação da lavoura, significava trazer as experiências do passado para uma vida presente, em um cenário de absoluta escassez de condições.

Aqui, vale lembrar as contribuições de Thompson (2016) ao compreender a história dos homens e mulheres a partir do mundo real, micro, onde se dão e desenvolvem as relações sociais. É no mundo real, no contexto das relações sociais em que viveu, que o senhor Arestides construiu sua experiência, e é em outro contexto social, de plena dificuldade, que ele teve que se valer delas para sobreviver junto com sua família. A relevância do cotidiano e da história de vida podem não ser compreendidas sob a perspectiva das macrodiscussões estruturalistas, porém, podem ser percebidas no mundo da cultura, espaço de afirmação das experiências, das tradições, dos hábitos e costumes. A trajetória de vida dos sitiantes e a cultura caipira são marcas percebíveis da constituição identitária de uma comunidade que traz as marcas do passado, de um passado campesino de incansáveis lutas para produzir a vida material para si e família e permanecerem na terra.

2.4 Do saber tradicional à reinvenção da arte de lavrar a terra

Os migrantes trouxeram um saber tradicional da arte de lavrar manualmente a terra. Era o saber-fazer, apontado por Woortmann e Woortmann (1997), que o processo de colonização demandava para a abertura das fronteiras do norte.

> Os métodos agrícolas usados eram dos mais rudimentares: tocava-se fogo nas matas, roçava-se, plantava-se e não se mexia nas plantações, até a colheita. Considerava-se más as terras e havia prevenção contra o arado, que ainda hoje persiste, sendo o machado, a foice e a enxada os instrumentos do lavrador. Até bem entrado o século não era outro em todo o país o sistema de tratar o solo, baseado na derrubada: onde não existia mata, não havia lavoura. (Frieiro, 1982, p. 126).

O trabalho era todo manual. Primeiro, derrubar a mata e roçar, com machado e foice; em seguida, queimar a roçada e implantar as lavouras brancas (arroz, milho, feijão) para, após a colheita — que era manual —, implantar a lavoura de café ou pasto. Quando o sitiante tinha recursos, empreitava a derrubada:

> Meu pai veio na frente e já empreitou o mato para derrubar e foi nos buscar. Quando chegamos, a derrubada já estava queimada. A planta era feita com matraca e a colheita era manual. Plantava arroz, milho, feijão e o café. No primeiro ano que nós chegamos aqui, plantamos o café. Plantava quatro ou cinco linhas de arroz e deixava uma para plantar o café. Nós plantávamos arroz e café tudo junto. (Entrevista com o senhor Severino Camilo, em janeiro de 2017).

Nesse processo inicial, os trabalhadores rurais eram alçados a condições sub-humanas de sobrevivência, suscetíveis às doenças próprias da floresta tropical, como malária e leishmaniose. Consistia em absoluta aventura, frente aos desafios de cultivar uma terra com derrubada e fogo em uma região de difícil acesso e com severas limitações alimentares. Desafio para o "caipira[35]" (Candido, 1982), adaptado às condições mais adversas de sobrevivência.

A abertura da região é anterior à atividade do comércio, o que corroborava para o aprofundamento das dificuldades, face à inexistência de suprimentos básicos de alimentação, de equipamentos para o trabalho, de transporte, combustível para transporte e geração de luz, pois sequer se pensava em energia elétrica, remédios, roupas, entre outros produtos e serviços de primeira necessidade.

---

[35] Segundo Candido (1982), o "caipira" é fruto de uma composição racial tipicamente brasileira de bandeirantes e indígenas, com características sociais e culturais, como organização familiar, práticas alimentares e formas de se relacionar com a terra muito específicas, o que os distingue como "caipiras". No nosso caso, faço esse apontamento pelo fato de as famílias migrantes de Minas Gerais e São Paulo apresentarem, em muitos aspectos, características sociais e culturais semelhantes.

O senhor Arestides faz um relato com bastante detalhamento das dificuldades encontradas por ele e pela família:

> O caminhão ainda não subia na serra quando nós iniciamos fazendo a roça. Tinha vez que você ia lá na cidade comprar e não tinha nada e, quando tinha, era caro e produto ruim. Quando nós chegamos, o compadre Manoel e o Tião do Reis vieram e compraram a terra e empreitaram para mim. Quando eles vieram não era tempo de chuva ainda e o cuiabano que tinha um caminhão tipo F.4000 era quem trazia mercadoria aqui, mas, quando nós voltamos já era o fim das águas, não subia nada na serra, eu fiquei na Barra do Bugres quatro dias esperando, quando conseguimos uma carona para Nova Olímpia. Na Barra do Bugres, que era a sede do município, eu comprei uns quatro litros de óleo e umas coisinhas mais, que duraram uns 30 dias. Aqui em Tangará não tinha nada para comprar. Eu falei para o Zé Norberto, meu companheiro de roçada: "vou lá na cidade comprar uns mantimentos, pois o que eu trouxe já acabou", e ele falou: "não precisa ir que não tem, lá não tem nada". O que fazer? A coisa mais triste, levantávamo-nos cedo para ir para a roça, e nós trabalhávamos, na foice e no machado, serviço pesado, e não tinha nada para comer, não tinha óleo, carne e açúcar. O arroz ainda tinha, eles vendiam para nós um arroz ardido e em casca. O nosso descanso do domingo era para socar aquele arroz, fedendo a mofo. Cozinhava ele e comia, pois não tinha mais nada, nem sal e nem gordura. O café eu ainda havia trazido um pouco, um café margoso, sem jeito de beber. Triste rapaz, você levantava de manhã cedo e não tinha o cafezinho para beber, pois não tinha açúcar. Nós tomávamos um golinho de água, pegava as ferramentas, pegava a garrafa de água e ia embora para a roça e só voltava meio-dia para fazer o almoço, mas não tinha nada para comer. Colocava aquele arroz ardido dentro da água, purinho, sem nada, cozinhava e engolia aquilo e voltava para roça. (Entrevista com o senhor Arestides, em outubro de 2017).

O relato demonstra as dificuldades vividas no processo de colonização, como inexistência de infraestrutura e de comércio regular, e ausência do poder público, em uma região de mata densa a 80 km de distância da cidade de Barra do Bugres, sede do município.

Desde o início do processo produtivo, na primeira metade da década de 60 até meados da década de 70, a migração e início das atividades produtivas foram anteriores à existência de comércio organizado e regular, outro elemento que dificultava a permanência das famílias, situação resolvida somente no ano de 1974, quando o governo do estado abriu caminho através da Serra Tapirapuã, ligando Tangará da Serra a Nova Olímpia, Barra do Bugres e Cuiabá, em melhores condições de trafegabilidade.

Sobre uma doença mortal que se abateu sobre o município e a região, o senhor Arestides relata:

> Aqui eu plantei em 1966, na hora de colher veio a malária e eu perdi tudo, quase morremos. Foi preciso eu pegar serviço, eu saía daqui e ia trabalhar nos Galhardo, lá perto da 12. Perdi tudo, perdi tudo uns 500 sacos de arroz. No outro ano, em 1967 eu não tinha nada para fazer uma roça boa, fiz uma rocinha pequena, só para o gasto. Em 68 eu fiz uma roça melhor, uma roça boa, eu fui para Tangará fazer uma compra de mantimentos, uns 25 quilos de mantimentos, cereais e tinha que trazer nas costas, pois eu não tinha nada para transportar. Em 1969 eu comprei duas éguas muito boas e um carrinho novo. Foi uma coisa louca de boa, e eu pensei, "agora vou melhorar a situação". Quando foi em 1970, pegou outra malária, aquela que morreu muita gente. A malária pegou na hora de começar a colher, aí acabou tudo. Eu tinha uns cinco alqueires de arroz plantado ali perto da igrejinha, baseado em uns 600 sacos de arroz. Foi o arroz madurar e a malária nos pegou, eu e a família. Começamos a colheita na segunda-feira, mas chovia rapaz, parecia um castigo. Chovia dia e noite e nós no rancho, até sexta feira. Colhemos 20 sacos de arroz e a chuva em cima. A Alcina e as filhas foram embora para a cidade, para voltar na segunda feira, mas acabou ficando por lá em um ranchinho velho uns 30 dias. Todas as seis a malária pegou. Elas vomitavam sangue talhado, pelota de sangue e tremendo. Não tinha médico. Chovia demais, e eu tentando colher o arroz, bebendo umas pingas para suportar e ver se eu escapava da malária. Não teve jeito. Ela me pegou no outro sábado. Eu rolava de febre a noite inteira. Fiquei trinta dias doente. Quando a malária passou não tinha mais nada. O arroz tinha apodrecido tudo, uns quinhentos sacos. Era para eu fazer uma casa, pois eu tinha um rancho feito de madeira bruta que chovia mais dentro de casa do que do lado de fora: os meninos gritavam "está molhando aqui". Esse arroz era para fazer uma casa. Perdi tudo. Ficamos em Tangará num ranchinho, quase quarenta dias sem trabalhar. Quando nós viemos para a roça já não tinha mais nada, o

> arroz já tinha madurado e caído, tinha apodrecido tudo. Tinha perdido por completo todos os cinco alqueires de arroz. Só veio a Joana (uma das filhas) para cozinhar para mim, e ela pegou malária e quase morreu. Eu falei "se morrer, morre só eu, vou ficar aqui sozinho" e a Joana voltou de novo para a cidade. Foi eu trabalhar para os outros de novo. Foram uns sete anos de dificuldades. (Entrevistas com o senhor Arestides, em dezembro de 2016).

O relato é ilustrativo das dificuldades iniciais das famílias, severamente castigadas pela exposição a doenças, pela falta de infraestrutura básica e pela pobreza de muitas famílias que migravam apenas com as roupas e a disposição para o trabalho. O senhor Arestides fala da malária que atingiu a ele e sua família nos anos de 1966 e 1970, impossibilitando-o para o trabalho em momentos cruciais na condução da lavoura. A proliferação da doença se dá, principalmente, no período chuvoso, período de cuidados e até a colheita das lavouras, causando severos prejuízos para quem buscava ainda se estabilizar no trabalho da roça. Ele teve que voltar a trabalhar para terceiros, para garantir a sobrevivência familiar e criar a mínima condição de implantar as lavouras dos anos seguintes, que acabavam sendo mais limitadas, praticamente para o consumo próprio, sem perspectiva de comercialização.

D. Alice, apresentada por Bosi (2004, p. 102), nas suas memórias desde o tempo de criança, que transitam das brincadeiras às dificuldades da trajetória de sua vida, mantém viva na lembrança os efeitos da gripe espanhola, e faz a narrativa:

> Todos se conheciam naquele pedaço e de repente vinha alguém e dizia: "sabe, Filomena morreu e o filho dela morreu também". E vinha outra: "Sabe, as duas moças que moravam lá? Morreram". Eu vivia assustada mas não se tomava nenhuma providência. Teve casas em que morreram todos. Em outras casas, ficava uma, duas pessoas. [...]. Quem estava aqui em São Paulo, disse que a gripe foi medonha: ouvi falar, não sei se é certo, que levavam a gente que morria até em caminhão. Em São Bernardo morreu muita gente. Quando meus tios levantaram eu fiquei doente. Só tomei chá e caldinho; naquela época não davam água para a gente. Eu tinha sede e pedia água da moringa, mas tinha medo que me fizesse mal. Todos, todos já estão falecidos, os de São Bernardo, todos.

Para Bosi (2004), o narrador vence distâncias no espaço e, aqui, pode--se dizer, também, no tempo, para contar as aventuras e desafios da vida, muitos deles de absoluta dificuldade, como foi o enfrentamento da malária narrado pelo senhor Arestides, bem com, o enfrentamento da gripe espanhola narrado por D. Alice. Para o autor, essas memórias são geradoras de conhecimento, são experiências de vida dos narradores, que se tornam em experiências aos escutam.

As doenças tropicais constituíram-se em um grande obstáculo no processo de colonização em Tangará da Serra. No ano de 1970, a região foi palco de um severo fluxo de malária, o que se constituiu em um verdadeiro desastre, dizimando famílias, e até freando o fluxo migratório, em virtude das notícias da febre que chegavam aos locais de origem dos referidos fluxos migratórios. A região de Córrego das Pedras, em função da concentração populacional, foi um dos locais mais atingidos pela malária.

> Em Córrego das Pedras foi terrível, foi o lugar que mais morreu gente. A doença estava na Fazenda Pecuama, bem no início da ocupação das terras do Município de Tangará da Serra, na divisa com o Município de Arenápolis, onde começaram a derrubar as matas da Fazenda Pecuama, do Grupo Itamarati. Para a derrubada da mata eles trouxeram trabalhadores de vários locais: de Porto Esperidião, de Porto dos Gaúchos de Porto Velho no estado de Rondônia e de outros locais. Eles trouxeram uns três mil trabalhadores para desmatar e plantar pasto, e, nessa multidão de trabalhadores, vieram trabalhadores contaminados com a malária. Os trabalhadores chegaram aparentemente bem, mas logo eclodiu a febre, pois em toda a região de mata densa tinha o mosquito transmissor e ele migrava rapidamente. A doença evoluiu muito rapidamente. Às vezes a pessoa estava bem de manhã e à tarde estava morto. Foi uma tristeza. Teve dia de sepultar até nove pessoas. Me recordo de uma família do Córrego das Pedras que morreram todos. Eram 13 pessoas da família: pai, mãe e filhos, que compraram um sítio e vieram do Paraná para trabalhar. Lá morreu um dos maiores heróis de Tangará da Serra. Ele se chamava Bico de Rosa, era um trabalhador. O Bico de Rosa pegou o meu jipe e foi lá no Córrego das Pedras recolher doentes, pois nós começamos a recolher as pessoas doentes para a cidade. Quem tinha rádio amador aqui, único meio de comunicação mais rápido era nós da Serraria Dimba. Eu chamei um avião, um bimotor, peguei seis pessoas doentes com a febre, coloquei no avião e levei para Tupã. Eu ainda mantinha a fazenda lá em Tupã. Internei eles lá na Santa Casa, como se fossem empregados

de Tupã que estavam prestando serviços para mim em Mato Grosso. Dos seis que levei dois salvaram, quatro morreram. Quando saiu o resultado da *causa mortis a* polícia foi bater em minha casa lá em Tupã, para saber a origem da doença, e perguntaram: "de onde é essa falciparum[36]?" Informei que eles são da fazenda aqui e estavam prestando serviços em Mato Grosso, onde contraíram a doença, e eu os trouxe para tratamento, pois não sabia o que era, e em Mato Grosso não tem como saber que doença é. A doença era conjugada, a malária, chamada malária preta, mais agressiva que a gente falava falciparum com a hepatite. Além de ser uma malária agressiva, o outro problema era que os trabalhadores eram mal alimentados, e boa parte deles consumia muito álcool. Não tinham resistência, ficando ainda mais expostos às doenças. (Entrevista com o Senhor Wilson Galli, em maio de 2018).

Essa narrativa é ilustrativa da gravidade da doença, do seu alastramento e dos riscos a que eram expostos os trabalhadores que vieram para colonizar a região. O senhor Arestides já falava das dificuldades por falta de mercado de bens de consumo, como alimentação, acentuadas ainda mais pelos riscos das doenças típicas da região. Ele relata que ficou oito anos trabalhando, sob riscos, junto com sua família, sem ter resultado. Vivia praticamente do trabalho para terceiros na região, até a colheita da boa safra de feijão no ano de 1971, plantada após ter perdido a totalidade da safra de arroz daquele ano, pois não pode cuidar da plantação em função da malária de que foi acometido, juntamente com toda a família.

Apesar de todas as dificuldades enfrentadas e dos riscos a que fora exposto, juntamente com sua família, o senhor Arestides orgulha da sua trajetória em Córrego das Pedras, demonstrando satisfação, falando com entusiasmo dos seus feitos e valorizando o local em que criou sua família. Normalmente, ele não gosta de falar do período da sua vida em Minas Gerais, e quando fala, é sempre de forma depreciativa.

Como outros trabalhadores, o relato do senhor Severino, hoje com 58 anos, filho da primeira geração de migrantes advindos do interior de São Paulo, expressa a relação com a terra e a experiência de vida da sua família. Ele migrou com seu pai, mãe e irmão de São Paulo para Naviraí (MS), para trabalharem na roça, e de lá para Tangará da Serra. "Lá nós plantávamos café. Toda vida nós trabalhávamos com café e com lavoura branca, tipo arroz e

---

[36] Conforme Gomes (2011), a *falciparum* é um tipo de malária muito grave, causada por protozoários do gênero *Plasmodium*, sendo uma doença do tipo tropical de maior impacto no mundo, com forte incidência em vários estados brasileiros, entre os quais o estado de Mato Grosso.

amendoim. Depois viemos para cá. Eu falei: 'vamos plantar lavoura de café aqui em Tangará da Serra também'". No mesmo caminho, o senhor Antônio Freitas evidencia a característica de vínculo dos migrantes com a terra: "cheguei aqui em 1968. O pai veio em 1964 e comprou um pedaço de terra com as economias que tinha. Em São Paulo trabalhava na roça, plantava café e lavoura branca: arroz e milho". O relato do senhor Gentil está na mesma direção: "Em Minas toda a família trabalhava na roça". O senhor Manoel também tem sua trajetória de vida vinculada à terra e ao trabalho rural:

> Eu mexia com café lá no Paraná. Meu pai já tomava conta de lavoura de café desde que eu era criança. Depois ele começou a tomar conta do sítio do meu tio e nós tocávamos uma lavoura de café. Foi daí que nós conseguimos o dinheiro e compramos as terras lá. Depois meu pai faleceu e eu vim com a família para cá. No ano que cheguei aqui em 1972 já comecei a plantar o café. (Entrevista com o senhor Manoel, em janeiro de 2017).

Praticamente, o processo de colonização deu-se por famílias que migravam para trabalhar na roça. Conforme relatos, além do acesso à terra por meio da compra direta, possibilidade para aquelas capitalizadas, há casos daqueles que vieram para o trabalho no campo e que, no decurso do tempo, obtiveram renda nas empreitas de derrubada e de implantação de roças, ou ainda, por troca de terras em serviços, face aos baixos custos em relação ao centro-sul do país. O acesso, às vezes, se dava também a partir de arrendamentos, para, posteriormente, com os ganhos, adquirir-se a terra. Assim, muitas famílias conseguiram se estabelecer em suas propriedades, onde permanecem até hoje.

> Meu pai também comprou terra no Córrego das Pedras, perto do senhor Arestides. Não sei o que aconteceu que nos transferiram para o Belo Horizonte, divisa com Córrego das Pedras, que considero no mesmo lugar. (Entrevista realizada com o senhor Gentil Pacheco, em janeiro de 2017).

> Essa terra já era comprada da firma pelos primeiros pioneiros que vieram para cá. Quem comprou as terras para o meu pai foi o patrão dele lá de São Paulo. Os patrões dele falou: oh!! Paulista – meu pai tinha o apelido de Paulista – comprei uma terra para você lá em Tangará da Serra, lá vai ser um lugar de muita fartura. Só que o finado pai não queria aceitar, porque naquela época era muito difícil. Depois de uns dois anos, em 1968, ele veio conhecer aqui. (Entrevista com o senhor Severino Camilo, em janeiro de 2017).

> O pai chegou aqui em 66, comprou 100 alqueires e deu um pedaço de terra para cada filho trabalhar, para formar o café de a meia. (Entrevista com o senhor Salvador Freitas, em janeiro de 2017).

O baixo custo das terras, a experiência no trabalho rural que valoriza a mão de obra e a migração do trabalhador rural disposto a fixar-se em um pedaço de terra acabaram criando condições para a acesso dos migrantes à terra.

Aqui é importante ressaltar, na fala do senhor Salvador, o arrendamento de terra intrafamiliar, uma prática da família patriarcal, em que os pais buscavam, por meio do trabalho, possibilitar que seus filhos homens construíssem autonomia financeira, necessária para reprodução familiar. Pedro fala do seu pai, senhor Antônio, irmão do senhor Salvador, que reproduziu o mesmo procedimento que seu avô fez com seus filhos:

> Quando eu casei, o pai fez para mim o que ele fez para todos os filhos homens. Você casava, ele fazia um lugarzinho no sítio para você morar, te dava as coisinhas para arrumar a casa. Ele dava comida por 6 meses, até o café madurar. Fez isso para os três filhos que casaram e permaneceram no sítio, inclusive eu. Ele dava a lavoura pronta para colher e não tinha aquela história de dar aquela ponta onde o café era fraco, ele dava o melhor café, e falava: "agora cuida da sua vida". O café um ano dá bem e outro ano dá mal. No ano que dava mal ele não cobrava renda ou, quando ele cobrava renda do pedaço arrendado, ele dava um outro pedaço para colher e não cobrava renda. Foi desse jeito, para os três que ficaram aqui. Não me lembro mais de como era a base da renda, mas acho que era a meia e por contrato. Eu renovei contrato com ele duas vezes. A relação era contratual e ele fez cada um fazer a sua inscrição estadual, para poder vender os produtos. Devo muito a ele e agradeço até hoje. (Entrevista com Pedro, em abril de 2018).

Esse é um exemplo clássico de reprodução da família patriarcal, em que o pai, no trabalho na roça, possibilitou a construção da autonomia dos seus filhos homens e a consequente reprodução familiar. Em relação às filhas, Pedro fala que, ao casarem, saíram do sítio e foram viver em outros locais junto com seus maridos: uma é esposa de um sitiante próximo da região e a outra é esposa de um trabalhador rural de uma fazenda em Tangará.

Retornando para a questão do acesso à terra, houve situações de acesso mediante permuta por serviço, como é o caso do senhor Arestides;

> O Tião dos Reis comprou cinquenta alqueires de terra no Córrego das Pedras. Combinei com ele para me vender dez, para trocar em serviço. Aqui era assim, você derrubava cinco alqueires e recebia cinco de pagamento. Aí eu derrubei para ele. Foi a minha primeira terra. Eu vim aqui fazer um barraco para iniciar a derrubada, pois não tinha alojamento, não tinha nada aqui. Eu vim para cá para trabalhar. Eu derrubei para o meu irmão e para o meu sogro. (Entrevista com o senhor Arestides, em dezembro de 2016).

A cultura de café, transportada pelos migrantes, acabou sendo reproduzida na região de Córrego das Pedras e em seu entorno. Tratava-se de um conhecimento próprio das regiões cafeeiras de São Paulo, trazido pelos migrantes. Consistia em consorciar a lavoura de café com as lavouras brancas (arroz, feijão e milho). A prática era derrubar e plantar a lavoura branca no primeiro e segundo ano. Em seguida, implantar a lavoura de café e continuar plantando as lavouras brancas, que são sazonais, intercaladas com as lavouras de café – enquanto o pé de café tem menor porte – normalmente até no quarto ano da implantação da lavoura de café. As covas de café são plantadas em espaçamento de três a quatro metros, o que possibilita o consorciamento.

O ciclo do café na região foi muito promissor, durante o período que se estendeu do início da colonização até o final da década de 80, quando entrou em decadência, e praticamente foi extinto da região.

> Fiz a derrubada, plantei o arroz. Depois de dois anos plantei o café. Isso foi no ano de 1970, ano em que me casei. A lavoura branca era para a gente sobreviver. Plantei 4.000 pés de café. Meus irmãos derrubaram a mata e também plantaram o café. O café produziu bem. Nos primeiros anos, nós não colocamos adubo. Enquanto ele não começou a dar frutos nós não adubamos. A terra era nova e de muita fertilidade. Deus deu uma boa produção. Eu plantei 4.000 covas de café. O primeiro ano de produção o café estava com 05 anos, porque menos de 05 anos não dá muito café. Deu 450 sacos, uma tuia 4 X 4. Produziu muito café. Aí eu consegui comprar um sítio em São Jorge e um em Juína, porque o meu irmão estava morando lá. Continuei trabalhando na terra do pai, porque o contrato de arrendamento era para 6 anos. Aí a mãe faleceu e nós passamos a ser donos da terra e trabalhar por conta. (Entrevista com o senhor Salvador Freitas, em janeiro de 2017).

A implantação das lavouras de café transportou outro hábito praticado nas lavouras cafeeiras de São Paulo e Minas: as parcerias e os arrendamentos de terras. O trabalho em terras de terceiros, por parcerias ou arrendamentos, é histórico, fruto da impossibilidade do acesso à terra a muitos trabalhadores rurais na condição de donos. A lavoura de café demanda muita mão de obra e, para o camponês que não possui terra ou não consegue implantar a lavoura – que normalmente demanda um alto custo –, as parcerias ou arrendamentos aparecem como oportunidade de trabalho e de continuar mantendo vínculo com a terra, vínculo esse, de médio e longo prazo, em virtude do longo ciclo do café. Candido (1982) retrata essas relações de vínculo com a terra no interior paulista, de onde veio a prática junto com os migrantes.

> Essencialmente, a parceria é uma sociedade, pela qual alguém fornece a terra, ficando com direito sobre parte dos produtos obtidos pelo outro. Na definição da lei: "Dá-se parceria agrícola, quando uma pessoa cede um prédio a outra, para ser por esta cultivado, repartindo-se os frutos entre as duas, na proporção que estipularem".[37] (Candido, 1982, p. 107).

> Usa-se também o arrendamento, a tanto por alqueire num ano agrícola. Em alguns casos, é condição do proprietário. As mais das vezes, deixa-se optar o candidato à terra, que na maioria absoluta escolhe o pagamento em espécie, configurando-se a parceria. Os caipiras que plantam para subsistência têm aversão ao arrendamento, praticado geralmente por empresários de lavoura ampla. (Candido, 1982, p. 108).

Do ponto de vista prático, conforme consta no Estatuto da Terra, Lei n.º 4.504, de 30 de novembro de 1964, apesar de haver pontos em comum, uma diferença relevante entre parceria e arrendamento, concentra-se em relação ao risco: na parceria, o risco em caso de frustração da lavoura é diluído entre as partes e, no caso do arrendamento, o risco é do arrendante, uma vez que, estabelecido o acordo, independentemente da colheita ou não da lavoura, o arrendante tem o compromisso tácito de pagar o combinado pelo arrendamento.

O entrevistado Severino Camilo relata: "Em São Paulo meu pai era arrendatário. Lá ele mexia com café". Severino pode estar falando aqui de parceria ou arrendamento.

---

[37] Código Civil Brasileiro, art. 1.410 *apud* Candido (1982, p. 107).

A necessidade de mão de obra e o volume de famílias que migravam para a região formaram uma dualidade que estimulou a prática de arrendamentos e parcerias, multiplicando a concentração de trabalhadores rurais na região. "O café exigia muita gente, teve um período muito forte do café aqui", disse o senhor Antônio Freitas. Na mesma via, o senhor Severino diz:

> Nós tínhamos uma média de vinte hectares de café. Os parceiros tocavam a lavoura na base de 50% para cada parte. Tudo o que precisava usar, como o adubo, o parceiro pagava 50%. Na produção do café o parceiro também tinha os 50%. Tudo dividido. O pai dava o café plantado para os parceiros. Eles podiam plantar a roça branca no meio do café que era toda deles e as despesas da roça branca era deles também. O pessoal que veio para cá para trabalhar na roça, a maioria era de São Paulo e Minas Gerais. Foi um puxando o outro. Aquela tradição. (Entrevista com o senhor Severino Camilo, em janeiro de 2107).

O relato traz, mais uma vez, a importância das relações anteriores à migração para viabilizar o desenvolvimento local. "Foi um puxando o outro", o que quer dizer que, para os que já haviam migrado, a mão de obra dos que viriam ajudaria na efetivação do plantio de café. Para os que estavam nas regiões de origem, o "chamado" para a migração e o trabalho nas lavouras de café representava uma possibilidade de melhoria nas condições de vida. Conforme relatos, a comunidade viveu tempos áureos, pois a lavoura de café mobilizou muita mão de obra, ampliando a concentração de pessoas e, por conseguinte, fomentando a vida comunitária, como as festas, as práticas religiosas, o futebol e outras atividades.

> Era muito animado aqui, tinha um time de futebol bom na comunidade. Quando chegava dia de missa, a primeira igrejinha que era pequena lotava de gente aí o pessoal ficava de pé do lado de fora, porque não cabia tanta gente dentro. Minha Nossa Senhora, tinha gente. Ali naquele sítio do retiro *(aponta para o local)* nós falávamos que era uma colônia de tanta casa que tinha. Tudo por causa do café. O café empregava bastante gente. Todo arrendatário plantava de a meia. (Entrevista com o senhor Manoel, em janeiro de 2017).

Fatores diversos, como as dificuldades de comercialização em função da fragilidade do mercado de compras e a questão climática, foram pontos relevantes para colocar fim ao ciclo do café na região. O senhor Antônio Freitas aponta as dificuldades: "parei de plantar café por causa da baixa de preços. O mercado era monopolizado, e ainda, com a presença de atravessadores. Também pela lei de Deus, o clima não permitia mais, faltava chuva quando o café florava. A natureza mudou".

Já o senhor Arestides fala dos bons tempos do café que produziu muito e deu muito dinheiro. Ele aumentou suas terras com o lucro advindo da lavoura do café na década de 80. Mas, também aponta as dificuldades com a lavoura, como o preço do café que se tornou insuficiente para custear a lavoura, inviabilizando-a do ponto de vista econômico. Além dos preços insuficientes, para ele, o fator climático também foi determinante, pois mudou muito em relação ao tempo passado. A chuva diminuiu muito, inviabilizando lavouras que dependiam mais das chuvas.

> Café deu dinheiro, produziu muito café aqui, mas depois o café baixou tanto que não pagava nem a colheita mais, fui obrigado a acabar com o café e plantar capim. Quando o café está grande e vem a florada, se não tiver umidade ele não segura a carga. Aqui tinha um período de frio, os meses de maio e junho fazia mais frio e a chuva prolongava mais um pouco, às vezes caia chuva em julho e agosto, caia umas mangas de chuva. Agora a seca está mais radical e a planta que depende muito da chuva, se não tiver irrigação não produz. (Entrevista com o senhor Arestides, em novembro de 2016).

Reportamos aqui a um saber camponês, construído historicamente na lida dos homens e mulheres do campo com a terra, que percebiam as mudanças naturais e a inviabilidade de uma cultura que outrora foi o sustento de sua família, que possibilitou a melhoraria da sua condição de vida e de sua família e, inclusive, em alguns casos, até ampliar a posse de terras. Trata-se de "um saber fazer" (Woortmann; Woortmann, 1997, p. 16), próprio dos sitiantes. "Esse saber, contudo, é mais do que um conhecimento especializado para construir roçados: ele é parte de um modelo mais amplo de percepção da natureza e dos homens" (Woortmann; Woortmann, 1997, p. 8).

O que o saber camponês percebeu e fez inclusive mudar a sua relação com a terra, o mundo do conhecimento técnico também apontou. Não se trata de estabelecer uma concorrência entre o saber popular e o conhecimento técnico, mas analisar as circunstâncias em que se deu o fim do ciclo do café no município de Tangará da Serra e, especificamente, na região do Córrego das Pedras e seus desdobramentos.

Em entrevista com o Técnico da Empresa Mato-Grossense de Pesquisa, Assistência e Extensão Rural (Empaer), senhor Eliel Ferreira Porto apontou, do ponto de vista técnico, os motivos para o declínio da lavoura cafeeira no município de Tangará da Serra e, por conseguinte, na região de Córrego das Pedras, a saber: a) perda da fertilidade natural da terra; b) importação de um modelo de produção dos estados do Paraná, Minas Gerais e São Paulo, a partir das experiências dos camponeses que para cá se deslocaram, sem um processo de adaptação à realidade local; c) falta de umidade, provocada por períodos longos de estiagens; e, d) temperatura superior à mínima exigida para a variedade de café cultivada. Conforme destaca o senhor Eliel, em meados da década de 1970 em diante, a média anual já estava acima de 23 graus *celsius*, quando o limite máximo tolerado para variedades de café arábica é de 22 graus *celsius*. Plantou-se café da variedade arábica em clima com média anual acima do recomendado.

Importante ressaltar que esses fatores foram percebidos pelos sitiantes, inclusive nos ciclos finais do café, com o uso de adubação química, o que encarecia a lavoura, problemas avultados pela fragilidade do mercado, que se resumia a um ou dois compradores, longe dos centros consumidores, sem qualquer política pública de preços de amparo que pudesse interferir nas oscilações dos preços no mercado, acabando por deixar os produtores suscetíveis às variações e ao monopólio do mercado.

A perda da fertilidade da terra, ocasionada pelo contínuo uso da terra em função da implantação de sucessivas lavouras, combinada com a utilização das tradicionais queimadas, precipitou muito o processo de degradação das terras. Além disso, todo ano, a região passa por períodos de prolongadas chuvas torrenciais, em que a ausência de controle da superfície expõe a terra ao escoamento da fertilidade natural, provocando assoreamentos e erosões. O senhor Eliel relata que não existia uma preocupação ambiental, nem um conhecimento que possibilitasse manejar melhor a terra.

A necessidade do uso de adubos químicos para compensar a perda da fertilidade – o que encarece os custos da lavoura –, a comercialização precária, ocasionada em parte pelas questões infraestruturais, como a distância dos grandes centros consumidores e o monopólio dos preços praticado por compradores locais, acabaram por inviabilizar as lavouras. A ausência de políticas públicas, inclusive no processo de desenvolvimento de estudos sobre a adaptação da planta à região, e a orientação necessária são fatores que contribuíram para colocar em questionamento a viabilidade da lavoura, causando desconfiança.

Esse conjunto de fatores foi crucial para o encerramento do ciclo do café, empurrando os sitiantes para outras possibilidades de produção para permanecerem em suas terras. O fim do ciclo do café na região exigiu uma reordenação das práticas produtivas.

Para Wanderley (2009), a construção de variadas estratégias para permanecerem no campo oferece mais chances de sucesso de resistir e de adequação às condições de mercado, diferentemente dos modelos padronizados da modernização, que ficam mais vulneráveis às intempéries do mercado. Observa-se esse processo na fala de Pedro:

> O meu início na feira parece até uma brincadeira. Nós não tínhamos a ideia de ir para a feira. Primeiro foi o Rogério, meu primo. Eu perguntei para ele como era lá na feira. Ele respondeu que lá era muito bom. Porém, eu não tinha nada para vender. Você vê como a vida da gente tem mudança. Eu peguei o machado, fui no pasto cortei doze cabeças de palmito e no domingo levei na feira e vendi tudo. Isso em 1990. Depois disso comecei a plantar coisas para vender na feira, e fui largando a lavoura de café. Onde morria um pé de café eu plantava um pé de outra coisa para a feira. Meu pai ficava muito bravo comigo, e dizia: "menino você vai abandonar o café? Já está plantando no meio do café". Meu pai gostava muito da lavoura do café, ele era apaixonado. (Entrevista com Pedro Freitas, em abril de 2018).

O relato demonstra que a busca da feira como alternativa de renda se dá a partir da relação com um familiar, o primo Rogério, demonstrando que, no sítio, as relações familiares fazem parte do cotidiano da vida. O café estava em crise, a lavoura não produzia todo ano e, a cada ano, enfrentava maiores dificuldades em função das condições climáticas, de custo de produção e mercado comprador. Rogério já havia descoberto o caminho da feira, abrindo caminho também para Pedro e, posteriormente, após a experiência de Pedro, seu pai e seus irmãos buscarem também essa opção.

O senhor Antônio Freitas, pai de Pedro, também falou sobre mudança de rumos da lavoura: "Há uns 15 anos nós trocamos o café pelos produtos da feira. Hoje tudo o que se planta aqui no sítio vai para a feira: milho, mamão, banana, laranja, vagem, limão – a criação do gado é para a despesa da casa e o leite para fazer produtos para a feira". E disse mais: "Eu não queria mudar não, foram os meninos que iniciaram a plantação para a feira. Eu ficava bravo com eles, porque eu gostava da lavoura do café. Eu ficava nervoso quando eles arrancavam os pés de café. Demorou para me convencer".

Essa busca de alternativas acabou sendo geradora de conflitos. Pedro vem de uma tradição de família patriarcal, sendo o seu pai o responsável pelo planejamento e execução da produção familiar. Em narrativa, Pedro afirma: "meu pai tocava café, roça branca, amendoim, mexia até com algodão. Não conhecia feira". Seu pai era detentor de uma experiência de vida fundamental para a dinâmica de reprodução familiar. O conhecimento das práticas produtivas advindas de seu pai se constituía na base dessa dinâmica.

O senhor Antônio, pai de Pedro, admitia o conflito, pois a nova possibilidade colocava em xeque um conhecimento historicamente acumulado que, até então, fora a base da reprodução familiar, ainda no estado de São Paulo. O pai do senhor Antônio veio em 1966 e comprou as terras para transferir suas atividades de São Paulo para Tangará da Serra, a fim de continuar na atividade de produção do café.

O saber, um dos pilares de sustentação da família patriarcal poderia estar colocando em crise o mando do pai. Se a produção do café estava em crise, aparentemente de forma irreversível, estava também em crise o saber e a governança paterna da família. Já não havia mais terras novas para serem derrubadas, junto com o fim da abertura de novas terras, o fim do ciclo das lavouras brancas — especialmente arroz, milho e feijão, que eram componentes alimentares fundamentais para a reprodução familiar. Enfim, era o prenúncio do final de um ciclo de produção com base em um saber, com impactos em uma estrutura de *status* do poder, centrado na figura do pai.

A desconstituição de um processo produtivo poderia significar também a desconstituição de uma forma de organização e reprodução familiar advindas das práticas produtivas do caipira de Minas Gerais e São Paulo. O processo de ruptura com um modelo de produção foi tão impactante, que teve reflexo nas atividades comunitárias. Segundo relato, essas atividades deixaram de acontecer por aproximadamente 12 anos, período que coincidiu com o fim do ciclo do café.

> Depois acabou o café. O povo foi tudo embora. A comunidade ficou feia, o barracão caindo, tudo caindo, não tinha lugar nem para colocar as coisas para comer. Fazíamos festa e não dava nada. O povo não tinha dinheiro mais. Ficou parado por uns 12 anos. Até o padre sumiu, não veio mais celebrar missa. Nós cuidávamos, mantivemos o pátio limpo, não abandonamos. Nós íamos lá roçar e limpar. Foi quando apareceu o Sommavilla, aquele radialista, e fez uma proposta: "eu vou ajudar a fazer uma festa na comunidade que escre-

> ver mais cartas para o meu programa na rádio". Disse: "essa comunidade não pode ficar parada". A Vanessa, minha neta muito sabida, mais a Michelle sua irmã e as filhas do Tonico *(Antônio Freitas)* escreveram muitas cartas representando-nos, e nós ganhamos. O Sommavilla doou a metade de uma vaca grande, arrumou a lona para nós cobrirmos o barracão e ajudou a organizar a festa. (Entrevista com o senhor Arestides, em outubro de 2017).

Woortmann e Woortmann (1997, p. 177) já alertavam para o fato de que "o saber-fazer camponês não é estático. Através de gerações ele acumula experiência e pode, em certos momentos, retomar técnicas desenvolvidas no passado". A experiência dos sitiantes possibilitou a construção de novos saberes-fazer, e ampliar o conhecimento sobre a relação com a terra. Em entrevista, Pedro relata: "Eu não tinha ideia que ia ter mudança e que eu iria largar do café. Parece que é de sangue. Você gosta daquilo e parecia que o café nunca iria acabar. Tem 15 anos que acabou o café, tivemos que tomar outro rumo. O rumo foi a feira, mas pode ser que a feira também acabe".

> Devemos, contudo, lembrar que os valores expressos pelos sitiantes não são imutáveis. Como diz Mendras, se a cidade faz o cidadão, a coletividade camponesa faz o camponês e não existe qualquer essencialidade no indivíduo camponês. Se a coletividade se transforma, ao longo da História, transforma-se também o camponês. (Woortmann; Woortmann, 1997, p. 181).

O esgotamento da lavoura do café em função das inadequações climáticas exigiu novas práticas e novos saberes e, para permanecerem em suas terras, os camponeses tiveram que novamente construir alternativas de se relacionarem com a terra, construindo novos saberes. Tiveram que reordenar as práticas produtivas, adequando a produção às necessidades de comercialização na feira e tiveram que se estabelecerem como feirantes. Ornezino, filho do senhor Arestides, fala sobre a transição:

> No começo era o café, pois aqui na região tinha bastante café, até por volta dos anos de 1989 a 1990. Depois em 1991, com o fim do café, começamos na feira. Começamos a feira por busca de opções, pois as lavouras de café fracassaram e não estava mais sendo viável trabalhar com o café, pois não tinha renda. Na verdade, foi um processo, não foi de uma hora para outra, nós nem tínhamos essa ideia. Como o café já não estava compensando, estava virando tudo pasto,

> estávamos arrancando as lavouras de café e substituindo por pasto, aí nós começamos com a poncã e viu que vendia, aí nós começamos a plantar para vender na feira (Entrevista com Ornezino, em junho de 2018).

A substituição da lavoura café deu-se de forma gradual. Os sitiantes foram criando e investindo em alternativas produtivas, à proporção que foram diminuindo os cafezais. Tiveram que horizontalizar a produção, consorciando a produção de frutas, hortifrutigranjeiros e legumes com a pecuária de leite e corte. A criação de bovinos voltava-se principalmente para a produção do leite – venda e industrialização artesanal – e a venda das crias. O senhor Antônio Freitas relata: "Há uns 15 anos, trocamos o café pelos produtos da feira. Hoje, tudo o que planta é para a feira: milho, mamão, banana, laranja, vagem, limão. A produção do leite do gado leiteiro é para a despesa da casa e para fazer produtos para a feira".

Pedro afirma que trabalhou com a lavoura de café até o ano 2000, portanto, no seu caso, um interstício de 10 anos de transição. Ele relata: "Paramos aos poucos, primeiro foi a feira, que veio junto com o café, até ficar só a feira".

Impulsionados pelo conjunto de fatores que determinaram o fim do ciclo do café para uma nova forma de produzir – produtos para vender na feira – e dinamizadas pela vida no campo, ocorreu a mudança gradual da forma de se relacionar com a terra e nela produzir, fundado em um saber histórico que, para Woortmann (1990), dá a direção do trabalho. Pedro aborda as novas experiências de produção:

> Tivemos que plantar outras coisas: maracujá, mamão, verduras e outras. Tivemos que produzir e fazer queijo. As coisas que eu planto é por época, calendário. Vou começar a plantar a couve-flor agora, que as águas estão cortando, uma planta que a gente colhe e vende bem. Plantando agora, no mês de junho ou julho a gente já tem a couve-flor para vender. A couve-flor mesmo foi o Paulinho, meu irmão, quem primeiro plantou e produziu bem. Primeiro só ele plantou, depois que nós vimos que produziu bem e que vendia bem, no outro ano nós também plantamos. O milho verde a gente planta o ano todo. (Entrevista com Pedro, em abril de 2018).

Em Córrego das Pedras, o processo de produção da vida material foi-se alterando com o passar do tempo. Mesmo diante dos riscos no decorrer do processo, conseguiu manter uma solidariedade familiar na produção, o que "permite a reprodução da unidade agrícola produtiva e conservação da condição de sitiante, prática costumeira presente entre as unidades caipiras do mundo de antes" (Silva; Melo; Moraes, 2017, p. 194). No contexto de Córrego das Pedras, o mundo caipira não se dissolveu, mas teve que se adequar às condições do seu tempo. Os sitiantes mudaram sua forma de se relacionar com a terra e descobriram o caminho da feira.

A feira, que ocorre às quartas-feiras e aos domingos, em um espaço adequado de 8.100 metros quadrados, totalmente coberto, acabou se constituindo em importante estratégia de sobrevivência e de permanência na terra. Parte significativa da população tangaraense adquire os produtos para a alimentação familiar na feira, visto tratar-se de produtos de boa qualidade e frescos, produzidos e fabricados nos sítios. É um ponto tradicional de encontros, de conversas e de visitação turística, tendo à disposição uma praça de alimentação de produtos frescos, cozidos ou fritos na hora, como pamonhas, tapiocas, pastéis, sucos naturais, refrigerantes e o tradicional café coado na hora.

É um espaço tradicional e reconhecido pela população tangaraense como o local de comprar bons e saudáveis produtos para a alimentação, tendo frutas e verduras em abundância; carnes suínas, bovinas, de aves de criação (frango e frangas abatidos); leite e derivados do leite; pães, bolachas e bolos caseiros; rapadura, melado e açúcar mascavo; macarrão caseiro; café moído no ato da compra; artesanatos diversos; mudas de flores diversas; compotas de frutas, doces e conservas de pimentas; ervas medicinais; condimentos diversos, enfim, uma variação de produtos da roça ou produzidos artesanalmente.

A prevalência de uma política migratória estatal comprometida com um modelo que privilegiava as grandes concentrações de terras não conseguiu colocar fim à disposição de muitos camponeses de buscar alternativas de manter o vínculo com a terra e continuar a produzir e reproduzir a existência pessoal e de suas famílias no campo.

A trajetória dos sitiantes, em muitos casos anterior ao processo migratório, constitui-se em uma forma de resistência em permanecer no campo, formatada e reordenada a partir da realidade em que viviam e vivem, e das possibilidades construídas. Diante da impossibilidade de continuar a produção e reprodução das condições de vida nos locais de origem, a migração do camponês com sua família para regiões a serem colonizadas foi a alternativa utilizada. A mudança de práticas produtivas, a nosso ver, também se constituiu como parte da resistência.

****

No capítulo seguinte, a partir do processo de produção e reprodução de um modo de vida e da necessidade de sobrevivência das famílias, tratar-se-á das relações estabelecidas por homens e mulheres de Córrego das Pedras com a terra que, transitando entre a tradição e a modernidade, reproduziram e produziram vida material e imaterial.

CAPÍTULO III

RURALIDADE E RESISTÊNCIA NAS RELAÇÕES SOCIAIS DA COMUNIDADE CÓRREGO DAS PEDRAS

Não troco seu despertador
Pelo cantar do galo
Não troco seu carro bonito
Pelo meu cavalo

Não troco seu ar poluído
Pelo pó da estrada
Aqui não tem trânsito
Só tem boiada
Nosso céu é limpo
E a noite, enluarada

Aqui, o nosso alimento
É a gente que faz
Plantamos de tudo pro gasto
E um pouco mais

E se vier fazer visita
Aí que a gente gosta
Moda de viola, uma boa prosa
Em volta da fogueira
Então, a gente mostra

O meu amanhecer tem o cantar do galo
O cheiro do mato com gota de orvalho
E é tão gostoso beber um café
Olhando o sol nascer

Pego meu cavalo e saio pelo pasto
Toco meu berrante apartando o gado
Sei que sou caipira, mas vivo melhor
Morando aqui no mato

Música: Vivendo aqui no mato
Composição: Zé Neto e Cristiano

Os estudos apresentados por Wanderley (2009) configuram dois olhares sobre o espaço rural. O primeiro, ligado a uma concepção de rural como arcaico e atrasado, apontando para o desaparecimento completo das sociedades rurais/camponesas, vincula a agricultura à mera aplicação das modernas tecnologias, o que leva a uma progressiva e irreversível decomposição do campesinato, prevalecendo o urbano sobre o rural, com a consequente evolução de classes do capitalismo. Relaciona-se a uma concepção teórica identificada como *continuum* rural-urbano.

> O extremo rural do *continuum*, visto como o polo atrasado, tenderia a reduzir-se sob a influência avassaladora do polo urbano, desenvolvido [...]. Levada às últimas consequências, esta vertente das teorias da urbanização do campo e do *continuum* rural-urbano apontariam para um processo de homogeneização espacial e social, que se traduziria por uma crescente perda de nitidez das fronteiras entre os dois espaços sociais e, sobretudo, pelo fim da própria realidade rural, espacial e socialmente distinta da realidade urbana [...]. Esta visão de uma urbanização homogeneizadora beneficia-se largamente da ideologia, então dominante, que vê a cidade como fonte de civilização e de difusão desta para o conjunto da sociedade e mesmo como o único "espaço em progresso". (Wnderley, 2009, p. 243).

A segunda tese apresentada por Wanderley (2009) constitui um contraponto ao primeiro olhar. Afirma que as transformações resultantes dos processos sociais globais, entre os quais a modernização da agricultura, não significam a "uniformização" da sociedade e o fim das sociedades rurais, tendo como pressuposto que a perspectiva do campesinato é uma perspectiva de vida que guarda laços profundos – de ordem social e simbólica – com a tradição "camponesa". Percebe o espaço rural em "[...] sua multiplicidade de formas, e a própria diversidade das relações dialéticas que eles estabelecem com o mundo urbano e o conjunto da sociedade" (Wanderley, 2009, p. 246). Um espaço rural com vida própria, com suas especificidades e particularidades.

Brandão (2007), ao falar da produção camponesa, apresenta, em escala de gradação, alguns processos, apontando para comunidade sociais e culturais voltadas à produção para consumo (indígenas, quilombolas, camponeses tradicionais e quase isolados); unidades rurais de produtores familiares de padrão camponês tradicional, sendo proprietários, moradores agregados ou parceiros; os lavradores antigos e recentes das terras apropriadas pela reforma agrária; e, as unidades típicas da produção para o mercado, caracterizadas pelo agronegócio. Obviamente, não são gradações compartimentadas, em função da diversidade de relações no campo, encontradas em um mesmo espaço geográfico ou muito próximas, em fronteiras físicas e culturais que se misturam. Ele está se referindo a um mundo rural plural, diverso e polissêmico.

3.1 A vida cotidiana e a construção da resistência em perspectiva individual e coletiva

No caso específico da comunidade Córrego das Pedras, pode-se apontar para a predominância de uma prática produtiva muito próxima do padrão camponês tradicional, prevalecendo a posse das terras e o desenvolvimento de "uma agricultura de excedente. Seus produtores geram tanto os bens de consumo familiar quanto – em múltiplos casos, principalmente – o excedente, que é destinado à troca e à venda em mercado vicinais, locais e mesmo regionais" (Brandão, 2007, p. 45). Trata-se de uma produção familiar para a subsistência com prevalência do excedente para a venda em mercados locais.

Em que pese a predominância de uma prática produtiva, algumas são distintas: identifica-se a situação de três sitiantes que são possuidores de aviários, integrados a um sistema de produção de uma empresa do agronegócio, sendo responsáveis pelo alojamento e engorda de frangos, até a entrega para a empresa âncora para abate. Eles recebem os pintinhos, alojam em seus aviários que são tecnologizados, recebem a ração e engordam os frangos até ficarem prontos para o abate. Durante o período, o processo de crescimento, engorda e tratos fitossanitários são acompanhados por técnicos da empresa âncora. É uma etapa de uma cadeia produtiva do agronegócio. Em conjunto com a produção de frangos, agregam criação de gado, frutas de variadas espécies, raízes como a mandioca e horta para o consumo doméstico. Em uma delas havia também a criação de porcos para consumo próprio.

Há ainda uma outra situação de um sitiante que desenvolve a cria, recria e engorda de carneiros para abate e venda no comércio local, com entrega nos supermercados da cidade, ou a venda direta a consumidores. O modelo de produção praticado com alta tecnologia no manejo, combinado com uma linhagem genética de ponta, com uma produção voltada ao mercado, caracteriza-se como uma unidade de produção tipicamente do agronegócio.

A partir da trajetória dos sitiantes que optam por viver nos sítios produzindo praticamente para a subsistência, dos que se dedicam à produção para a feira e dos que combinam outras formas de produção mais modernas, observa-se distintos processos geradores de renda, garantidores da produção e reprodução de uma forma de vida.

Na medida em que se viabilizam economicamente em suas propriedades, os sitiantes valorizam seus espaços de produção da vida material e de suas famílias. Valorizam monetariamente suas propriedades e, mais do que isso, criam um valor imaterial no processo de produção da vida material. Essa conjunção acaba por estimular a permanência das famílias naquele espaço produtivo.

> Se eu fosse mexer com outra coisa, eu teria que pegar uma coisa bem boa para fazer para ter a renda que a gente tem aqui. O que a gente faz aqui dá para comer e sobra. A gente tem é que agradecer. Você sabe que hoje está difícil. Está muito disputado o espaço de emprego. Penso que cada coisa no seu lugar. Se escolhi ser feirante é feirante, se outro escolheu outra coisa é outra coisa. (Entrevista com Pedro, em abril de 2018).

O senhor Arestides fala de Córrego das Pedras com entusiasmo: "Terra boa, lugar que gera riquezas: tudo que eu tenho consegui aqui, trabalhando". As dificuldades que ele e sua família passaram ao longo do tempo, sem estrutura básica de comércio, sem infraestrutura (estrada, escola, posto de saúde, igreja, campo de futebol e salão de festas), doenças contagiosas como malária e leishmaniose, são abrandadas e narradas como ocorrências de uma vida de sucesso. Para ele, o vínculo com a terra começa em Mato Grosso, lugar de terra fértil e de muita produção, onde ele passou a maior parte de sua vida e criou sua família. É uma relação que gera vida porque o sujeito se identifica com ela. É como se a sua vida começasse em um tempo e espaço diferente do tempo e espaço do seu local de origem. Trata-se de um sentido de vida que só pode ser entendido na relação desses homens e mulheres entre si e na relação com a terra.

> No Brasil eu acho que não tem lugar melhor do que o Mato Grosso não. Terra fértil, clima bom. Aqui teve dificuldade sim, mas a terra produzia. Minha vida é aqui. Tivemos mais cinco filhos e todos estão vivos e foram criados aqui. Esse é o lugar que Deus mostrou. (Entrevista com o senhor Arestides, em de abril de 2018).

Ele demonstrava muito contentamento com sua trajetória de vida, sendo a comunidade um importante marcador. Foi ele quem comprou e doou a imagem de São Sebastião que permanece na igreja e designa o nome religioso da comunidade. Enquanto viveu, participava intensamente das atividades religiosas e sociais, o que é reproduzido pela sua família.

Verifica-se uma perspectiva de produção de vida diferente do agronegócio, que se funda na dinâmica capitalista de geração de lucro e se caracteriza pela apropriação dos recursos naturais e do trabalho humano, em condições desproporcionais às necessidades de produção e reprodução da vida. Trata-se, conforme foi observado, de unidades produtivas "que se opõem à racionalidade, ao poder e aos interesses da expansão globalizada do capital no campo, como propõem, no bojo de suas diferentes contrarracionalidades, outras e opostas alternativas de gestão social de tempos e de espaços, de vidas e de mundos de vida e de trabalho" (Brandão, 2007, p. 41). Trata-se de uma dinâmica social de produção construída pelos sitiantes, orientada por uma lógica não essencialmente capitalista, que produz uma experiência humana.

Em sua entrevista, Pedro aponta para uma perspectiva de permanecer na terra, em parte, porque não tem como mudar de atividade, alicerçada na premissa de que seu conhecimento se restringe ao trabalho rural. Ainda, julga a renda como suficiente, uma vez que garante a subsistência da família e "sobra", o que acredita ser inviável em outra atividade ou como empregado. Ele gosta do trabalho do campo, mas mostra descontentamento em trabalhar com veneno, pois tem clareza que representa prejuízo à saúde. Aborda suas limitações para atividades pesadas em função de problemas de saúde adquiridos ao longo do tempo, porém, alega que escolheu esse caminho para sua vida, que garante a sobrevivência própria e da família e que é na terra que dará continuidade sua vida, juntamente com sua esposa.

Pedro nasceu e cresceu na terra, trabalhando desde criança, percebendo seu trabalho e a terra como sua vida. Assume-se como um homem da terra, e foi nessa relação que construiu sua família e reproduziu um modo de vida, adequando o trabalho às necessidades de sobrevivência e reprodução própria e de sua família. Nesse processo, produziu novas formas de se relacionar com a terra e de produção, gerando saber, que se soma às experiências de vida pessoal, familiar e da comunidade, pois, conforme o próprio Pedro relata: "Um reproduz aquilo que funciona das experiências do outro". Define-se como feirante, talvez sendo essa identidade uma forma de lidar com uma situação da vida real que alterou sua relação com a terra, mudando substancialmente os processos produtivos, tendo a feira como sinalizadora das mudanças. Ao descobrir o caminho da feira, Pedro foi substituindo a lavoura de café por outros produtos, que lá seriam vendidos. A feira passou a ser uma marca importante da sua relação com a terra, pois não se tornou apenas vendedor de produtos, mas responsável pelo cultivo, pela colheita e pela comercialização. O fato é que o seu trabalho de feirante carrega também as relações com a terra porque as atividades não se dissociam, pois ele não só vende os produtos, mas também os produz. As identidades feirante e sitiante não são dissociadas, mas imbricadas em um processo de produção de vida material que se inicia na terra e termina na feira, voltando novamente para a terra.

Apesar do afeto à terra, construído na sua trajetória de vida, na relação com a terra, mesmo ressentindo a ausência dos dois filhos no trabalho, Pedro e sua esposa possibilitaram-lhes outros caminhos para a vida: "os meninos foram para a cidade e hoje só estudam". Para Pedro, quando eles terminarem os estudos, devem seguir a vida deles, no sítio ou fora do sítio. Deixa um recado: "Se quiserem continuar no sítio, eu vou avisar para eles como é", recado esse que se relaciona com a dureza do trabalho na roça que, inclusive, já lhe causou limitações físicas. Ele relata que hoje carrega consigo desgastes na coluna, que provoca limitações físicas, em função dos excessivos e pesados trabalhos na roça.

Assim como sua vida foi movida por incertezas e mudanças, Pedro trabalha com essas premissas para a vida de seus filhos.

> Eles podem ter a vida deles aqui no sítio. Eu não sei. Eu não sonhava ter essa vida aqui. Quando eu casei eu não tinha nada na cabeça. A gente vai descobrindo. Eu tinha 25 anos, eu não tinha ideia de comprar um alqueire de terra aqui, eu não tinha ideia de comprar carro, eu não tinha ideia que as lavouras de café iriam acabar e eu não tinha ideia de tocar feira. A vida pode ter mudança. Eu não tinha ideia de que iria ter mudança e que eu ia largar do café, que parecia estar no sangue, pois é uma coisa que eu gostava de fazer. Tem 15 anos que acabou o café. Eu tive que tomar outro rumo. Pode ser que a feira acabe também. (Entrevista com Pedro, em abril de 2018).

Para Pedro, a vida de seus filhos pode ser construída no sítio, porém, com o seu esforço e o da sua esposa, criaram condições para os filhos estudarem na cidade. As portas da vida se abrem para seus filhos, como algo incerto, é verdade, porém dando a eles possibilidades de escolhas, que ele não teve no transcurso de sua vida. Essa preocupação de Pedro é expressa em suas narrativas quando fala das dificuldades da vida no campo, das suas limitações físicas e da falta de opções que teve para produzir e reproduzir a vida familiar.

Conforme o relato de Severino, os filhos fizeram a opção pela roça. Ele até queria que estudassem, porém, o que eles queriam mesmo era trabalhar na roça: "na época eu tinha vontade que eles estudassem, só que eles não quiseram. A vontade deles é trabalhar com a roça. Então estão continuando até hoje". O senhor Severino trabalha com a esposa e com um casal de filhos, o filho casado e a filha separada, cada um deles com um casal de filhos, ainda crianças. Hoje, trabalham em condomínio familiar, cada família no seu espaço, produzindo para vender na feira. Trabalham, ainda, com gado de corte e leite. Eles educaram seus filhos na terra e para a terra.

Por mais de uma vez, nas visitas às famílias, nos deparamos com as crianças brincando com ferramentas de trabalho. Comuns e necessárias às crianças, as brincadeiras são frequentes — pega-pega, carrinho, banho no córrego, casinha, boneca, bola e com os instrumentos de trabalho. Fábio, filho do senhor Severino, faz o seguinte relato "Eu gostava de brincar com os bezerros. Era uma brincadeira que misturava com o serviço, que eu gostava de fazer". Na roça, a utilização das brincadeiras para a imersão da criança no mundo do trabalho é comum, o que acaba por estimular a relação da criança com a terra. Um afeto que é construído na integração da criança com o mundo onde vive.

Alfredo, 19 anos, acadêmico do curso de Biologia, relata que começou muito cedo a trabalhar na roça: "Eu comecei a trabalhar na roça com seis anos de idade. Comecei a catar legumes, como jiló, quiabo, abóbora e outros. Comecei ajudando a fazer esse tipo de trabalho. Quando avancei na idade, fazia quase tudo". Ele fala também sobre o gosto que tem para com o sítio:

> Gosto muito do sítio, é outra vida, traz tranquilidade e paz. Quando eu penso em organizar minha vida hoje seria no sítio, pois percebo que é bem mais tranquilo. Hoje trabalho com a lógica de dar continuidade aos trabalhos dos meus pais, por exemplo, manter o que está funcionando, como a forma de produção e pequenas e variadas produções e a venda na feira. (Entrevista com Alfredo, em outubro de 2018).

Seu vínculo com a terra foi construído desde criança. Apesar do seu deslocamento para a cidade em função dos estudos, mantém o vínculo de afeto para com a terra, construído ainda na sua infância.

No curso de biologia, conseguiu estabelecer uma relação com o seu trabalho, a partir das áreas de estudos correlatas, fazendo o seguinte relato: "O curso oferece várias possibilidades de estudo, são várias áreas do conhecimento. Tem uma área de melhoramento genético animal e vegetal, controle biológico de pragas, sem usos de produtos químicos".

Ele pensa em melhorar os procedimentos de relação com a terra, a partir do conhecimento prático que tem do trabalho e das novas descobertas acadêmicas. Faz referência, inclusive, ao uso de produtos químicos, apontando para uma relação de superação de seu, pois ele já construiu uma consciência de que fazem mal para as pessoas e para a terra. Alfredo traz em si a perspectiva de dar continuidade aos trabalhos do pai.

Cristian, 22 anos, acadêmico do curso de Agronomia, também fala do afeto e do gosto pelo trabalho na terra: "Gosto demais da relação com a terra, por isso estou até cursando agronomia. Desde novo eu trabalho na terra, peguei gosto. Cresci e continuo gostando".

Esses relatos e essas experiências mostram que a relação com a terra faz parte da vida dos sitiantes, manifestação inclusive percebida na terceira geração. Pedro e Severino fazem parte da segunda geração, que nasceram e cresceram na terra, e fizeram dessa relação a sua vida. Alfredo e Cristian, ambos da terceira geração, também nasceram e cresceram nos sítios e hoje estudam na cidade, também manifestam o afeto à terra e vislumbram dar continuidade a esse trabalho.

Observamos, em conformidade com Brandão (2007, p. 37) "que o 'mundo rural brasileiro' é muito mais diversificado e polissêmico do que em geral se imagina". Paulilo (2016) também aborda um mundo rural brasileiro polissêmico em que as experiências de relação com a terra são heterogêneas. A seguir, a descrição de uma visita à comunidade, em uma bela manhã:

> Saí logo cedo de casa para continuar os trabalhos de campo, pois precisava completar a coleta de informações através do questionário. Na primeira visita, uma frustração: porteira fechada com grossa corrente e cadeado[38], não tinha como

---

[38] Estar fechada com grossa corrente e cadeado proporcional à corrente tem significado: traduz os males das relações sociais urbanas, a insegurança. O campo hoje é alvo de assaltantes, razão pela qual, na forma que podem, os sitiantes ampliam a segurança, com restrição a entrada e com a presença mais constante de animais

entrar. De longe uma vistosa plantação de milho, banana, mandioca, frutas e hortaliças. Quando estava saindo, um trabalhador diarista do sítio estava chegando. Disse-me que os donos haviam ido para a cidade, que voltasse na parte da tarde. Segui viagem, fui para uma estrada após a sede da comunidade, região onde eu ainda não havia visitado todas as famílias. A segunda porteira, da mesma forma que a primeira, também estava fechada. Não pude entrar. Da porteira, avistei uma belíssima roça, com muitas verduras, legumes, mandioca, banana, como a primeira que eu havia visto. Fui à porteira seguinte, já era a terceira tentativa. Abri e entrei no carreador, divisando os dois sítios: o da lateral direita que eu havia visto de longe, aquele da porteira fechada, que agora pude observar melhor. Havia um trabalhador distante da cerca, aparentemente cuidando da irrigação. A olho nu, do outro lado da cerca, um intenso processo de produção: muitas lavouras voltadas para a feira com porte de colheita, outras pequenas, terra pronta para plantar e a irrigação em funcionamento. Do lado esquerdo, na terceira porteira, aquela que consegui entrar, em direção ao fundo do sítio, que tem como divisa de fundo o riacho Córrego das Pedras, uma capoeira alta, já em formação de mata densa, provavelmente como outrora fora. Lá embaixo, depois de aproximadamente 1.200 metros da porteira, avistei uma modesta casa. Parei o carro, desci, e me apresentei. Percebi o olhar desconfiado, entre cantos de uma tulha no quintal. Era a dona da casa, uma senhora negra e franzina. Me apresentei – sou o Zé Pequeno (apelido popular pelo qual sou conhecido praticamente em todo o Município). Na hora, a mulher se fez vista e me chamou para chegar, momento em que seu marido também apareceu. Sentamo-nos em volta de uma mesa grande, muito comprida, construída debaixo de um arvoredo, na parte externa do quintal da casa. O cenário do sítio era alimentado com o som dos pássaros e outras aves – galinhas, galinhas de angola, patos, tudo em muita quantidade e soltos no quintal. Pequenos porcos andando pelo quintal e o barulho de mais porcos no chiqueiro que, conforme narrativa do Oscar, eram contidos por cerca energizada que seu filho fez para os porcos não escaparem e perturbarem os vizinhos[39]. Os porcos pequenos soltos ainda dependiam dos

---

de segurança como cachorros e gansos — esse último tem uma característica de produzir muito barulho diante de qualquer ruído ou movimente suspeito, principalmente à noite.

[39] Conforme Oscar, porcos, mesmo tendo comida em casa, não param, são andejos, podendo dar prejuízos para os vizinhos e criar discórdias.

cuidados da mãe porca, razão pela qual não andavam para longe, podendo permanecer soltos. Abaixo, em direção ao rio, a roça de mandioca, de banana, frutas e o que restou da plantação de cana. Na sequência, o mesmo cenário do início, vegetação mediana se transformando em árvores – a floresta um dia derrubada e queimada para a implantação das lavouras, agora se recompunha. Eu estava no sítio do Oscar, um negro forte, com 72 anos de idade, que junto com sua esposa, acolheram-me, inclusive terminando a entrevista com um café coado na hora, uma tradição na roça. Um dia proveitoso que me fez perceber duas formas distintas de vida na terra. De um lado, em uma propriedade, a tecnologia aplicada, com trator, irrigação, provavelmente uso de herbicidas, inseticidas e adubos, espelhando o moderno nas práticas produtivas. De outro lado, separada por um carreador, outra propriedade, um sítio em restabelecimento das suas condições originais de densas matas, como era antes da chegada do primeiro morador. O senhor Geraldo, já falecido, pai do Oscar, foi o primeiro morador, a ele coube o trabalho de derrubar a mata, proceder a queimada e preparar a terra para implantar as primeiras lavouras, primeiramente as brancas (arroz, milho e feijão) e, posteriormente, a de café.

Por meio das minhas vivências no cotidiano da comunidade, havia ouvido falar da existência do senhor Geraldo[40] e de seus familiares. Até conhecia um de seus netos, porém não o identificava como neto do primeiro migrante da região. Sequer sabia que o senhor Geraldo havia falecido e que seu filho Oscar era o herdeiro de um de seus sítios. Durante todo o período da minha presença, não percebi a presença de Oscar, quer em eventos sociais, quer em eventos religiosos. O seu modo de vida, junto com a sua família, difere muito do cotidiano dos sitiantes. Não participa da vida social da comunidade e não se dispõe a usar tecnologias nos trabalhos do sítio[41], até porque ele não as possui, ou tem limitações financeiras para tal. Fala de um período de terras férteis, hoje cansadas pelos desgastes das produções anteriores e do tempo, tendo necessidade do uso de adubos e venenos para produzir. "A terra é bonita, mas ela ficou velha. Não produz mais. Você planta, mas não cresce e não produz. Só se colocar adubo. Tudo

---

[40] Identificamos que o primeiro sitiante a chegar em Córrego das Pedras foi o senhor Geraldo, no ano de 1964, antes do senhor Arestides, porém, já falecido, sendo sucedido em um sítio por seu filho Oscar, de 72 anos, e em outra propriedade pela sua filha Luzia, de 74 anos.

[41] Ressalta-se que a única tecnologia percebida foi a implantação de uma cerca energizada que seu filho fizera para delimitar a área do chiqueiro, como forma de conter os porcos.

que se planta hoje em dia só produz no veneno. Muita praga". Ele viveu o ciclo de destruição da mata e apropriação da terra, o ciclo de fertilidade e de muita produção e de esgotamento da terra.

> A destruição da mata é a apropriação da terra, pois a floresta que a fertiliza, como mãe zelosa e avarenta de sua cria, guarda-a para si mesma protegida dos usos dos homens [...]. Sendo derrubada a mata, o seu solo agora desprotegido do manto bom das árvores oferece ao trabalho a excelência da terra: "a boa terra". Quando uma terra "de cultura" incorporada à cultura é muito "boa", ela por muitos anos manterá quase todas as suas qualidades nutritivas e se dirá dela que "quase não precisa de química". (Brandão, 1999, p. 131).

Oscar fez uma comparação do tempo passado com o tempo presente. No passado, a terra era boa e produzia muito, sem necessidade de veneno. Hoje, as coisas mudaram. É preciso trator para preparar a terra, o que ele não tem. Pode requerer do vizinho, mas isso é caro e incômodo: "O vizinho tem um trator, mas ele não vem gradear menos que dois alqueires, ele tem as coisas dele para cuidar".

> O povo mudou o jeito de viver, agora mexe com horta. Aqui no Córrego das Pedras, quase todos estão na feira. Quando começou a mexer com feira, era ruim, todo mundo ficava na chuva, pois na feira não tinha cobertura, depois fizeram uma de zinco, uma para cada barraquinha, mas não deu certo e depois foi feito o atual barracão. Está muito melhor hoje. O pessoal que ia para a feira iniciou sofrendo. O povo ia daqui para a feira para levar a produção e vender de carrinho de animal. Todo sitiante tinha dois animais, um para ir aos domingos e outro para ir às quartas-feiras, para levar a produção e vender. Hoje, todos que trabalham com feira têm no mínimo um pampinha (carro utilitário da *Ford*) para levar a produção para a feira. Melhorou a vida mais no começo foi sofrido. (Entrevista com Oscar, em junho de 2018).

Apesar de não se socializar com a comunidade, Oscar é atento ao que o rodeia: ele tem noção de que o mundo mudou, que a forma de trabalhar com a terra para rentabilizá-la também mudou, e seu parâmetro de percepção são os sitiantes feirantes Ele percebeu também que as condições de trabalho melhoraram, a partir de dois parâmetros: a) a adequação das instalações da feira: se antes não havia sequer uma cobertura para proteger contra sol e chuva, hoje há um espaço exclusivo para a feira e protegido;

e b) os sitiantes hoje têm no mínimo um *pampinha*. Diz "no mínimo" pois existem aqueles com veículos maiores, como caminhonetes. Mas, como destacou, antes levavam a produção de carrinho de animal, o que despendia mais tempo para o transporte e maior grau de dificuldade.

Oscar não se tornou feirante, mas não desistiu de viver na terra. Fala com orgulho da sua modesta vida, praticamente sem uso de recursos tecnológicos no trabalho e com uma produção voltada para o sustento familiar:

> Vixe! Nossa senhora! Gosto muito! Eu morei em São Paulo em uma cidadezinha pequena por uns três anos, mas aquilo para mim era desespero, sempre acostumado em fazenda. Chegamos em Tangará em uma sexta-feira e no dia seguinte viemos para cá. Nunca mais saí daqui. Para nós, acostumados a morar em lugar sossegado, isso aqui é o prazer da gente. O prazer da gente é ter as criações, cuidar e se envolver com elas. Quando era mais novo, trabalhei muito aqui na roça. Hoje nós estamos de idade. Não aguentamos mais o serviço pesado, temos que ter as coisas para se envolver aqui na roça, passar o tempo aqui com prazer. (Entrevista com Oscar, em junho de 2018).

De acordo com Brandão (1999), apesar das formas heterogêneas de se relacionar e produzir a existência na terra e da terra, há um prazer fecundante que torna homens e mulheres parceiros(as) da terra, uma relação amorosa e de afeto. Pode-se falar de um *ethos* camponês, que faz com que os sitiantes permaneçam em suas terras. É o que se nota no caso de Oscar que, apesar das limitações para o trabalho e de ausência das modernas condições para produzir, tem, na relação com a terra, a opção de vida para si e sua família. Brandão (1999) fala de uma cultura camponesa tradicional, que estabeleceu valores, reproduziu e reproduz uma maneira de ser de homens e mulheres do campo, e se funda na relação com a terra.

Toda essa dinâmica de vida produzida é geradora de um mundo físico que contrasta com o mundo capitalista. Diferente das homogêneas lavouras do agronegócio, que produzem uma percepção uniforme do espaço, o olhar para o mundo camponês possibilita uma visão plural e diversa. Uma desuniforme paisagem, que demostra uma dualidade entre variedades diversas de roças, entrelaçada pela visão rasteira do capim, a presença das seguidas porteiras que fazem parte do cenário da estrada rural principal, um horizonte com árvores e a visão de casas que, no seu conjunto, indicam que há vida humana no local, que existe um mundo rural com características específicas.

O horizonte de vida dos sitiantes parece apontar mais para uma preocupação com o bem viver[42] do que com a acumulação de riquezas. Há uma reinvenção da produção da vida material e da cultura, portanto, da própria vida, construída ao longo do tempo como uma forma de resistência. A substituição das lavouras de café pelo caminho da feira é exemplo da dinâmica e da reinvenção da vida no campo. Um processo de produção de vida material que necessitou ser reinventado como estratégia de permanência na terra.

A produção da vida material e imaterial desenvolvida e organizada, bem como a forma construída de se relacionar com a terra, coloca-se como um processo de contraposição à lógica da produção capitalista. Isso porque, do ponto de vista prático, os sitiantes são donos da força de trabalho, das terras, dos equipamentos e maquinarias utilizados no processo de produção e da comercialização da produção diretamente no centro consumidor. Eles mesmos se apropriam do excedente que produzem, criando uma condição de mais autonomia e menor sujeição à lógica de exploração capitalista, tanto no processo de produção quanto da comercialização.

A dinâmica de produção acaba por ser um mecanismo de contenção do avanço das formas capitalistas de produção no espaço onde vivem, pois, além de saírem do ciclo da exploração, promovem a horizontalizacão da produção em contraposição aos modelos de monocultura, sendo a totalidade voltada para o consumo local, sem a presença do atravessador.

Evidencia-se uma incongruência, pois apesar de os sitiantes escaparem da lógica da exploração capitalista, eles dependem dela. Utilizam maquinarias e insumos das empresas capitalistas em seus processos produtivos, bem como, no âmbito de suas vidas, possuem televisores, carros, celulares e outros produtos das empresas capitalistas, incorporados ao cotidiano de suas vidas. Mesmo estando conectados a um processo maior das relações capitalistas de produção, não estão adaptados totalmente à sua dinâmica, por construírem uma dinâmica própria de produção e comercialização, colocando-se, em tese, como um contraponto ao modo capitalista de produção.

Luxemburgo (1985) trata dessas questões, apontando a permanência de formas não capitalistas de produção dentro do próprio sistema capitalista. Nessas formas de produção, pode-se utilizar elementos do próprio capitalismo para a construção de suas dinâmicas próprias de sobrevivência, ora reproduzindo as relações capitalistas — quando se apropriam de bens

---

[42] Baseado em Acosta (2016), o bem viver é uma filosofia em construção, e universal, que parte da cosmologia e do modo de vida ameríndio, mas que está presente nas mais diversas culturas. O bem viver está no fazer solidário do povo, nos mutirões em vilas, favelas ou comunidades rurais.

produzidos no mercado capitalista, contribuindo para sua reprodução –, ora se contrapondo a essas relações, na medida em que se constrói uma autonomia própria no processo de produção e comercialização dos bens e serviços, diferentes daqueles da dinâmica capitalista. Nesse mesmo caminho, para Brandão (2007, p. 45) "a pequena unidade camponesa de tradicional agricultura familiar não é marginal à expansão do capital agrário e nem é uma experiência social em extinção. Ao contrário, ela é orgânica e essencial à expansão do capitalismo no campo". Para ele, "um campesinato modernizado, em parte cativo, mas em parte ainda livre diante do poder do agronegócio, não apenas sobrevive, mas se reproduz com sabedoria (Brandão, 2007, p. 42).

No caso, pode-se elencar formas específicas que exemplificam essa relação ambígua com o mundo capitalista. Identifica-se situação em que a produção é voltada para a subsistência, quando, ao produzirem, geram vida material para o sustento próprio e da família, sem uma perspectiva de acumular riquezas. Em alguns casos, sequer há o interesse na comercialização de seus produtos, que são basicamente para a manutenção familiar. Essas características são identificadas por Brandão (2007, p. 49) como de "camponeses tradicionais". Há também situações de famílias que, mesmo sem a preocupação de acumular riquezas, produzem e processam parte da produção, como queijos e doces para comercializarem na feira, tendo por propósito a reprodução das condições de vida familiar. Sem preocupação com a produção de excedentes, esses são identificados por Brandão (2007, p. 49) como "produtores familiares de padrão camponês tradicional (como os das culturas caipiras de São Paulo)". Por último, há situações em que o processo produtivo se volta para a reprodução da vida material familiar e geração de excedentes, retornando como investimento no processo produtivo, com ampliação e modernização da produção e na melhoria das condições de vida material. Esses casos são identificados por Brandão (2007, p. 49) como "pequenos produtores camponeses, ainda patrimoniais, ou algo já mais modernizados".

Com exceção de quatro processos produtivos, sendo três de engorda de frangos para abate, integrados a um frigorífico do agronegócio, e um que produz carneiro para abate, com venda direta a consumidores e abastecimento do mercado local, a maioria absoluta dos sitiantes estabelece relação direta com o mercado consumidor por meio da feira, retirando do processo de comercialização a figura do atravessador. Assim a comercialização direta faz com que os excedentes sejam apropriados por eles próprios, gerando melhores condições de vida e de trabalho.

Leff (2009, p. 101) aborda a simbiose na relação do camponês com o mundo capitalista:

> Quando a unidade econômica camponesa conserva as suas bases de organização cultural e uma certa autonomia na sua articulação com a economia de mercado, a tendência ao equilíbrio entre o nível desejado de consumo e o esforço de trabalho aplicado para obtê-lo opõe-se à tendência de maximização do lucro capitalista.

Apesar da simbiose na relação do mundo capitalista com o mundo dos sitiantes, verifica-se um modo de vida e processos produtivos distintos da lógica capitalista, o que pode ser compreendido como uma forma de resistência. Não se trata da resistência intencional e organizada em relação ao capitalismo, mas de uma dinâmica própria determinada pelas circunstâncias, locada em um tempo e um espaço específicos, a partir das ações e reações dos sujeitos. A ruptura com um modo tradicional de se relacionar com a terra que implicou na substituição da lavoura cafeeira por produtos a serem comercializados diretamente ao consumidor na feira, são explicativos da resistência apontada. A não venda de suas terras, apesar da valorização, também foge da lógica do desenvolvimento regional com bases capitalistas.

Considerando tratar-se de um processo de resistência não intencional e sem padrões de organização visíveis de um enfrentamento, ressalta tratar-se de uma resistência de seres pensantes, providos de consciência. Lembra-nos Scott (2011, p. 229):

> Como estou procurando entender a resistência de seres sociais pensantes, dificilmente posso ignorar sua consciência – o significado que eles atribuem a seus atos. [...] Por parcial ou imperfeito que seja seu entendimento da situação, eles são dotados de intenções, valores e intencionalidades que condicionam suas ações

Para Scott, (2002), entender as formas corriqueiras de resistência é entender o que grande parte do campesinato faz para defender seus interesses da melhor forma que conseguem fazê-lo, englobando ideias ou intenções que negam as bases da dominação.

> Essas demandas e reivindicações têm normalmente a ver com o nexo material da luta de classes – a apropriação da terra, do trabalho, dos impostos, das rendas, e assim por diante. Onde a resistência cotidiana se distingue mais evidentemente de outras formas de resistência é em sua implícita negação de

objetivos públicos e simbólicos. Enquanto a política institucionalizada é formal, ostensiva, preocupada com a mudança
sistemática e de jure, a resistência cotidiana é informal, muitas
vezes dissimulada, e em grande medida preocupada com
ganhos de facto imediatos. (Scott, 2011, p. 223).

Scott (2002) refere-se a um movimento de resistência que não está
relacionado com movimentos políticos amplos, ideologias, ou estrutura
revolucionária, mas formas de luta que se dão e se desenvolvem na esfera
local, ligados às necessidades históricas de produção da vida material dos
sujeitos que vivem na terra, ou seja, ele está se referindo à sobrevivência
do camponês e sua família. "Requerem pouca ou nenhuma coordenação
ou planejamento; sempre representam uma forma de autoajuda individual,
evitam geralmente, qualquer confrontação simbólica com a autoridade ou
com as normas da elite" (Scott, 2002, p. 12).

Na mesma via de Scott (2002), Thompson (2016) analisa os movimentos da resistência plebeia e seus aspectos culturais. O autor aponta para
uma dimensão de resistência que se caracteriza por garantir as condições
de sobrevivência dos camponeses, sem fundo ideológica ou perspectiva
revolucionária. Trata-se de uma resistência que se produz, reproduz, se
reinventa e se fortalece na dinâmica social das tensões cotidianas, em que
o propósito é garantir a sobrevivência.

Schenato (2010), inspirado em Thompson, aponta para um marxismo
heterodoxo, priorizando estudos que realcem aspectos da cultura tendo por
característica a preservação da subsistência. Para ele, Scott (2002, 2011)
alarga os estudos, incorporando "a ética de subsistência e um senso de justiça
que permeia as relações recíprocas na comunidade camponesa" (Schenato,
2010, p. 1). Em comum, a perspectiva culturalista como categoria de análise e estudos de resistências cotidianas do campesinato e o compromisso
histórico com as lutas camponesas, historicamente invisibilizadas.

A dinâmica de produção de vida material e imaterial, desenvolvida ao
longo de praticamente seis décadas, acabou por se constituir em resistência
ao modelo de expansão e à lógica de desenvolvimento do estado de Mato
Grosso e da região, que se caracteriza por grandes propriedades rurais do
agronegócio.

Sem constituir-se em um enfrentamento formal às relações insti-
tuídas, os sitiantes construíram uma dinâmica própria de produção e de
comercialização. Na produção a verticalização, substituindo as lavouras

de café por diversos produtos plantados durante o ano todo, mediante uma necessidade de consumo da população urbana e de comercialização, a exclusão do atravessador, por meio da venda direta da produção do sítio na feira. Nesse processo, acabam saindo da burocracia estatal e da pesada carga de impostos que recaem sobre qualquer atividade comercial constituída.

A dinâmica de produção e comercialização foi e continua sendo fundamental no processo de permanência das famílias em seus sítios, portanto, de resistência em relação ao avanço do agronegócio sobre suas propriedades. Ao se apropriarem dos resultados obtidos na produção e na comercialização, são estimulados a permanecer em suas terras. Pedro, filho da primeira geração, demonstra essa situação: "O que a gente faz aqui dá para comer e sobra". Ou seja, é possível tirar da terra os meios para a subsistência da família, o que viabiliza a permanência na terra.

Os sitiantes têm uma trajetória de vida ligada à terra, expressa na história de luta pelo acesso e permanência na terra. A opção por darem continuidade às suas vidas no campo expressa uma continuidade da resistência iniciada na migração, permeando toda a trajetória de vida, até consolidarem um processo de produção de vida material, reinventado ao longo do tempo, produzindo e reproduzindo a existência física e cultural, em perspectiva individual e coletiva, pois a vida comunitária faz parte da resistência.

A existência de comunidades e bairros rurais, desde a origem do município de Tangará da Serra, projetou um cenário de vida coletiva, relevante no processo de acesso e permanência dos homens e mulheres no campo.

A comunidade é um espaço de construção de uma dinâmica própria de vida, fortalece os vínculos de relacionamento no interior das famílias e entre as famílias. Roseneire tratou sobre isso em seu relato: "O pessoal gosta daqui, todos vão e ajudam. É muito gostoso. Sempre funcionou desse jeito". No mesmo sentido, vão outros entrevistados:

> Desde os 15 anos ou 16 anos eu já ajudo na comunidade. Muitas vezes largava do trabalho para ir ajudar, o pai falava para a gente ir quando ele não podia. O trabalho coletivo é muito legal, porque assim, igual na construção da igreja nova, você tira um dia todo de trabalho. Todos vão e ajudam. A gente conversa, sai daquela rotina do seu dia a dia. É um dia de doação, de confraternização. Eu acho que não pode acabar. (Entrevista com Ronaldo, em janeiro de 2017).

> Eu comecei a participar da vida comunitária muito cedo. Com 14 anos eu me crismei, comecei a dar catequese e comecei a

ajudar na parte da liturgia. Já completei 30 anos como catequista. Eu gosto muito da comunidade, principalmente de ser
catequista, pois é uma atribuição que eu assumi desde muito
novo e eu gosto bastante. As pessoas gostam muito daqui e
eu acho que ajuda muito as pessoas a permanecerem, ajuda
a continuarem por aqui, porque as pessoas pegam gosto. A
minha filha, casou-se e foi para a cidade, mas a vontade dela
é participar aqui. Agora que eles compraram um carrinho,
ela deverá continuar participando. As pessoas param para
conversar, sempre antes e após as celebrações, e elas gostam.
No período da festa muita gente que já morou aqui vem
para cá e ajudam, porque gostam e nunca esqueceram daqui.
(Entrevista com Ornezino, em junho de 2018).

Essas narrativas demonstram o apego dos sitiantes à comunidade,
onde dedicam parte do seu tempo de trabalho. Na entrevista de Ronaldo,
fica claro que é um compromisso da família – quando o pai não podia ir, em
função das demandas de trabalho, mandava que os filhos fossem. Ronaldo
fala em um trabalho de doação, um trabalho não remunerado que é feito
para o outro e com gosto, pois é o local dos encontros, das conversas, das
distrações, do envolvimento de todos, das confraternizações. Ele entende
que não pode parar, porque ele sabe o significado da vida comunitária para
todos. A Roseneire e Ornezino também fazem referência ao envolvimento
coletivo e do gosto para com os trabalhos. Ele começou cedo, aos com
14 anos já era catequista. Ele faz referência à importância das atividades
comunitária, pois é o momento das conversas, um costume que faz parte
da vida na roça e que tem significado para todos. Faz ainda referência ao
retorno das pessoas que lá já moraram e que buscam manter os vínculos.

Observa-se, conforme relato de Ornezino, que nos momentos que
antecedem e sucedem as celebrações, às sextas-feiras à noite, são de conversas. É o momento de convívio social entre os sitiantes. Muitas vezes, sem
razões ou motivos aparentes, ou por algum motivo pessoal, são realizados,
após as celebrações, jantares coletivos, que podem se estender até mais tarde,
muitas vezes até às 23h. É da comunidade que saem as articulações para a
manutenção do hábito das visitas, algo a que Silvânia, esposa do Ornezino,
fez referência: "muitas atividades da igreja a gente estimula a serem feitas
nas casas para as pessoas saírem, se visitarem, conversarem, não perderem
o vínculo de relacionamento".

As celebrações são realizadas às sextas-feiras à noite, sempre às 19h30,
porque o sábado é um dia em que as famílias se dedicam a concluir os

preparativos para a feira, que se realiza no domingo pela manhã. Precisam dormir mais cedo no sábado, para acordarem de madrugada no domingo e irem à feira, que funciona até por volta das 12h, para vender os produtos. O domingo à tarde é para o descanso e para a convivência familiar. Então, o dia convencionado como mais adequado para os encontros, cultos e missas é a sexta-feira à noite.

A presença semanal dos sitiantes nas atividades religiosas, espaço de socialização, é reveladora do gosto pelo lugar onde moram. Há um sentimento de pertencimento e necessidade de preservar a continuidade das relações comunitárias. A construção de uma nova igreja, que simbolicamente representa o conflito entre a tradição e a modernidade, reflete a disposição de preservarem a vida comunitária, considerada importante e necessária.

3.2 Aspectos de modernidade e tradição no cotidiano da vida dos sitiantes

Para Wanderley (2009), as profundas transformações resultantes dos processos sociais mais globais, como a modernização da agricultura, não se traduzem em nenhuma uniformização da sociedade que pudesse provocar o fim do espaço rural.

> A modernização, em seu sentido amplo, redefine, sem anular, as questões referentes à relação campo/cidade, ao lugar do agricultor na sociedade, à importância social, cultural e política da sociedade local, etc. O agricultor moderno, particularmente, o agricultor familiar, predominante nos países ditos "avançados", pelo fato mesmo de ser familiar, guarda laços profundos – de ordem social e simbólica – com a tradição "camponesa" que recebeu de seus antepassados". (Wanderley, p. 205, 2009).

Na dinâmica de vida dos sitiantes, percebe-se uma interdependência com a cidade no tocante às relações econômicas, pois tanto eles necessitam de bens de consumo, de equipamentos, de maquinarias, de insumos para custeio de suas roças, quanto a população citadina de comprar os produtos da roça. Essa relação não descaracteriza o viver na roça, pois está presente uma dimensão de vida imaterial que, ao longo do tempo, não se perdeu no processo de relação com a cidade.

A autonomia no trabalho e na produção, a criação de uma dinâmica de comercialização da produção sem a presença do atravessador, a preservação de uma herança cultural caipira, acabaram por estabelecer relações com a cidade, com interesses mútuos. Tais relações também são constituídas, inclusive, pela dinâmica cultural, fortemente amparada na festa[43], que se tornou um atrativo para o deslocamento de setores da população urbana para a convivência no ambiente rural da comunidade.

Os laços afetivos e de sentimentos são refletidos na cultura. Nesse aspecto, Candido (*apud* Queiroz, 1973, p. 4) mostra como, participando das mesmas crenças e práticas religiosas, dos mesmos costumes, conhecimentos técnicos e labores, era difícil surgir entre os sitiantes uma diferenciação social hierárquica muito desenvolvida e muito bem definida. Brandão (1999, p. 31) fala de uma "comunidade bastante homogênea de atores culturais e de sujeitos de destino, auto-divididos entre 'mais fortes' (mais ricos) e 'mais fracos'; 'agricultores' e 'criadores'; 'mais tradicionais' e 'mais modernos' [...]", que fizeram a opção por viver na terra.

Importa ressaltar a existência de organizações "internamente estruturadas de maneira igualitária, isto é, todos os habitantes pertenciam em geral ao mesmo nível social" (Queiroz, 1973, p. 4). A convivência cotidiana no âmbito da comunidade, reflete uma relação social horizontalizada, percebida em vários momentos. Seja em eventos religiosos (boa parte domésticos), seja em festas de aniversário ou em confraternizações após as celebrações (que ocorrem sem causa aparente), os sitiantes mantêm o hábito de se visitar. Esses são exemplos de convivências que se dão de forma horizontal. Apesar de haver uma hierarquização percebida no exercício da liderança, como é o caso das famílias do senhor Arestides e do senhor Antônio Freitas, que visivelmente estão à frente, tanto nos eventos sociais quanto nos religiosos.

É significativo o convite do senhor Arestides para que os membros da comunidade fossem à sua festa de aniversário de 90 anos. Ele era uma liderança aceita pela comunidade, pois era o mais velho em idade, e um dos primeiros migrantes a chegar em Córrego das Pedras.

Os sujeitos da comunidade Córrego das Pedras estão, assim, ligados pelos laços historicamente construídos, fazendo das ações coletivas um espaço de solidariedade, no qual as ações individuais constroem coesão social, vida individual e vida coletiva que se misturam. As relações comunitárias estimulam a reprodução de um modo de vida. As vivências coletivas possibilitam trocas de experiências que acabam por reproduzir hábitos, costumes e tradições, que na dinâmica da vida, onde também estão pre-

---

[43] No capítulo seguinte, far-se-á uma abordagem sobre a cultura, onde apresentaremos e analisaremos a tradicional festa de São Sebastião realizada anualmente.

sentes os elementos da modernidade, estimulam a criação de uma cultura própria, fundada na relação entre tradição e modernidade, produzindo novas dinâmicas de vida.

A coesão social construída no âmbito interno das relações da comunidade, fundada na cultura, na tradição, nos hábitos e costumes historicamente construídos pelos sujeitos em suas experiências individuais e coletivas, contrasta com uma perspectiva de modernidade que acelera a dinâmica de vida, propondo um mundo de relações sociais voláteis e efêmeras, contraponto às tradições e hábitos.

Os sitiantes vivem, no cotidiano da vida, a relação entre o moderno e a tradição: dominam o processo de produção e comercialização, com dependência das tecnologias oferecidas pela modernidade (máquinas, equipamentos, sementes e insumos agrícolas). Não têm o hábito do consumismo exacerbado. Seus maquinários e equipamentos funcionam por muito tempo e são compartilhados entre familiares e vizinhos. Não entram na dinâmica da vida contemporânea de modernizar seus processos produtivos empurrados pelos rotineiros avanços tecnológicos, repercutindo no processo de renovação desenfreado de máquinas e equipamentos, próprios da modernidade. Suas máquinas e seus equipamentos de trabalho na roça são antigos(as), mas conservados, adaptados às necessidades da produção[44].

O processo de modernização e a pouca distância do centro urbano, de aproximadamente 12 quilômetros, não significam o desaparecimento da cultura caipira. Wanderley (2012) refere-se a um meio rural povoado, cujos habitantes são portadores de uma cultura que dinamiza as relações sociais locais e de uma grande capacidade de resistência aos efeitos desagregadores aos quais estão constantemente confrontados.

Apesar da perspectiva conservadora da palavra tradição que se funda em uma vida passada, a dinâmica do cotidiano da vida se coloca em tensão permanente entre o que foi, o que se deseja que seja e o que de fato se vive. Assim, as tradições e os costumes também sofrem mudanças e adequações no tempo e no espaço. "Longe de exibir a permanência sugerida pela palavra 'tradição', o costume gera um campo para mudança e a disputa, uma arena na qual interesses opostos apresentavam reivindicações conflitantes" (Thompson, 2016, p. 16-17).

---

[44] Verificou-se, em parte dos sítios observados, a existência de máquinas e equipamentos como tratores, arados, grades e carretas (equipamentos básicos para o trabalho nos sítios) em condições de uso, mas antigos. Não consegui precisar se se trata de incapacidade financeira de modernizar o parque de máquinas ou se a preservação dos equipamentos antigos é uma característica dos sitiantes, ou ainda, se há outros fatores determinantes.

Para Thompson (2016), tradição e costume estão inscritos na cultura, sendo, portanto, criados e recriados nos contextos de relações sociais, constituindo-se em um campo de disputa, portanto, suscetíveis às pressões que permeiam o contexto das relações sociais. As tensões com a modernidade estabelecem sínteses provisórias, em constante reordenação. Não se trata de uma polarização entre tradição e costume x modernidade, em que a prevalência de uma significaria a eliminação do outro, mas de uma simbiose, no qual em maior ou menor grau, esses polos se manifestam. Thompson (2016, p. 17) aborda a cultura como "um conjunto de diferentes recursos, que há sempre uma troca entre o escrito e o oral, o dominante e o subordinado, a aldeia e a metrópole; é uma arena de elementos conflitivos", sendo o costume um campo de disputa, em que interesses opostos se manifestam. Nessa perspectiva, a tradição, como elemento da cultura, entendida como a manifestação das experiências de vida do passado em relações sociais presentes, se constitui em campo de tensão, suscetível a ressignificação e mudanças.

Thompson (2016) está falando de um campesinato que não se limita à produção da vida material na relação que estabelece com a terra, mas também de práticas políticas e culturais, com percepção do mundo real em transformação, tensionados pelas relações estabelecidas. Ele não está falando de sujeitos presos em estruturas sociais, mas de sujeitos que produzem e fazem história, que muda costumes e revira as tradições. São interesses e necessidades da vida presente que movem a realidade

Uma perspectiva do cotidiano envolta na assimetria da relação entre tradição e modernidade presentes no modo de vida dos sujeitos, de sujeitos sociais que não são passivos, mas que, ao longo do tempo, protagonizaram uma resistência, sendo sujeitos ativos do processo histórico no espaço em que vivem. Nesse caminho, Wanderley (2003, p. 58) mostra que:

> O agricultor familiar não é um personagem passivo sem resistência diante de forças avassaladoras vindas de fora e de cima do seu universo. Pelo contrário, ele constrói sua própria história nesse emaranhado campo de forças que vem a ser a agricultura e o meio rural inseridos em uma sociedade moderna. E o faz recorrendo à sua própria experiência (camponesa) e procurando adaptar-se, como já foi dito, às novas "provocações" e desafios do desenvolvimento rural.

Importa ressaltar o conceito de *habitus* de Bourdieu (2008) como um princípio gerador e unificador de práticas que retraduzem características de um estilo de vida do campo, fundadas, em grande medida, na tradição, permeadas pelas tensões da modernidade. Para Bourdieu (2008, p. 22), "os hábitos são princípios geradores de práticas distintas e distintivas", fazendo com que as práticas de vida sejam mantidas, criadas e recriadas.

Habitus é compreendido por Bourdieu (2001) como o conjunto de disposições duráveis que funcionam simultaneamente como estrutura estruturada e estruturante da ação, disposições duráveis que o indivíduo adquire ao longo do tempo, "inscritas nos corpos pelas experiências passadas" (Bourdieu, 2001, p. 169). Para ele, o corpo é o instrumento de conhecimento da realidade. O corpo vai sendo sovado, disciplinado no decorrer da vida social. A construção de um corpo rústico, resiliente e resistente do caipira que veio de Minas Gerais, São Paulo e Paraná para a comunidade Córrego das Pedras, carrega as marcas de uma construção social histórica, que lhe deu a capacidade de adaptar, conviver e alterar situações extremas de vida.

Bourdieu (2001) fala de *habitus* em uma estrutura estruturada que exerce força sobre o indivíduo, em relação a uma estrutura estruturante que permite a estruturação da vida cotidiana e que pode gerar mudanças. Trata-se do reconhecimento da vida em sociedade, de uma vida cotidiana, que transita entre o *habitus*, tradições e costumes que, na relação com a modernidade, conforme já apontado em Thompson (2016), são geradores de conflitos e tensões, determinantes para o estabelecimento de acomodações ou rupturas, podendo gerar novos *habitus*.

A realidade do cotidiano de vida dos sitiantes possibilitou a construção de uma dinâmica de vida no campo que transita pela modernidade e pela tradição, tradição esta fundada em elementos que trouxeram dos seus locais de origem, principalmente dos estados de Minas Gerais e São Paulo, de onde a maior parte das famílias da comunidade migraram. Está-se diante de um universo contemporâneo de relações sociais locais, entrelaçadas com um contexto global que exige o olhar a partir de dois polos: a) a perspectiva de subjugação cultural com imposição de valores culturais globais ditados pela modernidade; e b) como um espaço de manutenção e de produção de uma cultura camponesa e comunitária, que transita entre a modernidade e a tradição.

Essa dinâmica interna e externa das relações sociais no âmbito da comunidade sofre as inflexões da sociedade global, que acabam por tensionar em duas direções: a) a negação desse movimento global muito vinculado à dinâmica de vida proposta pela modernidade, o que resulta em movimento de resistência, mais ou menos intenso; e b) a assimilação do movimento global que altera a ordem interna das relações comunitárias, com a consequente alteração do modo de vida, em seus aspectos de produção de vida material e da cultura. Esse embate faz parte do cotidiano da comunidade Córrego das Pedras. É nessa dualidade que a comunidade vem produzindo e reproduzindo suas relações, criando uma dinâmica própria e uma sobrevida ao longo do tempo, o que dá ao movimento uma perspectiva de resistência, pois a cultura, mesmo que adaptada às novas condições de vida, resiste com sinais de continuidade. Um exemplo disso foram as discussões em torno da construção e demolição das igrejas.

A construção de uma igreja nova e a demolição da velha são fatos ilustrativos dos conflitos e contradições internas no âmbito da comunidade. Por que construir uma nova, se já existia uma antiga que atendia à comunidade? E a quem interessava construir a nova? Essas questões são explicativas da assimetria entre o moderno e o tradicional no âmbito da comunidade. Houve uma disputa de interesses. Por um lado, havia o interesse da permanência da igreja velha, pois é simbólica na vida dos mais antigos: ali casaram, batizaram filhos, se encontram e celebram juntos bons e maus momentos. A igreja chamada de antiga faz parte da história e da memória da comunidade e, portanto, da vida dos sitiantes. Por outro lado, havia interesse, também, na construção de uma igreja nova, bonita, climatizada, enfim, que possibilitasse melhores acomodações nas celebrações. Houve convencimento, e a nova foi construída.

Depois de praticamente dois anos, em janeiro de 2019, a igreja velha não resistiu. Foi derrubada. Neide fala do motivo: "A igreja velha estava já precisando de uma grande reforma. Como ficava muito caro reformar a velha, a comunidade achou melhor construir uma nova. A velha iria cair se não fosse derrubada, talvez seja esse o principal motivo". Ela fala também do sentimento em relação à igreja velha:

> No começo ficamos com dó de derrubar, porque a gente tinha um carinho, um amor. Nós nos criamos e crescemos ali, dentro daquela igreja. Inclusive, depois de quase dois anos de construção da nova é que a velha foi derrubada. Nesse tempo nos acostumamos com a nova. A velha foi desmanchada aos poucos: em um primeiro momento nós tiramos uma parte lateral, ligando a estrutura ao salão de festas. Quando derrubou a igreja deu uma dó, mas não foi tanto, como se fosse derrubado abruptamente, porque já havíamos acostumados

> com a ideia. O sentimento foi menor. Se tivesse derrubado a logo em seguida da construção da nova nós teríamos sentido muito mais, porque tem um valor sentimental muito grande para a comunidade. Inclusive, a madeira da igreja velha foi doada para a associação construir a sua sede. (Entrevista com Neide, em fevereiro de 2019).

Neide fala do sentimento de dó, em função daquilo que a igreja representa na vida de muitas pessoas da comunidade e que passaram pela comunidade. A igreja velha permaneceu em pé por quase dois anos e foi sendo derrubada aos poucos, o que permitiu, mesmo de forma não planejada, segundo ela, minimizar a tristeza, por possibilitar um contato final para muitas pessoas que têm as vidas marcadas por passagens naquela igreja — batizados, catequeses, casamentos, missas, cultos e festas religiosas. Tiveram tempo e oportunidade de se despedir daquela estrutura, que com a construção da nova, já estava com seu destino traçado. Era questão de tempo.

A derrubada da igreja expressa o apagamento de uma memória física, que era capaz de reavivar sentimentos e emoções, como aqueles provocados na professora Nenzinha e suas filhas[45], porém, permanecerá viva na memória dos sitiantes e na história da comunidade. Paradoxalmente, a sua ausência também poderá ser motivo de reavivamento da memória.

O cenário mudou, assim como ao tempo, os sitiantes tiveram que mudar suas formas de vida e de relação com a terra, permeado por uma constante tensão entre a tradição e a modernidade. As missas, cultos, batizados, casamentos e catequeses continuarão a existir. A vida comunitária continua, agora em novo cenário.

A coexistência dos elementos modernos no modo de vida tradicional rural pode ser observada nas cozinhas. O fogão a lenha, símbolo da cozinha caipira, divide espaço com o fogão a gás, comum nas cozinhas urbanas, o que é representativo da simbiose entre o moderno e o tradicional que permeia a vida das famílias, replicando nas relações comunitárias. O mundo moderno e o mundo tradicional estão presentes e fazem parte do cotidiano das famílias.

As crianças e jovens da terceira geração, diferentemente de seus avós e genitores, buscam a educação formal superior, acabando por estimular uma tensão maior em relação à organização da vida a partir dos parâmetros e recursos da modernidade. Suas vidas, inclusive, pelo deslocamento para

---

[45] Ver página 119.

os processos de formação, acabam por vincular-se também ao modo de vida citadino, estimulando as tensões.

Nesse prisma, o contexto de vida dos sitiantes da comunidade Córrego das Pedras se coloca como um espaço permanente de tensões entre a tradição e modernidade, ou seja, entre a dinâmica de vida material e imaterial construída até então e a possibilidade da construção dessa dinâmica de vida diante das constantes pressões do avanço das forças capitalistas no campo, materializado na dinâmica do agronegócio. Pedro fala do veneno do qual não gosta: "a única coisa que eu não gosto de mexer é com veneno", que se constitui em uma imposição das modernas formas de produção. Oscar, também, faz referência ao veneno como condição de produção: "se não usar o veneno, não produz nada", e ele, de forma intencional ou não, não usa o veneno, deixando que sua propriedade tome formas originais de matas, talvez um processo de ressuscitação das condições originais da terra. A utilização do veneno nas práticas produtivas acaba por se constituir em um paradoxo, pois, se por um lado, há uma necessidade do uso, externada na fala do Oscar, por outro, está presente também o não uso, em função da resistência dos sitiantes em usá-lo, pois eles sabem que faz mal para a saúde.

Considerando ser os agrotóxicos uma invenção da modernidade, com ampla utilização nos processos produtivos, principalmente do agronegócio, acaba por se constituir em uma ambiguidade nas práticas produtivas, estando o uso e o não uso em fronteiras próximas, limitado pelas formas manuais de produção, ancoradas na tradição.

Onde há maior resistência, maior é a possibilidade de reprodução de um modo de vida, permeado pela tradição e costumes, com a reprodução de *habitus*; onde a resistência é menor, maior será a ascendência dos modelos totalizadores da modernidade nos processos de produção e reprodução da vida. São espaços de relações sociais permeados por constantes tensões, não havendo espaço para o determinismo social que apregoa um padrão de vida, fundado na modernidade.

> A dinâmica do fundamento da modernidade gera constantemente novas constelações de possibilidades para a vida humana, as mesmas que desafiam "desde o futuro" a capacidade de sintetização da modernidade capitalista. Resulta momentânea ou definitivamente capacidade de obter uma posição radical a fim de sustentar este desafio. Sua ambição conformadora faz você ultrapassar, sem ir além de si mesma, as possíveis novidades da vida social não chegam a constituir-

-se de forma autônoma e se voltam ao estado de deformação da modernidade estabelecida. (EcheverríaCHEVERRÍA, 2011, p. 108, tradução nossa)[46].

****

O cotidiano é um espaço de resistência, de reprodução e produção cultural. Nele, o global e o local convivem de forma simultânea, portanto, gerando espaço de constante tensão.

A realidade apresentada coloca como uma contra racionalidade à lógica da moderna produção capitalista. Um modo de vida com fortes vínculos no mundo rural tradicional, permeado pela modernidade, em que se usa técnicas e tecnologias da modernidade na produção. No cotidiano da vida, porém, permanece a vida comunitária, com suas festas tradicionais e o santo protetor. É um cenário no qual a presença do ser humano faz parte da paisagem e a existência de uma estrutura física de comunidade é simbólica, referenciando que ali moram pessoas e que existem relações sociais.

As relações sociais no âmbito da comunidade sofreram alterações ao longo do tempo, como por exemplo, a necessidade de adequação das práticas produtivas. Entretanto, não deixou de ser um espaço privilegiado de socialização e de significado para a vida dos sujeitos que lá habitam e que teimosamente resistem à perspectiva totalizadora, em uma simbiose entre a tradição e a modernidade, produzindo e reproduzindo uma dinâmica muito própria de vida material e imaterial.

A partir da compreensão dessa dinâmica de vida, avançar-se-á para a discussão da construção identitária, construção essa imbricada na vida das famílias, portanto, sendo permeada pela cultura. Abordar-se-á a festa de São Sebastião e a culinária nos contextos das discussões sobre cultura, entendendo a cultura como manifestação das relações sociais, transformando-se em conteúdo de resistência, que se produz e reproduz no cotidiano de produção da vida material das famílias.

---

[46] "La dinámicadel fundamento de la modernidad genera constatemente nuevas constelaciones de possibilidades para la vida humana, lasmismas que desafian "desde el futuro" a lacapacidad de sintetización de lamodernidad capitalista. Allí donde ésta resulta incapaz momentánea o definitivamente de ponerseenjuego radicalmente a fin de sostener este reto; allí donde suambición conformadora lehacesalirse de sus limites pero sin ir más allá de símisma, lasnovedadesposibles de la vida social no alcanzan a consituirse de manera autónoma y se quedanen estado de deformaciones de la modernidad establecida." (Echeverría, 2001, p. 108).

CAPÍTULO IV

IDENTIDADE, CULTURA E MEMÓRIA COMO AMÁLGAMA DA RESISTÊNCIA

Como a dimensão de produção de vida imaterial não se separa da material, a dimensão cultural fez parte do processo migratório, até porque não há que se imaginar produção de vida material separada da cultura. "Assim, os meios de subsistência de um grupo não podem ser compreendidos separadamente do conjunto das 'reações culturais', desenvolvidas sob o estímulo das 'necessidades básicas'" (Candido, 1982, p. 28). Para Candido (1982), o processo de produção dos homens como seres viventes é duplo: material e cultural. Todo o cenário de trajetória de vida em Minas Gerais, São Paulo e Paraná e de migração para Mato Grosso deixou marcas que fazem parte da constituição identitária de um povo que, ao longo do tempo, depois do processo migratório, construiu uma dinâmica própria de vida.

Outro aspecto a considerar é o fato de as famílias terem experiência na relação com a terra. O migrante estava deixando um local em que trabalhava na terra e indo para regiões no qual a base inicial de colonização era essencialmente agrícola, portanto, mantendo a expectativa da continuidade do trabalho na terra. A continuidade desse vínculo com a terra, inclusive tendo os migrantes construído uma condição, além da permanência na terra nos novos espaços para onde se deslocaram, a nosso ver, é definidora das características identitárias desses novos agrupamentos populacionais e dos sujeitos que deles fizeram e fazem parte.

No processo de análise da constituição identitária dos sitiantes, partimos do princípio weberiano apontado por Gohn (2016, p. 34), "que o complexo mundo moderno não mais comporta a possibilidade de uma identidade cabal, com base na qual se possa falar de uma vida 'acabada', 'plena', como a do patriarca Abrão – e, por extensão, de um conjunto social harmonioso", portanto, a construção identitária é um processo que transita do "eu" ao "nós", em contexto social contemporâneo de múltiplas formas e expectativas de vida.

4.1 A constituição identitária dos sitiantes

A construção identitária é um conceito multidimensional, abarcando o conjunto das tensões no contexto das relações sociais, em tempos e espaços plurais. Está profundamente marcado pela subjetividade das interações no âmbito da cultura, em um constante processo de negociação no campo da modernidade e das tradições, particularmente, no caso da comunidade Córrego das Pedras, em que os elementos da tradição permanecem reificados nas práticas sociais dos sujeitos da comunidade, em permanente ebulição com a modernidade.

Para Appiah (2016, p. 23), "as identidades são tão variadas e extensas, porque, no mundo moderno, as pessoas precisam de um enorme rol de ferramentas para construir sua vida. A gama suficiente de opções para cada um de nós não é a mesma para todos nós", importando redefinições identitárias cotidianamente, no complexo contexto de interações sociais. "Nossas identidades não dependem apenas de interações na vida íntima. A lei, a escola, a Igreja, o trabalho e muitas outras instituições também nos moldam" (Appiah, 2016. p. 25), transitando pela necessidade de afirmação individual e o reconhecimento público. A construção identitária se dá, então, na relação individual e coletiva, não sendo fácil a identificação dos limites fronteiriços entre esse processo dual, "oscilando para dentro e para fora da visão pública" (Appiah, 2016, p. 32).

Para Hall (2019), a identidade é uma celebração móvel, pois ela é multicultural. Já para Bauman (2005), a identidade firmemente fixada seria um fardo, uma depressão, uma limitação da liberdade de escolha. Portanto, estamos diante de uma discussão que coloca a construção identitária permeada por relações sociais que transitam entre a tradição e a modernidade, em que os sujeitos sociais migrantes carregam suas experiências de vida, determinantes no processo de construção identitária.

As práticas vivenciadas nos contextos da vida no campo e a busca de alternativas para viabilizar a produção, em um cenário de modernidade em contraste com a vida no campo, acabam por interferir na construção de novas identidades e de novas relações sociais de convivência. São contradições e conflitos presentes no cotidiano da vida individual e coletiva, rompendo com determinações e limitações nos processos de construções identitárias.

Relativamente à identidade dos homens e mulheres do campo, considero importante ressaltar as contribuições de Martins (1986), ao demonstrar o processo de pulverização das lutas campesinas e a própria secundariedade destas, aspectos que, a nosso ver, são relevantes na constituição identitária. Ele nos mostra que as identidades atribuídas aos homens do campo ou trabalhadores rurais, entendido aqui como minis, pequenos e médios proprietários rurais, meeiros, posseiros, diaristas e empregados do campo, são plurais: no interior de São Paulo e de Minas Gerais, principalmente em função das práticas culturais — o caipira (Candido, 1982), o caiçara, o tabaréu, o caboclo e, por último, o camponês. Esse último termo identificador de classe, portanto político, suscitado nas décadas de 60 e 70 por setores da esquerda brasileira. O termo caipira, cunhado por Candido (1982) e Queiroz (1973), é resultado de uma trajetória histórica de ocupação das terras de São Paulo e Minas Gerais, com características culturais específicas, determinantes de um modo de vida no campo, a meu ver, identificador dos sitiantes da comunidade Córrego das Pedras.

No polo patronal, os grandes proprietários de terras são identificados por Martins (1986) como: estancieiros, fazendeiros, usineiros e latifundiários. Essa última denominação também é caracterizada como um identificador político, expressando a identificação de uma classe.

> Essas novas palavras – camponês e latifundiário – são palavras políticas, que procuram expressar a unidade das respectivas situações de classe e, sobretudo, que procuram dar unidade às lutas camponesas. Não são, portanto, meras palavras. Estão enraizadas numa concepção da história, das lutas políticas e dos confrontos entre as classes sociais. Nesse plano, a palavra camponês não designa apenas o seu novo nome, mas também o seu lugar social, não apenas no espaço geográfico, no campo em contraposição à povoação ou à cidade, mas na estrutura da sociedade; por isso, não é apenas um novo nome, mas pretende ser também a designação de um destino histórico". (Martins, 1986, p. 22-23).

Contemporaneamente, latifundiário tem sido identificado como "empresário rural", agora proprietário de "Empresas Agrícolas e Pecuárias". Esse identificador traz um recorte apaziguador da relação de classe em uma economia de mercado. Assim, usineiro, fazendeiro ou latifundiário despem-se das suas condições patronais, e se tornam empreendedores: homens de negócios.

A construção identitária dos sujeitos da comunidade Córrego das Pedras — que comporta a questão de gênero, portanto referencia homens e mulheres — foi constituída fora do espectro político/ideológico apontado por Martins (1986), tendo muita relação com o processo de ocupação da região. Essa ocupação se deu dentro dos moldes reguladores do mercado capitalista de terra na região, na década de 60: terras de florestas tropicais nativas, a serem desbravadas, de baixo valor agregado, disponíveis para venda ou para permuta por trabalhos de derrubadas e implantação de lavouras, preferencialmente de café ou pasto, em uma região do estado de Mato Grosso.

Os sujeitos da comunidade Córrego das Pedras têm a identidade construída em relações sociais que permeiam o tradicional e o moderno, com inflexões no contexto das relações familiares e da comunidade e tensões de um mundo externo presentes no contexto histórico da trajetória de vida daqueles sujeitos. Sua construção identitária não se dá por exclusão. Mesmo percebendo que não se trata do camponês — designação política atribuída por Martins (1986) para identificar os sujeitos que historicamente fazem luta política pelo acesso e permanência na terra —; não é o "sem terra", nome que designa o sujeito vinculado ao Movimento dos Trabalhadores Rurais Sem Terra (MST); não é o caipira, termo usado por Candido (1982) para identificar os sujeitos da sua pesquisa; não é, também, o agricultor familiar — designação institucional para identificar proprietários de minis, pequenas e médias propriedades, que seriam supostamente público alvo do Pronaf[47], ainda que deles se aproxime, como um outro subgrupo, o elemento norteador dessa relação é a terra.

Porém, sua identidade carrega as tensões no campo no interior paulista e mineiro em função dos processos de modernização, marcantes no processo migratório. Carregam consigo a luta camponesa pelo acesso à terra, pois apesar de não terem feito uma luta política/ideológica para acessarem a terra, carregam em suas trajetórias de vida a luta pelo acesso e permanência na terra. Carregam na sua construção histórica, a rusticidade do caipira apontado por Candido (1982). Ainda, conforme levantamentos documentais — certidões de inteiro teor dos sítios, buscadas no Cartório de Registro de Imóveis de Tangará da Serra —, vários deles tiveram acesso a financiamentos rurais, inclusive, os mais recentes, sob a égide do Pronaf. Carregam consigo, também, os traços da agricultura familiar. Trata-se, portanto, de uma identidade multifacetada, construída multidimensionalmente.

---

[47] Programa institucional do governo brasileiro, voltado a financiar, por intermédio do sistema bancário, custeio e investimentos para proprietários de minis, pequenas e médias porções de terras, já estabelecidos.

Conforme levantamento feito, os sujeitos de Córrego das Pedras atribuem, a si próprios, ou seja, se autonomeiam, com variadas denominações, baseados nas atividades que desenvolvem. Os proprietários de aviários se intitulam avicultores; alguns sitiantes que vendem seus produtos na feira transitam entre feirantes e sitiantes, sendo que dois se intitularam somente como feirantes; os que não vendem seus produtos na feira se intitularam sitiantes ou agricultores. Portanto, a autonomeação acaba por refletir a atividade que desenvolvem. Passa antes por um "eu digo que sou". "Sou eu que estou dizendo", o próprio sujeito da ação/do trabalho é o mesmo do dizer. A construção da identidade se faz por um "eu" como mecanismo de autorreconhecimento e pertencimento. E isso ocorre, antes de tudo, pela palavra. Trabalho e palavra, portanto, promovem a ressignificação do sujeito na sua relação com a terra. É por meio da autonomeação que se quer um reconhecimento.

No caso daquele que se autonomeia — "eu sou um feirante" —, pode-se inferir uma tentativa de ocultação da condição de agricultor e sitiante, identidades que os colocam mais afastados da cidade. Como rotineiramente estão na feira, e a cidade acaba atribuindo a eles a condição de feirantes, e como essa atividade também faz parte de suas vidas, acabam por assumir a identidade de feirante, ou mesclar a identidade de feirante com sitiante. De toda forma, o termo predominante é sitiante. Geertz (1997) diz que o mundo cotidiano é habitado por homens personalizados, classificados, dentro de um sistema de classe, determinado por cada grupo.

O termo "sitiante" constitui-se, assim, em uma palavra identificadora dos homens e mulheres daquela localidade. Trata-se de uma construção identitária que expressa um modo de vida e aspectos culturais no contexto das relações sociais da comunidade Córrego das Pedras, que se reveste de uma identidade sociocultural. Uma designação que carrega aspectos sociais, históricos e culturais que, como diz Candido (1982), exprime um modo de ser, um tipo de vida e uma designação cultural.

A abordagem de Queiroz (1973) sobre a composição identitária dos bairros rurais paulistas ajuda a compreender a realidade dos sujeitos que migraram para a comunidade Córrego das Pedras:

> Os primeiros são formados por camponeses, isto é, pequenos empresários rurais (proprietários ou não das terras) vivendo numa economia de que o fulcro é a roça de subsistência e cujo excedente, costumam vender – são os caipiras; os segundo

> são composto de agricultores, que também constituem uma categoria independente de pequenos produtores rurais (proprietários ou não), em cujo sistema econômico a roça é um elemento constante, mas subsidiário, pois sua manutenção depende de negociarem um produto principal que cultivam. Nos dois casos, cumpre reparar que os roceiros vivem num sistema de economia mista, em que o cultivo do solo está sempre aliado às atividades comerciais; quando estas constituem a base do regime econômico, classificamos os roceiros como "agricultores". Nossos sitiantes foram e são ainda hoje ao mesmo tempo lavradores e pequenos negociantes. (Queiroz, 1973, p. 133).

No nosso caso, trata-se do sitiante, que transita entre a tradição e a modernidade, homens e mulheres da lida do campo, que preservam no seu processo de formação o vínculo histórico com a terra e as matrizes caipiras. É um ser reinventado pela dinâmica da vida. Pode-se afirmar que o caipira ainda não morreu, e as questões levantadas por Queiroz (1973), especificamente as existenciais e de longevidade da forma de vida do caipira, são atuais e permanecem vivas em espaços geográficos e em tempos diferentes.

Nesse contexto, homens e mulheres vão construindo novas identidades, facetadas pelo mundo real em que vivem, mundo que também é facetado pelas identidades construídas nesse mesmo mundo. Um movimento em espiral no qual identidades e mundo se constroem cotidianamente.

4.2 Aspectos gerais da cultura

A cultura pode ser vista como uma força produtiva, essencial na produção de nós mesmos e de nossas sociedades, como bem afirmou Willians (1997), mostrando-nos que, em perspectiva marxista, a hegemonia produz também contra-hegemonia. Ou seja, a cultura dominante produz e limita, ao mesmo tempo, suas formas de contracultura. Começo, então, afirmando que, sendo a cultura uma categoria constitutiva das relações sociais, de produção de significados e valores, é um espaço de contradições e conflitos.

Ao analisar o termo cultura, Gullar (1992) aponta para a relação da cultura com os significados de *colo* e *cultus* que, na língua de Roma significa "eu moro, eu ocupo a terra" e, por extensão, "eu trabalho, eu cultivo o campo", sendo colono o que cultiva a terra. Já *cultus* atribuía-se ao campo que já fora plantado por gerações sucessivas, sugerindo que a sociedade que produz o seu alimento tem memória. Assim, a partir do ponto de vista de Gullar

(1992), poder-se-á definir cultura, em uma perspectiva mais geral, como o conjunto de práticas, de técnicas, de símbolos e de valores que se devem transmitir às novas gerações para garantir a reprodução de um estado de coexistência social.

Moreira (2007) apoia-se na compreensão de cultura como visão de mundo: modo de ver, de estar e de agir no mundo. Reconhece a existência de hierarquias sociais herdadas e transmitidas de geração em geração. Reconhece, também, as especificidades das culturas regionais, bem como de campos culturais como, por exemplo, o campo científico e suas visões disciplinares do mundo, o religioso e seus fundamentalismos, e o político, de domínios. Para o autor, o território seria, assim, o fundamento das ações e lutas sociais e de produção de cultura.

Para Williams (1979), a formação das sociedades, das mentes humanas e os processos de interação social estão na origem do sentido social geral de "cultura". O mundo construído historicamente pelas ações humanas é o *locus* de geração de cultura, compreendendo cultura como um conjunto de práticas sociais construídas pelas ações humanas. Trata-se de um processo social constitutivo que cria "modos de vida" específicos e diferentes. Os sujeitos são dotados de inteligibilidade e de consciência, competências que os tornam produtores de cultura. A cultura pode ser, então, entendida como um processo que se produz e se desenvolve nas relações de produção da vida material, campo de conflitos e contradições. Pode se constituir como espaço de reprodução social, e, paradoxalmente, como espaço de resistência, gerador de novas formas de relações e de cultura.

A teoria materialista de Williams (1979) alarga o conceito de cultura, na medida em que o relaciona com o processo integral da vida, enfatizando a interdependência das várias esferas da realidade social e suas relações e a atuação delas como forças produtivas, ou seja, como elementos ativos na transformação social. Trata-se de "visualizar o estudo da cultura como o estudo das relações entre elementos em todo um modo de vida" (Williams, 2011, p. 28), rompendo com uma visão ortodoxa do marxismo, pela qual a superestrutura, incluindo a cultura, é determinada por uma base produtiva (infraestrutura). Williams (2011), propõe uma reavaliação da determinação da infraestrutura, apontando para uma compreensão baseada num processo dinâmico.

Para Williams (2011, p. 48-49), "a coisa mais importante que um trabalhador produz é sempre ele mesmo, tanto na condição específica de seu trabalho quanto na ênfase histórica mais ampla dos homens produzindo-se a si mesmos e a sua história". Assim, em uma perspectiva culturalista, não se exterminam as subjetividades inerentes à natureza humana. Por mais tentadora que seja a ideia de maquinização dos seres humanos ao processo produtivo, não é possível separá-los da sua consciência objetiva, ou seja, da sua capacidade de pensar, da condição de produzir a si mesmo e, nesse processo, produzir cultura.

> A complexidade de uma cultura se encontra não apenas em seus processos variáveis e suas definições sociais – tradições, instituições e formações – mas também nas inter-relações dinâmicas, em todos os pontos do processo, de elementos historicamente variados e variáveis. (Williams, 1979, p. 124).

Para Thompson (2016, p. 17), "cultura é também um conjunto de diferentes recursos, em que há sempre uma troca entre o escrito e o oral, o dominante e o subordinado, a aldeia e a metrópole; é uma arena de elementos conflitivos".

Conformando com Canclini (2008), pode-se fazer referência a um processo de hibridação[48], em que as práticas sociais, incluindo a cultura, mesmo consideradas separadamente, se combinam para gerar novas estruturas, objetos e práticas. Para o autor, não há uma cultura, transplantada. Ela faz parte das experiências de vida dos sujeitos, que, ao migrarem, levam-na consigo. Assim, passa a fazer parte do novo contexto em que se insere, flexionando ou sendo inflexionada, com maior ou menor tensão.

Sem apontar para o fechamento de um conceito, mas contando com a reflexão dos autores citados, pode-se entender cultura como um processo que se produz e se desenvolve nas relações de produção da vida material. Os espaços de produção da vida material são plurais, do ponto de vista da concepção de mundo e das práticas sociais que os permeiam. São espaços de conflitos e contradições que fazem parte de um contexto social maior, que dele sofre influências e influi.

Portanto, não é possível separar produção da vida material da cultura. Lembra-nos Williams (1979, p. 82) "que a força da crítica original de Marx se voltava principalmente contra a separação das áreas de pensamento

---

[48] Canclini (2008) utiliza o termo para designar as misturas interculturais propriamente modernas, entre outras, em que a multiculturalidade evite o que tem de segregação e se converta em interculturalidade. São processos socioculturais nos quais estruturas ou práticas discretas, que existam de forma separadas, se combinam para gerar novas estruturas, objetos e práticas. Trata-se de um aporte teórico inseparável de uma consciência crítica de seus limites, capaz de compreender o que não se deixa, ou não quer ou não pode ser hibridado.

(como na separação entre a consciência e a produção material) e contra o esvaziamento correlato do conteúdo específico – atividades humanas reais – pela imposição de categorias abstratas".

Marx não usa as categorias de forma abstrata, pelo contrário, sua construção teórica se contrapõe à lógica da modernidade no que tange à fragmentação do conhecimento e à dicotomia teoria x prática, em última instância, a separação dos processos de produção de vida material e vida imaterial. "Marx abriu efetivamente horizontes mais largos para se compreender a solidariedade profunda do mundo físico e da cultura humana, encarados, por ele, à luz do desenvolvimento histórico, como elementos do mesmo processo dialético" (Candido, 1982, p. 24). É na relação dos indivíduos entre si e com a natureza, bases reais da produção das condições de vida, que homens e mulheres produzem e reproduzem as condições de existência, local de produção da vida material e imaterial, espaço privilegiado de reflexões e análises.

> As condições preliminares das quais partimos não são bases arbitrárias, não são dogmas: são as bases reais de que não nos podemos abstrair senão na imaginação. São os indivíduos reais, sua ação e suas condições materiais de existência, aquelas que já encontram à sua espera e aquelas que surgem com a sua própria ação. Tais bases são passíveis, portanto, de uma verificação puramente empírica. (Marx; Engles, 1965, p. 14).

As análises da dinâmica social de produção de vida material na comunidade Córrego das Pedras se desenvolvem a partir da perspectiva culturalista, considerando as relações de homens e mulheres entre si e com a natureza, em um fazer individual e coletivo, uma práxis de vida, espaço de conflitos e contradições internas e, ainda, no contexto de uma dinâmica de desenvolvimento regional que lhes é predatória.

São relações em que "a racionalidade cultural das práticas produtivas tradicionais se contrapõe à especialização e homogeneização da natureza e à maximização do benefício econômico" (Leff, 2009, p. 100). Um contexto de pluralidade, no qual vida material e cultural (elementos simbólicos da subjetividade humana) se cruzam, produzindo e reproduzindo vida. Um exemplo desse processo é a tradicional festa de São Sebastião, objeto de análise na sequência.

4.3 Festa de São Sebastião

A comunidade construiu, ao longo do tempo, uma tradição de prática religiosa, predominantemente católica, fruto das experiências das tradições familiares. A festa de São Sebastião ocorre no mês de setembro de cada ano. Trata-se de um evento tradicional porque "se repete, não é uma coisa distinta [...]. A festa é uma celebração que tem seu caráter originalmente sacral, seu retorno implica sempre em expectativas e recordações" (Lucena, 1999, p. 99). Constitui-se em um momento importante para a compreensão das relações e das práticas culturais. Todo o processo que se desenvolve em torno da "festa" é muito relevante no contexto da vida individual e coletiva da comunidade, período de intensas vivências coletivas, que se dão desde a sua anunciação e preparo até a realização.

> A festa não tolera a moldura: isolada, administrada ou emoldurada, ela se transforma em outra coisa qualquer – festividade, comemoração, menos festa. Nesse sentido, ela marca o limite da apropriação, porque é impossível transformá-la em mercadoria sem perdê-la. Enquanto existir, ela é inalienável. (Pasta Junior, 2000, p. 72).

Conforme aponta Martins (1986), o camponês traz consigo uma mística religiosa que faz parte da trajetória de sua vida e de sua família, o que não é diferente na comunidade Córrego das Pedras, formada predominantemente por famílias com origem na terra. "Portanto, a festa religiosa é um dos momentos mais importantes e significativos da tradição local e as festas dos padroeiros envolvem, inclusive, os acontecimentos mais importantes da vida individual e comunitária" (Lucena, 1999, p. 99).

É uma "necessidade sacramental, vinculada às relações de participação entre o natural e o sobrenatural, à ligação entre o cósmico da vida litúrgica coletiva e o ritmo do trabalho agrícola e ao confronto entre a festa litúrgica e o campo" (Lucena, 1999, p. 99). Nesse aspecto, cabe destacar a festa de São Sebastião, sacra e profana, núcleo da expressão das tradições e da cultura da comunidade, em um processo de construção e reconstrução da cultura, em muitas situações, diluídas pelo deslocamento e pela pulverização das famílias em espaços distintos. "Eles têm necessidade de reconstruir a cultura de origem no lugar de destino, assegurando, com isso, a reprodução cultural e social do grupo. E a festa é um momento rico para essa volta às origens" (Barrozo, 2007, p. 176).

146

Importante ressaltar que a dureza da vida do campo cria também uma resistência cultural, e que uma migração do campo para o campo, como é o caso dos sujeitos da comunidade Córrego das Pedras, auxilia no processo de manutenção e difusão dos valores culturais trazidos da origem.

A festa se coloca como representação cultural relevante, tendo duas dimensões: uma religiosa e uma social. Pode-se observar isso no trecho retirado da folha de celebração da Festa de São Sebastião de 2017:

> A primeira é a dimensão religiosa. Diz respeito a um Santo Católico que era um soldado romano que foi martirizado por professar e não renegar a fé em Cristo, em cenário de idolatria dos soldados romanos. É celebrada em 20 de janeiro, mas aqui na nossa comunidade nós antecipamos nossa celebração para coincidir com nossa festa social. Rendamos graças ao nosso Padroeiro pelo ano que estamos tendo, pelas graças alcançadas, pelo dom da vida, por mantermos por 53 anos (iniciamos nossas atividades aqui em Córrego das Pedras em 1964, quando os primeiros moradores para cá chegaram) e permanecemos unidos em nossas famílias e em nossa comunidade. Somos praticamente a primeira comunidade de Tangará da Serra e que ainda permanece viva e em sua terceira geração, com todos aqueles e aquelas que por aqui passaram para trabalhar ou morar, e aqui permanecem... QUE CHEGARAM AQUI NA COMUNIDADE MAIS CEDO OU MAIS TARDE... PRECISAMOS RENDER GRAÇAS E MUITAS GRAÇAS. (Conteúdo Extraído da folha de celebração do lançamento da Festa de São Sebastião na comunidade Córrego das Pedras, em 25 de agosto de 2017).

Candido (1982) aponta para a sociabilidade por meio das práticas religiosas. Homens e mulheres do campo, na dureza da labuta diária na roça que inclui afazeres para todos os membros da família têm, no espaço da prática religiosa, um momento também de sociabilização. Na comunidade Córrego das Pedras, homens e mulheres chegam com antecedência para os encontros religiosos e permanecem depois do encerramento dos cultos, missas ou reuniões. Semanalmente, esse é o momento das conversas, da socialização e do fortalecimento dos laços afetivos entre as famílias.

A prática religiosa torna-se importante no processo de fortalecimento e reprodução da intensa vida comunitária na comunidade Córrego das Pedras.

> A segunda dimensão é a social. Nossa festa é um momento de integração da comunidade: no abate e preparo do frango,

> do porco na lata, da mobilização para as doações, do preparo do ambiente, enfim...um trabalho do início ao fim que fazemos com AMOR... PARA RECEBER NOSSOS CONVIDADOS... Que aqui moram ou moraram, que junto conosco vem para cá CELEBRAR, nossas vidas, nossas memórias, nossas tradições... a culinária mineira e paulista, nossas músicas, enfim, nossa hospitalidade. A FESTA É NOSSA, de toda a comunidade, por isso, a partir de hoje, todos estão convidados a se envolver e participar. (Conteúdo Extraído da folha de celebração do lançamento da festa de São Sebastião na Comunidade Córrego das Pedras, em 25 de agosto de 2017).

A festa de São Sebastião é importante elemento constituinte da cultura da comunidade, fazendo parte das tradições, invocando a culinária, as manifestações religiosas, o reencontro entre campo e cidade e as conversas informais, mantenedores(as) da vida comunitária.

O anúncio da festa ocorreu após a celebração religiosa, do dia 13 de agosto de 2016, no período da noite. Foram dados os informes referentes à festa e feito o convite para o envolvimento de todos e todas. A festa envolve muito dispêndio de trabalho coletivo. Algumas pessoas vão pedir prendas (frangos, porcos e novilhas), pois os sitiantes tradicionalmente contribuem com doações de produtos. Definem-se as datas para os trabalhos da organização da infraestrutura da festa, abate e preparo de frangos e de porcos, preparo de doces e bolos, entre outros afazeres. O trabalho com as aves fica, praticamente, a cargo das mulheres e o dos suínos, sob a responsabilidade dos homens (abate, limpeza e corte) e mulheres (fritura e enlatamento). As aves limpas são acondicionadas em freezers para preparo no dia da festa. Já a carne suína, após o abate e limpeza, é frita e acondicionada em latas com a banha de porco, preparo ao estilo mineiro.[49]

Pude acompanhar a festa em 2016, no dia 25 de setembro, e em 2017, no dia 17 de setembro, dias de domingo. Iniciou logo pela manhã com uma mística religiosa que pediu a proteção de Deus ao evento e o acolhimento a todas as pessoas que vierem confraternizar com a comunidade. Na hora do almoço, quase tudo pronto, exceto o arroz, o quiabo e a salada. O espaço

---

[49] Sou de família do interior de Minas Gerais, com vínculo na roça, onde, é comum as famílias serem numerosas. No caso da nossa família, éramos nove filhos(as), dos quais, sete sobreviveram, fazendo com que, por necessidade, se produzisse a maior parte da alimentação. Meu pai, no decurso de sua vida, saiu da roça e foi trabalhar na cidade, na profissão de dentista prático, porém, acabou mantendo parte dos costumes da roça, entre eles, o procedimento de abate de porcos e acondicionamento da carne e da banha para consumo familiar. Quando criança, ajudava, pois no dia do abate e preparo, toda a família envolvia-se nos trabalhos. Enquanto foi possível criar porcos, frangos e manter uma horta na cidade, meu pai o fez.

da cozinha é predominantemente designado às mulheres. Muita expectativa e ansiedade. Mulheres e homens que organizaram a festa fizeram-se presentes logo de manhã. As mulheres na cozinha e os homens na arrumação do espaço da festa (mesas, cadeiras, bar e outros trabalhos). Às 10h30 começaram a chegar os convidados. Eles chegam cedo, para as conversas e ouvir as apreciadas músicas de letra e ritmo caipira. Ouvi as pessoas da cidade dizendo que gostam muito da festa, por isso chegavam cedo. Era o momento de reviver as amizades. Interessante observar que várias pessoas que já moraram na comunidade e se deslocaram para a cidade, retornavam à comunidade para participar da festa. Às 11h30, o almoço foi servido, um *mundaréu de gente*. Todos foram servidos. A comida à moda mineira é farta.

A festa se repete. O mesmo procedimento se reproduz no dia 25 de agosto de 2017, agora, no início da celebração, o lançamento da festa. Estamos diante de um outro tempo, mas como se fosse o mesmo tempo. "A Festa cria uma experiência do tempo que é um presente contínuo, imóvel no limiar da história, como se fosse a véspera permanente de um acontecimento muito esperado" (Pasta Junior, 2000, p. 73).

4.4 A culinária caipira como expressão cultural

A culinária se constitui em um aspecto relevante da festa, expressando as origens e tradições dos sitiantes, tendo por base a tradição do "caipira", narrado por Candido (1982), predominante nos hábitos alimentares dos migrantes mineiros e paulistas. Constitui-se em um componente agregador que, ao longo dos anos, manteve-se na vida individual e coletiva da comunidade, tomando vida própria, sendo um dos principais atrativos da festa. A culinária "caipira" (mineira e paulista) da comunidade Córrego das Pedras é famosa, repercutindo no cenário da festa. Muitas pessoas vão à festa também em função da culinária. O sentido da culinária na cultura foi retratado por Lucena (2008, p. 69):

> A comida de um grupo não pode ser associada exclusivamente às necessidades primárias, implica também uma forma de ser, um modo de vida, uma maneira de se relacionar social e culturalmente. É o resultado de um processo histórico que articula elementos selecionados na tradição, atualizados através do tempo, na inventiva de criar algo singular. (Lucena, 2008, p. 69)

A produção da comida se transforma em uma celebração, desde a arrecadação das prendas até a preparação. Todo o trabalho é feito coletivamente, apesar de haver uma divisão sexual do trabalho em diferentes tarefas (mulheres preparam as aves e frituras e os homens fazem o abate, limpeza dos porcos e trabalhos pesados).

O cardápio é caipira, da roça: carne de porco frita e conservada na lata, tutu de feijão à moda mineira, torresmo ou pururuca, arroz, frango caipira frito, frango caipira ao molho, frango caipira ao molho com quiabo, farofa de torresmo, mandioca, angu, couve refogada e salada (tomate com alface). Traços da tradição culinária do "caipira", sinalizando para a ascendência de aspectos da cultura "caipira" nas relações estabelecidas na comunidade. A comida não é só para matar a fome, necessidade da natureza animal, incluindo aí homens e mulheres. No caso do humano, é também a expressão de um tipo de vida, incorporada nas tradições e costumes, inscritos na cultura.

Frieiro (1982) trata a gastronomia como uma verdadeira arte, a mais vital de todas, pois sem a alimentação não pode haver vida, porém, pode também ser mortal em seus exageros. É arte porque pode ser um luxo, um refinamento, como tantas outras, "porém é a menos gratuita por fundar-se no instinto de nutrição, básico para a vida animal. Toda a natureza é uma conjugação do verbo 'comer' no ativo e no passivo. Comer e ser comido, eis a lei da vida" (Frieiro, 1982, p. 22).

> A vida dos animais, sem exceção para a do homem, rege-se pelas duas necessidades do ventre que são os dois instintos fundamentais da nutrição e da reprodução, não sendo este último senão o prolongamento diversificante do primeiro. Duas pulsões de apetites que movimentam e animam toda a mecânica e toda a dinâmica de nossa existência. (Frieiro, 1982, p. 22).

A cozinha caipira torna-se em um instrumento de sociabilidade, com prevalência do gênero feminino. Assim como na família, na festa da comunidade os trabalhos da cozinha são executados pelas mulheres, tornando a cozinha um espaço praticamente delas. Em situações eventuais como o pegar panelas pesadas, ajustes em fogões e outras demandas que exigem força, os homens ajudam. Homem também é bom no tacho e a fritura, quase sempre, fica a cargo de um deles. Percebe-se, dessa forma, uma clara divisão sexual do trabalho.

A culinária assume papel relevante nas relações familiares da comunidade e na mediação com as relações externas. Pode-se observar a relação externa com sujeitos que já moraram ou não na comunidade, que aprenderam a saborear a boa culinária caipira e se fazem presentes na festa. Os laços são de muita fraternidade e comprometimento recíproco, tanto é que, ao terminar uma edição da festa, já se inicia o prenúncio da outra. Como diz o caipira: fim de festa é início de saudades.

A condução das práticas de produção material na roça, bem como a maioria daquilo que é plantado e colhido, conforma com os traços culturais presentes na culinária caipira. As práticas de processamento dos produtos *in natura,* como é o caso do leite (queijo, requeijão e manteiga), reproduzem as práticas alimentares da origem, a "caipira".

Frieiro (1982) mostra as severas dificuldades alimentares às quais estava submetido o "caipira", como, por exemplo, a falta de sal em Minas Gerais. A falta desse produto produziu o angu sem sal: "mineiro prepara-o preferencialmente sem sal, ao contrário por exemplo do paulista, que o usa mais comumente com sal. Atribui-se tal preferência do mineiro à extrema escassez do sal em Minas durante o século XVIII" (Frieiro, 1982, p. 135). A necessidade de produzir praticamente toda a alimentação a partir das possibilidades existentes no seu local de produção de vida material – distância dos centros consumidores, dificuldades econômicas, com baixo poder aquisitivo – é determinante para a criação de uma culinária com características próprias. Como se vê, as condições sociais impactam diretamente a construção de uma dinâmica de vida, incluindo aí a alimentação.

O caipira traz essa marca em sua trajetória, determinando uma tradição alimentar que subsiste ao tempo, fazendo parte do cotidiano das famílias, não só como um hábito alimentar, mas como uma constituição cultural.

> Comia-se e ainda se come principalmente o feijão, o angu, a farinha de milho ou de mandioca, o arroz solto, o lombo de porco, a linguiça a carne de boi, seca ou verde, a galinha e, como erva, a couve. O feijão, "pai de todos", ocupa o primeiro lugar. Segue-se o angu. Depois o torresmo. O arroz rivaliza agora com o feijão. Enfim, a couve. Feijão com angu e torresmo, farinha e couve rasgada ou picadinha – eis o diário de uma casa em sua forma mais simples e mais comum. (Frieiro, 1982, p. 129).

A culinária da comunidade Córrego das Pedras acaba por se constituir em um diferenciador e um identificador da comunidade. A culinária reforça a solidariedade interna dos membros da comunidade, sendo também um atrativo para as pessoas da cidade que participam da festa. Percebe-se que a comida, do ponto de vista objetivo, abranda ou mata a fome; e do ponto de vista subjetivo, constitui-se em um mecanismo agregador, significativo na construção dos laços de solidariedade, criando um sentimento de pertencimento. A identidade caipira presente na culinária é motivo de orgulho para o sitiante, delineando um estilo de vida, percebido nas músicas sertanejas, no traje e na própria culinária. A comida "caipira" é transplantada para a festa, extrapolando os limites de uma alimentação voltada a matar a fome para ser o tempero da festa.

Conforme Lucena (2008), pode-se entender a culinária como instrumento de valorização da cultura, e uma forma de salvaguardá-la, por meio da criação de uma identidade. No caso da comunidade Córrego das Pedras, a culinária é um instrumento identificador da comunidade. Configura-se, então, em uma tradição que sobrevive ao tempo e à modernidade, presente na memória e no cotidiano da vida dos sujeitos, das famílias da comunidade e daqueles e daquelas que passaram pela comunidade e que guardam na memória o sabor da culinária caipira.

A culinária se transformou e se transforma ao longo do tempo, preservando aspectos originais, mas acompanhando a dinâmica de vida, adquirindo novos sabores e saberes. Da ausência de sal em Minas e da presença do sal em São Paulo, como no caso do angu, a comida vai adquirindo, ao longo do tempo, novas conformidades.

> O sabor do angu pode ser muito melhorado se acrescido de torresmo ou linguiça. Adicione-se-lhe a erva picadinha, afogada, e tem-se a tríade tradicional: feijão, angu e couve. O arroz branco, cozido ao nosso modo, também não pode faltar na mesa da família mineira. Nem a farofa de farinha de milho ou de mandioca, tão apreciada pelo paladar de nossa gente. Faltando a farofa, é de uso adicionar-se ao feijão com caldo a farinha simples, torrada ou não, para engrossá-lo. (Frieiro, 1982, p. 136).

Considerando ser a cultura um cimento das relações sociais, verifica-se que elementos da cultura são mantidos e alterados, sem que necessariamente as estruturas sejam alteradas. Thompson (2016) percebe os elementos da cultura como cimento das relações sociais e não meramente como reflexos da base econômica, o que nos permite compreender a festa e seus recheios como cultura e como prática de resistência.

Assim, a vida comunitária presente desde o início do processo de colonização, as tradicionais festas, a religiosidade, as conversas informais, a culinária caipira, fazem parte do cotidiano da vida dos sitiantes. Em contrapartida, utilizam a internet (redes sociais), ordenhadeira mecânica, trator e implementos agrícolas, a venda de produtos diretamente na feira, enfim, outros elementos da modernidade que se misturam com a vida. Tradição, conformando com Williams (1979, p. 158-159), como categoria que "não é algo inerte e repetitivo", e modernidade convivem em simbiose em um mesmo espaço, podendo ser percebido e explicado no contexto micro das relações sociais.

Sob a perspectiva materialista, a cultura traz em si o princípio dialético, que a faz transitar de instrumento de homogeneização de pensamento e comportamento social a um instrumento de negação do pensamento totalizador, a partir da dinâmica dos contextos e processos sociais, partindo da premissa apontada por Williams (2011) que qualquer contexto social se constitui em um todo complexo, permeado de práticas sociais intencionais, tendo organização e estruturas específicas, regidas pelas ações humanas, espaço de contradições e conflitos.

Em suma, trata-se de uma cultura de resistência ao pensamento totalizador presente na modernidade. As famílias mantiveram-se em suas terras, apesar das tentações do deslocamento para a cidade (resistiram às pressões de mercado); permanecem em suas propriedades, estando já na terceira geração, para trabalhar na roça; reproduzem experiências culinárias de suas origens caipiras de Minas Gerais, São Paulo e Paraná; mantêm as relações comunitárias e os rituais messiânicos e de festas típicas da roça; reinventam formas de produção, com base em produtos típicos da região e de suas origens (frango caipira, queijo minas, quiabo, jiló, milho verde, abóboras, entrecruzados com frutas e outras variedades de legumes). A festa constitui-se em um amálgama dessa resistência.

4.5 Tradição e memória: o passado nas relações do presente

Para Williams (1979) a tradição é um aspecto da organização social e cultural que se coloca como uma versão do passado que deve ligar ao presente, oferecendo uma continuidade predisposta da vida social. Williams (1979) fala de um significado menos marcante de tradição, em contraste com a "inovação" e com o "contemporâneo", de afirmação dos "hábitos tradicionais". Concebe a tradição como um contraponto à modernidade.

De forma mais particular, é de acordo com a compreensão da tradição como um contraponto à modernidade que avanço nas análises, entendendo as relações culturais, a partir de Thompson (2016) e Williams (1979), como um conjunto de práticas sociais que se desenvolvem a partir das ações humanas. Conforme já dito, pode-se constituir em espaço de reprodução social e, paradoxalmente, em espaço de resistência, gerador de novas formas de relações e de cultura. Uma arena de conflitos que se dá e se desenvolve no cotidiano das relações sociais.

O dia a dia das famílias em seus sítios é marcado por suas trajetórias de vida, incluindo os componentes culturais trazidos quando do processo de migração. O novo espaço de vivência individual e coletiva vai deixando suas marcas, sendo a vida contemporânea um agrupamento de marcas da vida, que são transferidas para o cotidiano da convivência comunitária. Assim, a culinária caipira trazida do local de origem se produz e se reproduz no cotidiano da vida familiar, estendido às relações comunitárias. A festa de São Sebastião é a expressão de cruzamento de tempos (passado e presente), e espaços (campo e cidade), misturados com a experiência de vida de cada um e cada uma. Cabe observar que, apesar de estarmos tratando de um novo espaço e de um outro tempo, conforme observa Lucena (1999, p. 20), "não podem ser separados em temporalidade e espacialidade, pois os homens e as mulheres, em seu dia-a-dia, inventam 'artes de fazer', articulam o passado com o presente, reconstroem identidades em cada geração e, no fundo de suas memórias, mesclam imagens e representações de lugares diferentes".

Durante a festa de São Sebastião, logo após o almoço, sentei-me em uma mesa onde estava presente a professora aposentada Luzinete (para a comunidade, a "Nenzinha"), suas duas filhas e um neto. Comecei a conversar com a professora e observei que suas filhas estavam chorando. Fiquei constrangido, pois poderiam ser problemas de relacionamento familiar. Contou-me a professora que é lembrança do passado. As meninas tinham vivido a infância ali.

> A memória permite a relação do corpo presente com o passado e, ao mesmo tempo, interfere no processo atual das representações. Pela memória, o passado não só vem à tona das águas presentes, misturando-se com as percepções imediatas, como também empurra, "desloca" estas últimas, ocupando o espaço todo da consciência. A memória aparece como força subjetiva ao mesmo tempo profunda e ativa, latente e penetrante, oculta e invasora. (Bosi, 2004, p. 46/47).

Para as filhas de Nenzinha, a memória trouxe a lembrança do passado, de um passado agora (re)significado no presente, a partir do reencontro com a comunidade. Memória como um segmento da vida passada, presente e futura, portanto, fluída. Um trabalho de reconstituição do real pelo da memória daqueles que fizeram e fazem o cotidiano do objeto observado, com todas as suas contradições e latências.

Para Halbwachs (2015), a memória é uma construção coletiva, o que faz sentido, pois a construção social do sujeito se dá em um contexto relacional, a partir da dimensão coletiva de suas experiências vividas, sendo o sujeito o portador dessa construção coletiva, que são as vivências sociais. A memória é algo vivido, que permanece no indivíduo, tendo pontos de referência que são relatados pelos indivíduos nas vivências sociais, experiências essas construídas na relação com outros indivíduos, portanto, uma construção social, que coloca o indivíduo na condição de narrador.

> Haveria, portanto, motivos para distinguir duas memórias, que chamaríamos, por exemplo, uma interior ou interna, a outra exterior – ou então uma memória pessoal e a outra, memória social. Mais exatamente ainda (e do ponto de vista que terminamos de indicar), diríamos memória autobiográfica e memória histórica. A primeira receberia ajuda da segunda, já que afinal de contas a história de nossa vida faz parte da história em geral. A segunda, naturalmente, seria bem mais extensa do que a primeira. Por outro lado, ela só representaria para nós o passado sob uma forma resumida e esquemática, ao passo que a memória da nossa vida nos apresentaria dele um panorama bem mais contínuo e mais denso. (Halbwachs, 2017, p. 73).

Trata-se de uma memória individual e coletiva, perpassada pela pluralidade e complexidade das relações sociais estabelecidas, em grande parte, fundadas nas experiências e trajetórias de vida individual e coletiva dos sitiantes da comunidade Córrego das Pedras. As lembranças da professora e suas filhas das experiências de vida produzidas em tempo passado evidenciam o caráter coletivo da memória, memória despertada em momento presente de vida comunitária na "Festa de São Sebastião", anualmente realizada na comunidade, a partir das experiências e lembranças individuais de cada uma delas. É, também, memória individual.

A festa é mais que a festa, é memória viva da comunidade. É o encontro das pessoas com as pessoas e das pessoas com o passado, agora reificado no presente. A vida comunitária possibilita reviver o passado e trazer de volta as memórias de fatos que fizeram e fazem parte das vidas. Talvez por isso a necessidade da volta à comunidade, quando se tem oportunidade. A comunidade faz parte da vida e a vida faz parte da comunidade. Marcante momento que, com certeza, não é somente particular, expressa o sentimento de comunidade. Está na alma.

A relação com o passado é forte e está expressa no modo de vida individual e coletivo. Em função das condições de vida construídas, com as fortes influências dos hábitos e costumes trazidos no processo migratório, importante no processo de fixação das famílias no novo espaço, tal relação possibilitou a construção do "mundo caipira" em uma região distante da originária, com reprodução de tradições culinárias, religiosas, de vizinhanças e familiares. Adiciona-se, ainda, uma intensa vida comunitária que ao reproduzir hábitos e costumes, possibilitou produzir um modo plural de existência, sem abandonar as raízes deixadas nos locais de origem. As famílias construíram um mundo plural, ambiente que, ao longo dos tempos, mostrou-se dinâmico, frente aos desafios da vida contemporânea, por reproduzir em muito o mundo que havia sido deixado para trás.

Porém, está-se diante de um tempo presente, conectado com o passado pela memória, portanto, um tempo passado que constrói e reconstrói o presente e aponta para a perspectiva futura, constituindo uma unidade temporal. Um tempo que é o que é, "nem rápido demais nem lento demais" (Halbwachs, 2015, p. 145), que pode ser às vezes sentido com mais rapidez na vida urbana e, às vezes, mais lento no cotidiano da vida do campo, mas que é o mesmo tempo. São tempos sociais, que "mais ou menos vastos, permitem que a memória retroceda mais ou menos longe no que se convencionou chamar de passado" (Halbwachs, 2015, p. 145).

A fala de Neide, filha da primeira geração dos migrantes, em um encontro de famílias na novena da semana da família, repercute essa trajetória de transição tempo e espaço:

> Vivendo aqui no sítio, conseguimos levar nossos filhos nas atividades da comunidade, nas nossas reuniões de famílias, mantemos nossos filhos mais próximos de nós. Conseguimos ter nossos filhos conosco, como nossos pais nos tiveram, o que é bem diferente da cidade. (Relato de Neide, em agosto de 2017).

A vida dos sitiantes – em um outro espaço-tempo, já que são gerações oriundas das migrações – repercute um tipo de vida que mantém os filhos mais próximos, estudando na cidade, morando e trabalhando no sítio, partícipes da comunidade. Reproduz-se em muito o estilo de vida de seus pais, que carregam muito daquilo que trouxeram de seus avós. Porém, já em outro espaço-tempo, em relação com a vida citadina e a modernidade que permeiam a vida contemporânea.

Os sitiantes são donos do seu tempo, um tempo desconectado do tempo mecânico do relógio, em que o cantar do galo (tradicional nas comunidades rurais) dá o tom do início da jornada diária de trabalho na labuta para produção da vida material. A dinâmica da vida escapa da dinâmica mecânica do relógio dos tempos modernos, estando o tempo mecânico desconectado do tempo social necessário para a dinâmica da vida individual e coletiva. O sitiante, que não anda sob os olhares do relógio, pauta sua jornada de vida individual e coletiva a partir da realidade de suas vidas e de suas necessidades.

> O trabalho independente possibilitava aos sitiantes o deslocamento para festas, para compras, para visitas, para cumprir um dever religioso, quando e como quisessem. Seu horário de trabalho era por eles mesmos estabelecido, em função da necessidade econômica, mas também em função de suas concepções sobre as práticas religiosas e sobre o lazer. (Queiroz, 1973, p. 94)

Assim, eles e elas podem preparar a festa, ir aos eventos da comunidade (reuniões, celebrações e jornadas de trabalho coletivo), plantar e colher, e outras atividades exigidas pelas relações sociais estabelecidas. Têm marcadores sociais próprios que possibilitam formatar suas vidas sociais também a partir da dinâmica de vida da comunidade, um tempo social que se relaciona com as determinantes biológicas e emocionais que, em grande medida, são marcadores da memória individual e coletiva. Os sitiantes são donos de seu tempo.

A memória é também seletiva, visto que, em muitas situações de narrativas fruto da memória, aparecem os gostos dos sujeitos, aquilo que para ele ou para ela se constituem em experiências mais relevantes. "Cada pessoa que lembra o cenário visto ou vivido produz uma interpretação pessoal motivada pelo desejo e imaginação" (Lucena, 1999, p. 98).

A entrevista realizada com o senhor Salvador Freitas, o Senhor "Dodô", evidencia esse caráter seletivo da memória. O Senhor "Dodô" é apaixonado por futebol, foi jogador de futebol na comunidade, e "dos bons", segundo ele.

Seu relato fala da sua vida na roça, das dificuldades, do namoro e casamento e outros assuntos. Mas quando fala do futebol, importante marcador da sua vida, o relato é permeado de emoções, ressaltando os bons e grandes momentos de suas experiências no futebol. Futebol e vida se misturam, pois o campo do futebol faz parte do palco da vida.

> Olha eu participei, mas primeiramente foi na Reserva (comunidade vizinha). Foi quando começaram os primeiros times que surgiram na região. Passado um tempo o pessoal aqui do Córrego das Pedras me chamou para fazer um campo ali para baixo (e aponta apara o local) no lado lá da Igreja Católica (onde hoje ainda é o campo de futebol). Ajudei a tirar os tocos, tudo no machado, tocos de peroba, tudo quanto é toco que tinha nós arrancamos. Eu gostava sempre de jogar em time melhor. O time da reserva era bom, mas depois que sai de lá, o time fracassou. Eu passei a jogar aqui no Córrego das Pedras e o time melhorou. Todo mundo queria que eu jogasse para eles, mas eu era um só, não tinha jeito de jogar em mais de um time, né? Nós conseguimos ganhar muitos torneios. Eu joguei muito tempo aqui no Córrego das Pedras. Joguei até meus cinquenta e seis anos de idade. (Entrevista com o senhor Salvador Freitas, em janeiro de 2017).

Conformando com Queiroz (1988), a reconstituição da trajetória de vida dos sitiantes se dá a partir da memória individual e coletiva. São relatos de experiências vividas ao longo do tempo, que os coloca na condição de narrador de "sua existência através do tempo, tentando reconstituir os acontecimentos que vivenciou e transmitir a experiência que adquiriu" (Queiroz, 1988, p. 20). São experiências compreendidas como elementos da cultura, como aquilo que o indivíduo traz consigo, o que ele viveu coletivamente, que faz parte da sua construção social, que serão reelaboradas e transmitidas pela memória, que transcendem a existência material de homens e mulheres.

As experiências, os sentimentos e as emoções, fruto das vivências individuais e coletivas, componentes da trajetória de vida dos sujeitos, transcendem a existência material. São os elementos de subjetividade que fazem parte do cotidiano das relações sociais estabelecidas. No Córrego das Pedras, as relações também se dão por laços afetivos, expressos na tradicional festa de São Sebastião e em outras manifestações religiosas.

A comunidade Córrego das Pedras, no processo de construção da vida material e imaterial, é um espaço de convivência perpassado pelos laços afetivos e sentimentais, que influem na produção da vida imaterial, reproduzindo, criando e recriando cultura. Verifica-se uma dinâmica de vida coletiva que também é comunitária, que se volta para a solidificação de uma solidariedade e de estreitamento de relações, importante na dinâmica da vida social da comunidade.

As práticas coletivas são comuns no âmbito da vida em comunidade, presentes na consciência individual dos sujeitos que, ao serem coletivizadas, assumem a condição de uma consciência coletiva refletida nas práticas sociais. Porém, ainda são preservadas as individualidades, tanto no âmbito das relações comunitárias quanto no da condução da vida individual dos sujeitos.

Durkheim (2000) aborda a dualidade de consciências: a consciência de grupo e a consciência individual, a primeira representando a ascendência do grupo sobre o indivíduo, ou seja, a sociedade vivendo e agindo no "eu" individual e no "nós" coletivo; a segunda, a afirmação do indivíduo em relação ao grupo, representando o que somos, naquilo que temos de individual e distinto. São forças que atuam em simbiose, no mesmo espaço de relações sociais. A manifestação da solidariedade no contexto das relações sociais, em última instância, significa a prevalência dos aspectos coletivos em relação aos individuais, tornando o indivíduo um ser coletivo.

> Existem em nós duas consciências: uma contém os estados que são pessoais a cada um de nós e que nos caracterizam, enquanto os estados que abrangem a outra são comuns a toda a sociedade. A primeira só representa nossa personalidade individual e a constitui; a segunda o tipo coletivo e, por conseguinte, a sociedade sem a qual não existiria. Quando um dos elementos desta última é quem determina nossa conduta, não é em vista do nosso interesse pessoal que agimos, mas perseguimos fins coletivos. Ora, ainda que distintas, essas duas consciências são ligadas uma à outra, pois que, em suma, elas formam uma só, não havendo para ambas que um só e único substrato orgânico. São, portanto, solidárias. Daí resulta uma solidariedade *sui generis* que, nascida das semelhanças, liga diretamente o indivíduo à sociedade. (Durkheim, 2000, p. 75-76).

Esses laços constituídos por afetividade, sentimentos, crenças e afinidades vão determinar o que Durkheim (2000) chamou de solidariedade mecânica, que se constitui no conjunto de crenças e de sentimentos dos membros de uma mesma sociedade, chamada por ele de consciência coletiva, comum a toda a sociedade. Trata-se de uma "solidariedade social decorrente de um certo número de estados de consciência comuns a todos os membros da mesma sociedade" (Durkheim, 2000, p. 78). Ele está falando de laços de solidariedade naquilo que as pessoas têm comum. Em que pese conceber uma consciência pessoal, que exprime uma personalidade individual, é a consciência coletiva a geradora de uma solidariedade mecânica que liga o indivíduo à sociedade. "Uma sociedade que tem suas propriedades, suas condições de existência, seu modo de desenvolvimento" (Durkheim, 2000, p. 74).

Assim, os laços sociais que se estabeleceram na comunidade Córrego das Pedras, ao longo do tempo, foram integradoras e geraram solidariedade, fundamental para a reprodução de um modo de vida, fortemente ligado ao contexto de vida coletiva que se manifesta principalmente na cultura, fazendo com que os aspectos coletivos se manifestem no âmbito das relações individuais, familiares e da comunidade. O sujeito da comunidade Córrego das Pedras é um ser social ligado ao que há de comum no contexto das relações sociais em que está envolto, percebido nas suas ações individuas e coletivas.

Apesar de terem vidas individuais, refletidas no âmbito das relações familiares e da comunidade, estão ligados à comunidade por laços historicamente construídos, garantidores da integração social e da reprodução de um modo de vida, a meu ver, uma solidariedade mecânica, fundamental para o processo de reprodução social ao longo do tempo. Estou falando de relações sociais comunitárias como é o caso das práticas religiosas, das festas, das confraternizações e outras práticas coletivas, que se dão e se desenvolvem como mecanismo integrador e de reprodução de uma dinâmica de vida coletiva, onde as diferentes formas de consciência individual estão interligadas, formando uma consciência coletiva.

> O conjunto de crenças e de sentimentos comuns à média dos membros de uma mesma sociedade forma um sistema determinado que tem sua vida própria; pode-se chamá-lo de consciência coletiva. Sem dúvida, ela não tem por substrato um único órgão; ela é, por definição, difusa em toda a extensão da sociedade; mas não tem menos caracteres específicos que a tornem uma realidade distinta. Com efeito, ela independe das condições particulares em que se encontram os indivíduos; estes passam e ela permanece. [...] Como os termos coletivo e social são muitas vezes confundidos um com o outro, é-se levado a crer que a consciência coletiva é toda consciência social, ou seja, estende-se tanto quanto a vida psíquica da sociedade, enquanto que, sobretudo nas sociedades superiores, só ocupa uma parte muito restrita (Durkheim, 2000, p. 74).

Essa percepção durkheimiana de solidariedade se dá a partir da leitura sobre os aspectos integradores de uma sociedade, em um momento histórico de desintegração das relações sociais em contexto de modernidade e das ebulições sociais no âmbito da emergente sociedade capitalista, o que levou-o a refletir sobre os aspectos de integração em um contexto social de tensões. Entendemos que, em um contexto micro como é o caso da comunidade Córrego das Pedras, há os aspectos de dispersão e de integração do grupo, prevalecendo os aspectos integradores, fundados em uma solidariedade mecânica. Essa integração possibilitou a sobrevivência da comunidade ao longo do tempo, mesmo com os elementos de tensão, entre os quais a linha tênue de relação com o agronegócio que a todo momento está disposto a avançar sobre as terras dos sitiantes, originando a ruptura com formas tradicionais de produção por força da necessidade de adequação das formas de produção de vida material e a própria dinâmica de vida pautada na relação entre o tradicional e o moderno.

A solidariedade mecânica discutida por Durkheim (2000) pode ser explicativa das ações de solidariedade prestadas a membros de grupos e preocupações com as individualidades nos seios das famílias, como a solidariedade prestada ao senhor Gentil Brun Pacheco que, ao ter a filha acometida por uma grave doença e com gastos elevados e extraordinários, levou a comunidade a decidir que toda a coleta feita pelos fiéis na igreja seria destinada a ele. A dona Nega, sitiante na comunidade, narra que é comum que sua vizinha, dona Leonora, a visite diariamente para saber se ela está bem. A ausência da visita da dona Leonora indica que é ela quem não está bem, e gera a preocupação e solidariedade da dona Nega. O momento de oração na casa do senhor Salvador, dois dias antes de ser ele submetido a uma delicada cirurgia, são exemplos de solidariedade que estão presentes no imaginário coletivo da comunidade, fazendo com que a sua manifestação se dê de forma espontânea. Reporta-se aqui a uma prática de solidariedade não no sentido dado no senso comum, mas do ponto de vista apresentado por Durkheim (2000), em que o mecanismo de solidariedade advém de práticas sociais coletivas. No caso da comunidade Córrego das Pedras, conforme já apontado, trata-se de uma solidariedade mecânica que, ao longo do tempo, exerceu relevante papel integrador.

A experiência de vida comunitária dos sitiantes possibilitou a ampliação do relacionamento de solidariedade para o espaço do trabalho. Em 2017 foi constituída a Associação dos Produtores Rurais de Córrego das Pedras e comunidades vizinhas, com a finalidade de potencializar as atividades produtivas.

> A associação foi instituída em 2017, portanto, há dois anos. Ela beneficia Córrego das Pedras, que é a comunidade central, mais as comunidades Belo Horizonte, Acampamento e Aterro. Os sitiantes dessas comunidades também são membros da Associação. A finalidade foi melhorar as condições de trabalho nas comunidades. A Secretaria de Agricultura, por questão de lei, não pode prestar serviços para um ou outro individualmente, então através da associação a secretaria poderia estar beneficiando todos. Abriu a possibilidade de termos acesso a máquinas e implementos agrícolas para atender todos os interessados. Hoje temos um trator novo, ensiladeira (implemento para cortar o milho ainda verde para fazer silagem), arado, grade, roçadeira, plantadeira e carreta. As vezes tem sitiante que tem o trator, mas não tem os implementos, então eles ocupam os da associação. (Entrevista com Ronaldo, em fevereiro de 2019).

O trator e equipamentos foram adquiridos por meio de um convênio com a prefeitura municipal de Tangará da Serra, sem ônus, portanto, uma política pública que interfere diretamente na atividade produtiva, pois além de disponibilizar o trator e implementos para uso coletivo, tornando acessível a todos, barateia de forma significativa os custos de produção. Ronaldo relata que diminuem em cerca de 50% os gastos com a preparação da terra, plantio e silagem: "Quando ocupa o trator e os equipamentos, o desembolso em média é de R$ 75,00 a hora, para despesas com combustível, tratorista e manutenção, contra um valor de mercado que gira em torno R$ 150,00". O sócio paga também uma mensalidade de R$ 25,00 para a associação, independente do uso dos serviços.

Para atendimento dos sócios, foi construída coletivamente uma dinâmica de uso do trator e dos equipamentos:

> É feita uma escala de atendimento, mediante demanda. Quando tem muita demanda é menos horas/dias disponíveis para atender as demandas individuais, ou seja, todos são atendidos até o limite possível, na mesma proporção de horas/dias. Quando tem menos demanda, então atende com mais horas/dias. Quando não tem demanda, atende o sitiante que requisitar os serviços na totalidade de suas necessidades. Nós organizamos dessa forma, pois na época da chuva, período de planta, tem muita demanda, pois todos precisam dos serviços ao mesmo tempo então, estabeleceu-se a cota de serviço igual para todos quando a demanda é maior. Então tem uma escala, por exemplo, quando a demanda é muita, é

> um dia de serviço para cada sócio, naquilo que ele definir. Depois, se houver tempo, retorna para atender com mais serviços. (Entrevista com Ronaldo, em fevereiro de 2019).

Ronaldo argumenta ainda que as experiências de vida comunitária foram fundamentais para construir as relações sociais no âmbito da associação para que todos possam ser atendidos de forma comum:

> Penso que a nossa convivência de comunidade, um ajudando o outro, colaborou na organização dos trabalhos, pois já tínhamos o hábito de um ajudar o outro. É comum, nos trabalhos que são executados, um vizinho ajudar o outro através da troca de serviços. São hábitos que já fazia parte das nossas vivências na comunidade. (Entrevista com Ronaldo, em fevereiro de 2019).

A experiência das relações sociais no âmbito da Associação de Sitiantes, acaba por refletir a dinâmica das relações estabelecidas no âmbito da comunidade. A solidariedade construída ao longo do tempo possibilitou a alteração das relações, pois além de exigir um esforço individual para o funcionamento da dinâmica coletiva, acabou por demandar a organização de processos de trabalhos comuns, pautados nas necessidades dos sitiantes e nas possibilidades de atendimento, em perspectiva coletiva. Essa experiência, apesar de curta em relação à linha do tempo, menos de dois anos, pois a associação foi fundada no ano de 2017, demonstra transformação da dinâmica de solidariedade, em um nível que exige direção e organicidade.

Trata-se de experiência de vida comunitária, na qual as relações de trocas criam e fortalecem vínculos de reciprocidades que transitam da responsabilidade individual para o coletivo e do coletivo para o individual, relação em que há o "entendimento da constituição da vida social por um constante dar-e-receber. Mostra ainda como, universalmente, dar e retribuir são obrigações" (Lanna, 2000, p. 175) individual e socialmente assumidas, que extrapolam os limites da troca de bens materiais, carregando em si uma dimensão simbólica de sentimentos e emoções que vão além dos limites da dimensão material da coisa. Em muitas situações, a coisa objeto da troca é imaterial, estando no mundo da simbologia e do valor sentimental.

> Ao receber alguém estou me fazendo anfitrião, mas também crio, teórica e conceptualmente, a possibilidade de vir a ser hóspede desse que hoje é meu hóspede. A mesma troca que me faz anfitrião, faz-me também um hóspede potencial. Isto ocorre porque "dar e receber" implica não só uma troca

> material, mas também uma troca espiritual, uma comunica-
> ção entre almas. Ao dar, dou sempre algo de mim mesmo.
> Ao aceitar, o recebedor aceita algo do doador. Ele deixa,
> ainda que momentaneamente, de ser um outro; a dádiva
> aproxima-os, torna-os semelhantes. (Lanna, 2000, p. 176).

Convém lembrar o procedimento das trocas apresentado por Candido (1982), quando o "caipira" sacrificava um suíno para alimentação. Era comum repartir um bom pedaço do animal abatido com os vizinhos e parentes, para afirmação dos laços de solidariedade no processo de convivência social e garantia de reciprocidade. O fornecedor da carne tinha a convicção de que, quando o outro abatesse um animal para alimentação, a parte que pensava lhe ser devida ser-lhe-ia ofertada. Tratava-se até de um mecanismo de armazenar um alimento futuro. Ronaldo, em seu relato, aborda a troca de dias de serviços: "É comum, nos trabalhos que são executados, um vizinho ajudar o outro através da troca de serviços".

Nesse escopo, constitui-se em desafio pensar o indivíduo também em sua subjetividade, como um ser dotado de sentimentos e emoções que o acompanharão nos processos de interações sociais. Em última instância, pressupõe um esforço em agregar as emoções afetas ao sujeito e às análises sociológicas, pois, além dos elementos objetivos que permeiam a construção do sujeito, como sua capacidade de refletir (ligado ao intelecto), presentes estão também as subjetividades próprias da vida humana nas dimensões individual e coletiva, externadas nos sentimentos e emoções. As histórias contadas e recontadas são carregadas de subjetividades, expressando suas vidas em perspectiva passada e presente.

As fantasias também fazem parte da memória, bem como compõem um cenário folclórico, no qual o bicho "onça" faz parte do imaginário popular, fazendo parte como realidade ou fantasia do cotidiano da vida do campo. Em Córrego das Pedras, não é diferente. "O depoente, ao desencadear o fluxo da memória, não consegue evitar as fantasias contidas na imaginação, lapsos, artifícios contidos em interpretações" (Lucena, 1999, p. 81).

Maffesoli (2001) fala de um imaginário que transita com ambigui-dade do real e verdadeiro à ficção. Ele está falando de uma construção conceitual que transita da tradição romântica à filosofia e ao pensamento, considerando que cultura e imaginário transitam de forma ambivalente em um mesmo cenário. Ele considera ser o imaginário um estado de espírito, que estabelece vínculos, sendo um cimento social em perspectiva coletiva. Cultura e imaginário constituem uma simbiose.

> A cultura, no sentido antropológico dessa palavra, contém uma parte de imaginário. Mas ela não se reduz ao imaginário. É mais ampla. Da mesma forma, agora pensando em termos filosóficos, o imaginário não se reduz à cultura. Tem certa autonomia. A cultura é um conjunto de elementos e de fenômenos passíveis de descrição. O imaginário tem, além disso, algo de imponderável. É o estado de espírito que caracteriza um povo. Não se trata de algo simplesmente racional, sociológico ou psicológico, pois carrega também algo de imponderável, um certo mistério da criação ou da transfiguração. (Maffesoli, 2001, p. 75).

Assim, trata-se de um imaginário, que se expressa em "um conjunto de imagens, armazenadas pelos indivíduos e grupos, capaz de fomentar a ação" (Maffesoli, 2001, p. 76), como uma construção cultural, constitutiva de um campo simbólico marginal, conforme Bourdieu (2010) em perspectiva estruturante que altera o mundo real, mesmo diante de um microcosmo de lutas simbólicas, que aponta para um estrutura estruturada, responsável pela reprodução de uma ordem gnoseológica — sentido imediato do mundo e em particular, do mundo social.

Nessa perspectiva, os relatos a seguir constituem manifestação do imaginário, podendo assumir característica de resistência, uma vez que, a meu ver, colocam-se em um campo marginal, fora de uma perspectiva do imaginário ou cultura dominante.

> Eu coloquei oito porcos engordando, soltos, sendo sete para venda e um para consumo familiar. Um dia sumiu um porco. Fui caçá-lo juntamente com um rapaz que trabalhava para mim, quando achei os rastos da onça. A onça pintada era tão grande que passava com um porco de seis arrobas na boca em cima de um pau. Um dia à tarde, por volta das três horas, peguei a espingarda, andei uns quinhentos metros e saí em cima dela. Já tinha levado um monte de porco. Eram quatro onças muito grandes que me encararam. Cheguei bem perto, como daqui na porta da cozinha e elas ficaram paradas. Corri e fiquei atrás de uma figueira e puxei o gatilho, rapaz, mas o cartucho estava quase um ano carregado, eu não tinha tempo para caçar, puxei o gatilho mais duas vezes e nada. Elas ficaram bem tranquilas comendo o porco. Chamei o Noelzinho, um caçador, e falei: "vai lá rapaz, as onças pegaram um porco, tá lá debaixo da figueira" – e mostra em direção a Igreja. "Se você matar a onça eu te dou 30 contos e o couro da bicha", que valia uns 500 contos. Ele fez um poleiro em um ingazeiro

> próximo e esperou a onça. As onças foram chegando, ele escolheu a maior e atirou e o tiro pegou de raspão e a onça rolava debaixo dele e dava pulos de um metro e meio. E a espingarda velha enroscou o cartucho, não saia cartucho, não saia mais tiro. Ela correu e cruzou a estradinha e subiu à beira do rio quebrando tudo, igual a um boi. Ele estava triste e me contou. Só Deus sabe o que passei e contou tudo. Fui obrigado a dar uma risada. Achei graça. (Entrevista com o senhor Arestides, em dezembro de 2016).

Uma moradora da comunidade, também contou a sua versão sobre a onça.

> Nós íamos daqui para a cidade para estudar, bem cedinho. Saíamos às seis horas da manhã. Ia uma carreira de criança. Não tinha estrada, era dentro do mato, em um carreador. Íamos em várias crianças, umas oito ou dez mais ou menos. O último da fila, na ida e na volta, ia arrastando umas folhas de bacuri (um tipo de palmeira), para espantar a onça pintada. Dava medo! (Entrevista com a Tiana, em janeiro de 2017).

Não está em questão se o fato é verdadeiro ou não, e sim o imaginário produzido no contexto social. A onça fez parte de um cenário no qual as densas matas da floresta tropical constituem um palco. A imaginação faz parte de um mundo tangível de relações sociais do cotidiano das vidas dos sitiantes, inclusive, como um mecanismo de abrandamento das dificuldades impostas pela vida real.

A fala do senhor Arestides, a partir da perspectiva da imaginação, traz elementos fundamentais como a questão da alimentação. A onça colocava em risco a alimentação da família, na medida que o seu alvo era a criação de porcos pois a carne e a banha de porco são fundamentais na alimentação familiar. Já para a Tiana, estava em jogo a educação formal, pois o risco se colocava no caminho da escola. Os casos de onça são comuns nos contos dos homens e mulheres da roça, pois enfrentar a onça, ou correr dela e sobreviver é sempre um feito heroico. Porém, nesse caso, trata-se de fatos sociológicos: alimentação familiar e ir para a escola.

****

Considerando a dinâmica de vida dos sitiantes, os elementos de modernidade em simbiose com os hábitos, costumes e tradições – elementos da cultura –, constituintes das experiências individuais e coletivas de vida, buscou-se mostrar que tais elementos acabam por firmar um processo de resistência cotidiana, significativo na continuidade da existência da comunidade e da permanência das famílias em suas terras.

CAPÍTULO V

MULHERES E FILHOS(AS): TRABALHO E ESCOLA NO COTIDIANO DA VIDA

[...] e quando chegamos em casa,
Aí de nós! vemos que nosso trabalho mal começou;
Tantas coisas exigem a nossa atenção,
Tivéssemos dez mãos, nós as usaríamos todas.
Depois de pôr as crianças na cama, com o maior carinho
Preparamos tudo para a volta dos homens ao lar:
Eles jantam e vão para a cama sem demora,
E descansam bem até o dia seguinte;
Enquanto nós, ai! só podemos ter um pouco de sono
Porque os filhos teimosos choram e gritam
[...]
Em todo trabalho (nós) temos nossa devida parte;
E desde o tempo em que a colheita se inicia
Até o trigo ser cortado e armazenado,
Nossa labuta é todos os dias tão extrema
Que quase nunca há tempo para sonhar.
(Gillis apud Thompson, 2016, p. 287-288).

Neste capítulo propomos uma discussão do papel da mulher na comunidade Córrego das Pedras, as tensões vividas nas relações sociais e a paulatina conquista de espaço, a partir das relações de trabalho e familiares.

Após a discussão sobre as relações de gênero, apresentar-se-á a história de vida da dona Nega, uma senhora negra, viúva, 85 anos de idade, com a trajetória de vida vinculada à terra, morando com dois filhos, sendo um deles cadeirante, responsável pelos cuidados diários com a casa e pelo trabalho considerado produtivo no sítio, que é de sua propriedade. Sua trajetória difere da tendência de comportamento social do campesinato brasileiro, na qual a estrutura familiar gira em torno da figura masculina, o que a torna uma particularidade no contexto analisado.

A figura de dona Nega é simbólica no contexto das nossas discussões, quer seja por negar um modelo socialmente construído de relações sociais centradas na figura masculina, quer seja por possibilitar ampliar as reflexões sobre as questões de gênero nas relações de trabalho.

Neste capítulo, proporemos, ainda, refletir sobre a perspectiva de continuidade de produção e reprodução da vida. Consideramos que a segunda geração conseguiu manter a continuidade, constituindo-se hoje como a principal força de trabalho. A terceira geração, formada hoje em sua maioria por jovens e adolescentes, poderá ensejar a continuidade ou não da caminhada de seus avós, migrantes de Minas Gerais, São Paulo e Paraná, a partir de novos parâmetros de relação com a terra e com o mundo do trabalho rural. A sucessão da primeira para a segunda geração não se deu de forma tranquila. Como se vê, tiveram que se adaptar às novas formas de trabalho e de produção, o que implicou, também, em formas diferentes de relações, seja nas relações de trabalho ou nas microrrelações, no âmbito da família e no contexto da comunidade. Apesar disso, sobreviveram ao tempo e continuaram produzindo um modo de vida. Junto com a sobrevivência das famílias em seus sítios, sobreviveram também as relações de comunidade, mantendo esses laços ainda hoje.

Lançar-se-á um olhar para o futuro, procurando evidenciar possibilidades e perspectivas de continuidade de produção e reprodução de um modo de vida no campo. A partir das relações sociais do presente, na relação com o passado que ocorre por meio das experiências vividas e das memórias, pode-se vislumbrar uma perspectiva futura. Trata-se de uma realidade que se mostrou heterogênea, com prevalência da simbiose entre tradição e modernidade, portanto, de complexas relações e de difícil projeção.

5.1 Mulheres sitiantes: entre a casa, a roça e a feira

No Brasil, o processo de inferiorização da mulher está estreitamente ligado à construção familiar brasileira, que advém de uma estrutura patriarcal, trazida já no processo de colonização português, estendendo-se ao longo do tempo. Viajante em terras brasileiras no início do século XIX, João Emanuel Pohl relata que em uma festa de batizado, ao encontrar a mesa posta com fartura de alimentos, somente depois das comilanças dos homens, quando o banquete já estava acabado, as mulheres compareceram à mesa, tamanha era a segregação social em função do sexo (Frieiro, 1982).

Destaca Frieiro (1982), escrevendo sobre a realidade da roça em Minas Gerais, na segunda metade do século XX, período que coincide com a migração mineira para Mato Grosso, que a organização familiar permanece sendo segregadora para as mulheres.

> Ainda hoje costuma ser assim: a mesa das mulheres nas festas em que se come, é a segunda; a das crianças, a terceira. Nas fazendas e casas grandes, quando havia gente de fora para comer, as mulheres não se sentavam à mesa. Vez por outra, limitava-se a senhora a servir discretamente os comensais. Os viajantes estrangeiros muitos estranhavam que só raramente as senhoras apareciam para conversar, ou simplesmente apresentar cumprimentos, nas casas em que eram recebidos. (Frieiro, 1982, p. 78).

As mulheres, principalmente as mais novas, eram escondidas dos homens, em parte em função do ciúme do pai, mas muito mais em função do costume de arranjos de casamentos pelos pais e mães para as filhas, que deveriam sujeitar-se a uma relação conjugal negociada entre famílias. Não havia qualquer consideração com os sentimentos dos(as) jovens, particularmente das meninas, que eram molestadas em seus sentimentos, praticamente não tendo escolhas em relação às suas vidas, e dos desdobramentos que daí poderiam advir.

> Disse-lhe o fazendeiro, com embaraço, pouco antes de se separarem para sempre: "Está sem dúvida surpreendido, meu amigo, de que minhas filhas nunca se tenham mostrado ao senhor. Detesto o costume que me obriga a conservá-las afastadas, mas devo respeitá-lo para não lhes prejudicar o casamento." Alguns anos depois, outro viajante, Gardner, relatou ter sido recebido numa fazenda, onde vira a senhora da casa, que só o privilégio da idade permitia que se mostrasse, mas as filhas se esconderam, como também ela o teria feito na mocidade. (Frieiro, 1982, p. 79).

Segundo Frieiro (1982), tratava-se de um costume advindo da tradição romana, que foi enraizada nos costumes das famílias portugueses. "O português tinha ciúmes de tudo o que o rodeava" (Frieiro, 1982, p. 79).

O que importa destacar é que nessa negociação de casamentos entre famílias, a parte negocial cabia ao marido, o chefe da família, cabendo às mães, geralmente, abrandar os sentimentos dos filhos e filhas, para acostumarem-se com a ideia do casamento arranjado.

A constituição familiar patriarcal, de característica portuguesa, teve forte influência na constituição da família brasileira e, de modo particular, na família caipira. Conforme afirma Candido (1982), além do sangue português, o caipira carregava também uma "herança" de seus valores e costumes.

A prevalência da estrutura da família patriarcal na cultura caipira — com seus valores e costumes —, replicada nas relações sociais da comunidade Córrego das Pedras, acaba por suscitar um comportamento de gênero referenciado na família tradicional. A permanência desse formato de relações de gênero representa, também, um tipo de organização das relações de trabalho no campo, sendo determinante para a divisão sexual e secundarizacão do trabalho feminino.

Nesse mesmo caminho, Chaves (2014), em seu trabalho de pesquisa sobre a festa de folia dos reis no norte mineiro, às margens do rio São Francisco, aborda a centralidade masculina no contexto da festa, centralidade essa presente no meio rural, por tratar-se de espelho onde predominam as relações patriarcais de família.

> A primeira diferenciação que aparece é a que separa homens e mulheres. O dono da casa, como vimos, é sempre o primeiro a beijar a bandeira. Através desse ato ritual, o status e o prestígio do homem enquanto dono da casa, pai provedor, chefe de família não apenas é expresso, mas produzido. O ritual, ao dar ao homem o direito de ir primeiro ao santo, está afirmando sua autoridade em face do grupo. (Chaves, 2014, p. 268).

No caso específico das famílias que migraram na década de 60, permanece a tradição dos filhos homens morarem no sítio dos pais, e as mulheres, ao se casarem, saírem das casas dos pais. Brumer (2008, p. 10), ancorado em pesquisas realizadas no Sul do país, aponta para o fato de que "as mulheres não são, geralmente, consideradas como possíveis sucessoras do chefe, o pai, na propriedade familiar". Apesar da tendência do deslocamento das mulheres para a cidade, apontada por Brumer (2008), as mulheres de Córrego das Pedras, quando casadas no circuito da roça, tendem a permanecer na área rural, mesmo que em espaço diferente do sítio do pai e mãe.

Com uma taxa de fecundidade de 8,8[50], a terceira geração proporcionou uma população estável no campo. Se, de um lado, as filhas, ao casarem, deslocavam-se para outros espaços rurais — em alguns casos, para comu-

---

[50] Ver quadro 7.

nidades circunvizinhas —, por outro, os homens, ao casarem, trouxeram mulheres para o convívio familiar e da comunidade, garantindo o contingente populacional e o processo de reprodução, entendido aqui, à luz dos apontamentos de Brumer (2008), como reprodução: biológica, da força de trabalho e social.

Em relação à segunda geração, identificou-se, em um contingente de 27 homens, quatro situações celibatárias, o que demonstra estabilidade do processo de reprodução no âmbito da comunidade. Em relação às filhas, identificou-se quatro situações em que as mulheres, ao casarem, fixaram-se, juntamente com os esposos, em sítios de propriedade do casal na comunidade e uma situação de uma filha que, ao assumir a herança da terra, permaneceu sozinha no sítio por 12 anos, até estabelecer relacionamento com um companheiro.

A taxa de fecundidade da segunda geração é de 2,0 filho(a)s por casal[51], muito inferior à da geração anterior, fenômeno muito comum, conforme aponta Brumer (2004). Essa dinâmica, por um lado, não permite um aumento exponencial da população, mas, por outro, acaba por ser um limitador do fracionamento exagerado das áreas, o que inviabilizaria a permanência dos filhos e filhas da terceira geração nos sítios.

Em relação aos casamentos, no caso dos casais que residem nos sítios, verifica-se que, tanto na primeira quanto na segunda geração, são relacionamentos estáveis, vivendo o casal com seus filhos e filhas, nos sítios, espaço onde residem e trabalham. Os casamentos foram estabelecidos por esposos ou esposas da mesma categoria social. Essa característica possibilitou a permanência nos sítios, pois assumiram conjuntamente o processo de produção da vida material em unidades familiares. Em situações de separação, há uma tendência de romper com a reprodução da estrutura familiar, deslocando-se para a cidade. Esse é um traço tipicamente da família patriarcal, onde o processo sucessório é fortemente vinculado à figura masculina.

Ocorre um processo de rompimento das mulheres casadas com a estrutura familiar inicial (do pai e da mãe), formando outro núcleo familiar juntamente com seus esposos, reproduzindo o modelo de família patriarcal. Nos casos de separação, as mulheres deslocam sozinhas para a cidade. Nesses casos, verifica-se que ocorre o rompimento de um modelo de estrutura familiar, pois daí em diante, serão elas a darem sequência as suas vidas, sem a ascendência masculina. Chamamos a atenção, neste ponto, para a questão

---

[51] Ver quadro 7.

da herança. Tradicionalmente, conforme aponta Paulilo (2016), a estrutura da família patriarcal se mantinha com ascensão dos homens à estrutura de poder, incluindo aí a herança da terra. As mulheres casadas constituíam outro núcleo familiar, e as solteiras ou separadas, ou iam morar de favor na casa de irmãos, no caso o sucessor da família patriarcal, ou deslocavam para a cidade em busca de trabalho e reordenação da vida por conta própria e fora da estrutura familiar.

Analisando duas situações, a partir da cadeia dominial de duas áreas situadas na comunidade que procederam a partilha, uma do ano de 2013 e outra do 2017, verificou-se a doação das terras para filhos e filhas, em partes iguais, resguardado a reserva de usufruto em favor dos doadores da primeira geração. Esses achados são relevantes porque, em certa medida, constituem-se como contraposição a um modelo tradicional da transmissão da herança, agora rompido, pois, do ponto de vista legal, a posse da terra é dividida tanto para as filhas mulheres quanto para os filhos homens.

A partir dessas considerações sobre o perfil patriarcal das famílias brasileiras, especificamente as do campo, buscar-se-á compreender o papel da mulher na comunidade. Para isso, é preciso observar o que fazem, e ouvir mulheres e homens, pois, além da vivência no presente, há um histórico de experiências acumuladas na relação com o trabalho e com a comunidade. Essas experiências advêm de longa data, nesse caso específico, a partir do contexto de migração dessas famílias.

5.1.1 A relação de gênero e a divisão sexual do trabalho

Em relação às questões de gênero, as percepções giram em torno, principalmente, do processo de produção da vida material, considerando que sua organização ao longo do tempo seu deu a partir da mão de obra familiar, incluindo aí a das mulheres.

As relações de gênero constituem espaço de tensões, às vezes percebíveis, às vezes veladas, porém, presentes nas relações familiares, de produção e comunitárias. Foi o que se observou na festa de São Sebastião, em que os trabalhos são atribuídos, em grande medida, por sexo. Além disso, observa-se que nos encontros religiosos na igreja, há o costume de as mulheres se sentarem separadas dos homens: considerando a porta frontal da entrada da igreja, os homens sentam-se à esquerda do altar e as mulheres à direita. Para o senhor Arestides, esse costume se dá em função dos interesses de homens e mulheres: "Não sei, é costume. As mulheres estão certas. Será porque elas gostam de papear, uma perto da outra, será? Ficam conversando, a conversa da mulher é diferente da do homem. As conversas e os casos são diferentes". O senhor Manoel Henrique, também faz um relato sobre o costume: "No começo não tinha o costume de separar homem de mulher. O compadre Pedro[52] que era uma pessoa mais sistemática e o compadre Arestides quem influenciaram para começar o costume de homem para um lado e mulher do outro".

Esses relatos são esclarecedores do costume, construído a partir da manifestação do machismo das lideranças masculinas da comunidade. O senhor Arestides, em sua fala, deixa claro que assuntos de homens e mulheres são diferentes, razão pela qual as mulheres devem ficar separadas dos homens. Segundo o senhor Manoel Henrique, foi o senhor Pedro, caracterizado como homem sistemático, e o senhor Arestides que influenciaram no comportamento. O senhor Manoel Henrique afirma que "antes não era assim", ou seja, que antes não havia o costume da separação. Trata-se de um costume socialmente construído, principalmente, por meio da manifestação do machismo dos homens. Importante ressaltar que esse é um costume em desconstrução, pois é comum homens sentarem-se no espaço tradicionalmente ocupado pelas mulheres e vice-versa.

O modelo patriarcal de organização familiar acabou por inferiorizar o trabalho feminino no âmbito doméstico e da produção. Silva, Melo e Moraes (2017), ao analisarem o mundo rural paulista, chamam a atenção para o processo de invisibilização da mulher no contexto das relações sociais no campo, de forma particular, nas relações de trabalho. Paulilo (2016, p. 27), fala de relações sociais em que, "o fator sexo opera como um elemento discriminador na divisão social do trabalho, já que ao homem estão destinados os trabalhos ligados à produção, e à mulher, o trabalho doméstico".

> O trabalho humano passou, historicamente, por um processo de divisão (o trabalho produtivo, que produz bens ou serviços com valor no mercado, é feito pelos homens; e o trabalho reprodutivo, de manutenção das condições de vida, do ambiente doméstico e dos filhos, pelas mulheres) e hierarquização (o trabalho masculino é mais valorizado que o feminino). Esse processo é visto como natural, a partir de uma visão da mulher como mãe, que cuida da casa e da família por amor. (Nobre *et al.*, 2014, p. 10).

---

[52] O senhor Pedro, popularmente conhecido como Pedrão do Córrego das Pedras, há tempos falecido, foi uma ativa liderança na comunidade, lembrado no relato do senhor Manoel Henrique.

Para Hirata e Kergoat (2007) essa divisão sexual do trabalho decorre das relações sociais entre os sexos que, na família patriarcal, constitui-se em uma relação de poder. "Essa forma é modulada histórica e socialmente. Tem como características a designação prioritária dos homens à esfera produtiva e das mulheres à esfera reprodutiva e, simultaneamente, a apropriação pelos homens das funções com maior valor social adicionado (políticos, religiosos, militares etc.)" (Hirata, Kergoat, 2007, p. 599).

> Esses princípios são válidos para todas as sociedades conhecidas, no tempo e no espaço. Podem ser aplicados mediante um processo específico de legitimação, a ideologia naturalista. Esta rebaixa o gênero ao sexo biológico, reduz as práticas sociais a "papéis sociais" sexuados que remetem ao destino natural da espécie. (Hirata, Kergoat, 2007, p. 599).

Em relação ao trabalho rural, Paulilo (2016) aborda o conceito de trabalho "leve" e "pesado" — sendo o trabalho "leve" para mulheres e crianças e o "pesado" para homens —, como categorias que variam segundo o sexo do trabalhador e as condições de exploração da terra e, ainda, pela posição hierárquica que seus executores ocupam em escala de gradação social: "as profissões consideradas femininas têm remuneração sempre inferior em relação àquelas consideradas masculinas. Mesmo em profissões iguais e cargos iguais, os dois sexos têm remunerações distintas" (Paulilo, 2016, p. 110).

A autora conclui que: "o trabalho é "leve" (e a remuneração é baixa) não por suas próprias características, mas pela posição que seus realizadores ocupam na hierarquia familiar" (Paulilo, 2016, p. 115). Estamos falando de uma relação de poder advinda da família patriarcal, que coloca o homem como centro das relações de poder no âmbito da família. Paulilo (2016) conclui que a categorização do trabalho se dá não pelas características do trabalho, mas pela posição social de seus realizadores, ou seja, o trabalho feminino, das crianças e adolescentes é inferiorizado por ser executado por pessoas inferiorizadas na relação de poder da família patriarcal.

Paulilo (2016, p. 43-44), ao abordar a divisão sexual do trabalho, aponta para uma divisão de trabalho produtivo e trabalho doméstico e a ocorrência da sobreposição de horas de trabalho.

> Dividiu-se o trabalho da mulher em: a) trabalho doméstico; b) trabalho produtivo no lar; e c) trabalho produtivo fora do lar. Como trabalho doméstico, foram consideradas as atividades de lavar e passar roupa; cozinhar, lavar a louça,

arrumar a casa e cuidar das crianças. Pode-se incluir, também, costurar, porque, em todas as categorias, salvo nas grandes propriedades sobre as quais não conseguimos esse dado, a maioria das esposas costuram para a casa. O trabalho produtivo realizado no lar abrange os cuidados com a horta e com os animais domésticos. O trabalho produtivo fora do lar se refere às atividades realizadas nos campos.

Conforme Singer e Madeira (*apud* Paulilo 2016, p. 44):

> O trabalho doméstico [...] não constitui uma atividade produtiva propriamente dita, pois não se acha integrada na divisão social do trabalho nem contribui para o produto social. É uma atividade que produz serviços [...] que o consumidor presta a si mesmo [...] que só representam significado econômico quando decorrem de serviços prestados por empresas que os vendem.

No mesmo caminho, Nobre *et al.* (2014, p. 11) apontam para o fato de que "o trabalho produtivo é mais valorizado e considerado masculino. Às mulheres, cabe o espaço privado, da natureza e do trabalho reprodutivo, menos valorizado".

Assim, estamos diante de um fenômeno social de discriminação do trabalho da mulher, que ressoa contemporaneamente tanto nas relações de trabalho da cidade, quanto no campo que, em muitas situações, é invisibilizado e/ou naturalizado. Trata-se de uma divisão sexual do trabalho que, segundo Nobre *et al.* (2014), constitui em uma criação ideológica e cultural que permite a subordinação e desvalorização do trabalho das mulheres, subordinado aos cuidados domésticos, relacionado ao mundo privado da família, presente nas mais diversas esferas sociais[53].

---

[53] Como observado na entrevista do então candidato à presidente da República (depois eleito), Jair Messias Bolsonaro, concedida ao jornal *Zero Hora* em dezembro de 2014 e replicada fartamente no processo eleitoral de 2018: "Mas eu tenho pena do empresário no Brasil, porque é uma desgraça você ser patrão no nosso país, com tantos direitos trabalhistas. Entre um homem e uma mulher jovem, o que o empresário pensa? "Poxa, essa mulher tá com aliança no dedo, daqui a pouco engravida, seis meses de licença-maternidade..." Bonito pra c..., pra c...! Quem que vai pagar a conta? O empregador. No final, ele abate no INSS, mas quebrou o ritmo de trabalho. Quando ela voltar, vai ter mais um mês de férias, ou seja, ela trabalhou cinco meses em um ano". "Por isso que o cara paga menos para a mulher! É muito fácil eu, que sou empregado, falar que é injusto, que tem que pagar salário igual. Só que o cara que está produzindo, com todos os encargos trabalhistas, perde produtividade. O produto dele vai ser posto mais caro na rua, ele vai ser quebrado pelo cara da esquina. Eu sou um liberal, se eu quero empregar você na minha empresa ganhando R$ 2 mil por mês e a Dona Maria ganhando R$ 1,5 mil, se a Dona Maria não quiser ganhar isso, que procure outro emprego! O patrão sou eu". "Mas aí a mulher se ferra porque engravida?", questionou o entrevistador. "É liberdade, pô. A mulher competente... Ou você quer dar cota para mulher? Eu não quero ser carrasco das mulheres, mas, pô... ", finalizou". (Lima, 2015, s/p).
ᴬ fala de um presidenciável, posteriormente eleito, demonstra um pensamento arcaico sobre as relações de trabalho e o comprometimento com um capitalismo periférico e selvagem, retrocedendo a relações escravagistas

Silva (1999), ao falar sobre as mulheres nas relações de trabalho e da luta pela sobrevivência pessoal e familiar, muitas vezes sofridas pelas circunstâncias do trabalho, das discriminações de sexo e cor, afirma que é na invisibilidade que reside a força vital de cada uma delas, que dá sentido à vida e que as torna eternas lutadoras. E, mesmo diante do processo de invisibilização ao longo do tempo, as mulheres estiveram "[...] ao lado (e não detrás) do homem caipira, rústico, há a mulher caipira, rústica, que se movimenta não apenas dentro da casa do quintal, mas também na roça, na indústria doméstica, nas feiras, nas festas e nos rituais religiosos" (Silva; Melo; Moraes, 2017, p. 184).

Esse trânsito da mulher da casa para o quintal e do quintal para a roça é apontado pelos homens. O senhor Manoel afirma: "Quando nós estávamos no tempo da colheita, minhas filhas ajudavam na roça". Da mesma forma, o senhor Salvador faz referência à sua ex-esposa: "Ela me ajudava porque ela não queria ficar em casa. Tinha o arroz cortado e ela ia ajudar a fazer as pilhas de arroz. Fazia os montes pequenos do arroz cortado. Depois carregava para a pilha grande, que dava até 10 metros".

Os relatos fazem referência ao trabalho da mulher como uma ajuda, o que evidencia uma inferiorização do trabalho feminino na roça. Ressaltam Silva, Melo e Moraes (2017), que são construções culturais, em sociedades patriarcais, com domínio do sexo masculino e valorização de seu papel social; com a consequente inferiorização da mulher e de seu papel social, incluindo o trabalho.

Barrozo (2007) já chamava atenção para o fato de o trabalho das mulheres nas áreas rurais ser considerado como ajuda, costume que se perdurou ao longo dos anos, principalmente em função da estrutura fechada da família patriarcal que colocava a responsabilidade da condução familiar sob tutela dos homens, como provedor da família. Essa organização cria e reproduz uma condição de submissão da mulher, em função da secundariedade dada ao seu papel, inclusive na roça, como alguém que presta ajuda. "Os censos oficiais geralmente falseiam a realidade quando não mostram o trabalho da mulher, que fica escondido como simples ajuda" (Barrozo, 2007, p. 169).

Para o senhor Arestides, o trabalho feminino na roça foi imprescindível porque sua família era constituída de dois homens e oito mulheres. Como

---

de produção, agora, em tempos contemporâneos, amparadas por um conjunto de leis, fruto da desregulamentação das relações de trabalho, aprofundando os níveis de exploração e degradação dessas relações. A exploração do trabalho passa também pela exploração da mulher, que é inferiorizada nas relações de trabalho. Sua fala é reveladora da naturalização da discriminação da mulher.

a produção da vida material era tarefa da família, todos iam para a roça. Sobre suas filhas ele afirma: "Trabalhavam na roça igual homem. Aquele tempo nem escola não tinha, estudo não tinha. Era só trabalhar no cabo da enxada. A Miriam e a Joana as mais velhas, estavam pequenas ainda e começaram a trabalhar na roça com 10 anos, até casarem e irem embora".

O senhor Arestides afirmou que no passado gostaria de ter tido mais filhos homens, ao invés de tantas mulheres. Em sua percepção, o trabalho da roça era mais adequado para os homens. Como o número de homens era limitado, a roça também passou a ser obrigação das mulheres, como trabalho, e não como ajuda. Na sua fala ele faz essa ponderação, considerando o trabalho de sua esposa e filhas como trabalho e não como ajuda.

Em uma conversa informal com o senhor Arestides — na ocasião, com 89 anos de idade, com limitações na mobilidade, necessitando de cuidados —, ele fez referência à importância de suas filhas na execução dos cuidados para consigo. Apesar de quase todas morarem na cidade, elas se revezavam para cuidar do pai. Um trabalho invisibilizado, mas que na prática, do ponto de vista da temporalidade, estende a jornada de trabalho das mulheres. São cuidadoras dos filhos e agora dos idosos.

Essa valorização do filho homem, vinculado à necessidade do trabalho, evidencia o caráter machista das relações familiares, ancorada no patriarcado. No pensamento patriarcal, a responsabilidade da subsistência da família seria garantida pelo trabalho do homem, daí a necessidade de ter filhos para o trabalho e para a reprodução da estrutura familiar.

Um aspecto relevante a apontar em relação às responsabilidades das mulheres é a condição de genitora e cuidadora das crianças, pois na sociedade patriarcal as mulheres são obrigadas a assumir, praticamente sozinhas, o papel de cuidadoras dos filhos, responsabilidade que era dividida com as filhas mais velhas, em famílias com muitas crianças.

Verificamos em quadro demonstrativo, que em relação ao número de filhos(as) das famílias da comunidade Córrego das Pedras, as mães da primeira geração, em sua maioria, tiveram muitos filhos(as), já as mães da segunda geração tiveram poucos filhos(as), conforme demonstrativo a seguir:

Quadro 7 – Demonstrativo de quantidade de filhos(as) por geração

Geração	Mães	Quantidade de filhos
1ª ger.	Dona Geralda	16
	Dona Alcina	10
	Dona Nega	07
	Dona Lourdes	06
	Dona Leonora	05
2ª ger.	Clarice	02
	Delzina	02
	Julieta	02
	Neide	02
	Roseneire	02
	Silvânia	02
	Sônia	02

Fonte: o autor

Tal diminuição, em consequência, reduz o tempo gasto nos trabalhos domésticos, possibilitando a ocupação de espaços fora dos limites da casa, tanto no trabalho, quanto na vida comunitária. Além disso, reduz também o período da dependência dos filhos para com as mães, pois no campo, como afirma Paulilo (2016, p. 32) as mulheres "trabalham antes de se casar ou de ter o primeiro filho, param enquanto os filhos são pequenos, voltando às atividades externas depois que eles crescem".

> Aqui no sítio o Fábio vai mexer com o leite eu cuido das crianças e da casa. Hoje em dia eu mexo com os frangos e faço polpa de fruta e a noite eu faço crochê, porque eu gosto de fazer. Quando dava tempo eu ia para a roça, mas hoje não está tendo jeito porque eu cuido da Giovana, minha filhinha pequena. (Entrevista com Natália, em outubro de 2018).

Mulheres que tiveram muitos filhos, como as da primeira geração, podem ter ficado um período maior nas lidas domésticas. Uma mulher com dois filhos consegue uma emancipação de muitos trabalhos domésticos em um período menor de tempo, conforme mostra Paulilo (2016, p. 251-252):

> Outro fator que, provavelmente, influiu na maior valorização, por parte das mulheres, das atividades agrícolas foi a diminuição do número de filhos, fenômeno ocorrido no mundo todo. Segundo a ONU (1995), o Brasil está entre os países que apresentam uma queda de mais de 40% na taxa de fertilidade em um período de vinte anos. Essa taxa era de 4,7 filhos/mulher nos anos 1970-1975 e baixou para 2,7 em 1990-1995. Para as áreas rurais do país, Teixeira *et al.* (1994) mostram que essa taxa também vem caindo. Se, no período de 1980-1985, o maior índice era de 6,8 na Região Norte e o menor, 3,6 no Sul, no período seguinte, 1985-1990, temos, nas regiões, 6,0 e 3,1, respectivamente.

Nesse aspecto, importante ressaltar a percepção de Thompson (2016, p. 243):

> Tenho um pouco de dificuldade a esse respeito, porque não considero desimportante e inferior o talento de fazer compras ou administrar um lar, muito embora seja verdade que as culturas dominadas pelos homens possam criar essa impressão ao tentar confinar as mulheres em papéis "inferiores".

Essa percepção da relevância social do papel doméstico aponta para uma necessidade de contraposição à premissa histórica de secundarização e inferiorização do papel da mulher, construído ao longo do tempo no contexto das relações sociais, já que o trabalho da reprodução familiar não é inferior ou desimportante.

A contraposição precisa se dar na esfera cotidiana, *locus* onde se manifesta toda a perversidade dos processos discriminatórios. É o cotidiano o espaço que possibilita visibilizar o fato social e, consequentemente, a contraposição. É um espaço privilegiado de ação. Considerar relevante o trabalho da lida doméstica significa considerá-lo uma tarefa necessária, afeita ao papel social de homens e mulheres. Se consideramos relevante esse papel social, não há motivo para transformá-lo em uma tarefa desvalorizada ou exclusivamente feminina, o que esconde um machismo histórico que fez e faz parte das relações de gênero.

Hirata (2007), faz referência à tomada de consciência de relações opressoras de trabalho, caminho para desconstituir a discriminação de gênero em relação ao trabalho e à desvalorização dos trabalhos desenvolvidos pelas mulheres no âmbito do lar, ou fora.

> Foi com a tomada de consciência de uma "opressão" espe-
> cífica que teve início o movimento das mulheres: torna-se
> então coletivamente "evidente" que uma enorme massa de
> trabalho é efetuada gratuitamente pelas mulheres, que esse
> trabalho é invisível, que é realizado não para elas mesmas,
> mas para outros, e sempre em nome da natureza, do amor
> e do dever materno. Pouco a pouco, as análises passaram a
> abordar o trabalho doméstico como atividade de trabalho
> tanto quanto o trabalho profissional. (p. 597).

Thompson (2016), ao retratar a movimentação feminina na Inglaterra, em um ambiente de transição de uma economia moral para uma economia capitalista, acaba por descortinar a invisibilidade social que é imposta à mulher durante a maior parte da história.

> O trabalho mais árduo e prolongado de todos era o da mulher
> do trabalhador na economia rural. Parte desse trabalho –
> especialmente o cuidado dos bebês – era o mais orientado
> pelas tarefas. Outra parte se dava nos campos, de onde
> ela retornava para novas tarefas domésticas. (Thompson,
> 2016, p. 287).

Para Barrozo (2007), apesar do processo histórico de invisibilização da mulher, fruto das relações sociais estabelecidas, as mulheres são sujeitos sociais e políticos, partícipes da vida social, construindo-se como tal.

A realidade das relações históricas vividas pelas famílias da comuni-
dade Córrego das Pedras, encarna parte dos costumes da família tradicional. É papel do genitor masculino tomar as decisões fundamentais e prover a casa dos sustentos necessários para a família, cabendo à mulher a lida doméstica, ou seja, cuidar da casa. Quando solicitado pelo marido, trabalhava na roça nos momentos de maior demanda de mão de obra, período de planta e colheita. Essa condição de trabalhar na roça em função das necessidades é estendida a toda família, incluindo os filhos e filhas que ainda são crianças.

> Na família, a divisão do trabalho é exclusivamente baseada
> na idade e no sexo. A mulher raramente trabalha na roça,
> a não ser por ocasião da colheita; as crianças, aos 12 anos,
> começam a auxiliar sistematicamente os pais, pois, é nessa
> idade que em geral terminam a escola – os meninos vão para
> a roça, as meninas ajudam em casa. Em caso de necessidade,
> porém, a família toda vai trabalhar nas lides agrícolas ou na
> pecuária, inclusive a mulher e os filhos que estão na escola.
> (Queiroz, 1973, p. 61).

Na mesma via do observado por Queiroz (1973), o que se verifica é um modelo de constituição familiar tipicamente com base na estrutura tradicional brasileira do campo, herdado historicamente do modelo português, com forte ascendência na cultura caipira: o pai cumpria o papel de provedor e a mãe, responsável pelos cuidados do lar, papéis que se replicaram ao longo do tempo na geração subsequente.

Observa-se que, ao longo do tempo, o modo de vida com características patriarcais se reproduziu no âmbito das relações familiares e da comunidade. A cultura caipira mineira e paulista teve e tem influência nessa organização, pois é uma estrutura social transportada junto com os sujeitos no processo migratório. A mulher tem o papel de cuidadora da casa e ajudante do homem nas tarefas da roça, porém, as determinações sociais da condição de subalternidade feminina não foram assimiladas passivamente.

Essa estrutura acabou gerando também uma divisão sexual do trabalho, onde os trabalhos mais rústicos são de responsabilidade do homem, mesmo da lida doméstica, como extrair lenha no mato para combustão, sacrificar porcos e fazer a limpeza mais bruta e os serviços brutos da roça, como derrubar, queimar e arar. A mulher é responsável pela lida doméstica: limpeza de casa, lavação de roupa, cozinhar e, eventualmente, ajudar na roça, principalmente nos períodos de colheita, e às vezes o trabalho de carpa, trabalhos esses considerados menos rústicos.

Ao longo das nossas vivências na comunidade, percebemos que os homens são responsáveis pelos cuidados com as criações, principalmente o gado e pelo plantio e tratos culturais das lavouras. Já as mulheres são responsáveis pelos cuidados com a casa, pelo processamento dos produtos para levar para a feira, como é o caso do leite, pelas vendas dos produtos na feira e, em caso de necessidade, trabalham na roça e nos cuidados com as criações.

Verificamos também que essas relações de trabalho são reproduzidas na relação da segunda geração para com os filhos e filhas, na medida em que os adolescentes e jovens auxiliam seus pais e mães nos afazeres, categorizando o trabalho por sexo: se do sexo masculino, vinculam-se às tarefas e afazeres do pai, se do sexo feminino, vinculam-se às tarefas e afazeres da mãe. A fala do Alfredo, de 19 anos, é representativa da reprodução de uma modelo de família e de trabalho que se reproduz a três gerações. "Eu e meu pai não participamos do processo de produção de queijos, requeijões e doces. Esse trabalho é da minha mãe. Os trabalhos são divididos: do portão para fora eu, meu pai e meu irmão damos conta, do portão para dentro é a mãe".

Conformando com Hirata, Kergoat (2007), estamos diante da reprodução de relações de desigualdade, onde as relações de trabalho são hierarquizadas em função do ser homem ou mulher, com a prevalência do trabalho das mulheres dentro dos portões das casas, trabalho considerado improdutivo, enquanto os homens assumem as tarefas consideradas produtivas.

Apesar da reprodução das relações de desigualdade, importa considerar que as mulheres adentraram um espaço que era especificamente do homem — a comercialização dos produtos na feira. A atuação na feira significa o rompimento não só com o portão do pátio da casa, mas também com os limites da porteira do sítio rumo à cidade, e ainda, o acesso ao resultado do trabalho produtivo realizado no sítio.

Percebe que não há uma homogeneidade nas relações sociais no campo e nos modos de produção de vida material, assim, também não há em relação ao trabalho das mulheres. No âmbito da comunidade, conforme narrativas, muitas mulheres, por necessidade ou por opção, trabalharam efetivamente na roça, não como ajuda, mas como trabalhadoras rurais. Na família do senhor Arestides, por exemplo, constituída majoritariamente por mulheres (de dez filhos, oito são mulheres), a dinâmica de trabalho contava com a mão de obra feminina de forma continuada. Relata dona Alcina, esposa de Arestides, em relação às filhas: "Enquanto uma revezava na cozinha, as outras trabalhavam na roça".

Desde o processo migratório, passando pelas dificuldades enfrentadas na abertura e desbravamento das densas matas enfrentando desafios como doenças, falta de abastecimento alimentar, extensa jornada de trabalho diária que exigia, além da lida doméstica, o trabalho na roça, as mulheres foram parceiras de seus esposos, às vezes por absoluta necessidade, às vezes porque gostavam do trabalho na roça.

Há mulheres que gostam da roça, como é o caso da Dona Alcina, 82 anos, esposa do Sr. Arestides.

> Minhas filhas aprenderam a cuidar da casa, o que me deixava com mais tempo para trabalhar na roça, pois as meninas cuidavam da casa. Como tinha muitas mulheres em casa, eu preferia ir para a roça. Eu gostava de ficar e trabalhar na roça junto com o Arestides. Tinha riscos na roça, cheguei a ver bem pertinho de casa uma onça com os seus filhotes. (Entrevista com Dona Alcina, em outubro de 2017).

Dona Leonora, 73 anos, também fala sobre o trabalho na roça: "Eu gostava muito da roça. Eu não gostava quando tinha que cuidar dessas coisas de casa. Eu deixava minhas duas filhas cuidando da casa e ia para a roça. Depois eu vinha fazer almoço. Depois do almoço íamos todos para a roça". Percebe na fala da dona Leonora uma hierarquização que combina gênero e geração, pois a mãe deixava as filhas cuidando da casa. O cuidado com a casa permanece sendo atribuição feminina, mas não da mãe, agora da filha. dona Alcina também fez essa referência.

Tanto dona Alcina quanto dona Leonora, demonstram o gosto pelo trabalho na roça, o que, de certa forma, é um contraponto em relação à percepção masculina do trabalho da mulher como uma ajuda. Esses relatos são significativos porque demonstram a disposição das mulheres, aquelas da primeira geração, de se contraporem ao processo de invisibilização do seu trabalho e de sua condição de sujeito social. Diferentemente da maioria dos homens que as percebiam e percebem como ajudantes das tarefas da roça, elas se colocavam como trabalhadoras da roça. A filha mais velha da dona Alcina, a Marcioniria, faz a mesma consideração. Talvez fosse o pre-núncio de uma disposição de enfrentamento da condição de subalternidade determinada pelas relações sociais historicamente estabelecidas.

Na verdade, não significava uma inversão das relações de gênero, mas a prevalência de um modelo patriarcal de família que impunha e impõe às mulheres a sobreposição de jornadas de trabalho e a multiplicidade de tarefas, pois deveriam e devem estar dispostas a fazer aquilo que fosse preciso, sob a tutela do marido.

Apesar da prevalência no âmbito familiar das relações patriarcais, o cotidiano se colocou ao longo do tempo como um espaço de tensões, percebidos no contexto das relações dos casais da primeira geração, que impulsionaram mudanças nas relações entre os casais, visto que são aspectos que estão na memória das mulheres da segunda geração.

> Vivi em um ambiente de ajuda mútua. Mamãe fazia as coisas que tinha que fazer em casa e ia para a roça ajudar meu pai. Teve uma época que papai ficou doente da coluna, não aguentava trabalhar na roça. Ele ficava em casa e mamãe ia para a roça. Meu pai e minha mãe eram muito parceiros um do outro, não tinha muita divisão não. Eu e minhas irmãs tínhamos que ajudar nos trabalhos da roça, já com nossos 13 ou 14 anos, porque não tinha homem. Era só dois filhos homens na família de muitas mulheres. (Entrevista com Neide, em janeiro de 2017).

São movimentos de tensões nas relações sociais, que fomentam novas relações, quebrando paradigmas e redefinindo papéis. "Relações de força que envolvem homens e mulheres, seus valores e noções de mundo, subjetividades que constroem diferenças de gênero, informam papéis, fixam posições, impõem hierarquias e disputam memórias" (Paulilo, 2016, p. 244).

5.1.2 Mulheres: a ocupação dos espaços decisórios da comunidade

A comunidade possui uma estrutura física, com igreja, salão de festas (com cozinha e bar) e campo de futebol *society*, espaço delimitado onde são realizadas as atividades sociais e religiosas. Bianualmente ou quadrienalmente é feita a escolha de uma diretoria para fazer a gestão do espaço físico e das atividades religiosas e sociais que são desenvolvidas. Não possui natureza jurídica, porém, trata-se de uma diretoria ligada à igreja católica, composta pelos seguintes cargos: presidente, vice-presidente, secretário, segundo secretário, tesoureiro e segundo tesoureiro. São trabalhos voluntários e não remunerados.

No caso específico das mulheres, é relevante destacar o avanço na ocupação de postos de dirigentes, tomando frente na tarefa de dirigir veículos de passeio e de trabalho, atividades essas que eram, por muito tempo, exclusivamente para os homens.

As mulheres outrora invisíveis, hoje ocupam papéis sociais, exercendo há três gestões a tarefa de liderar e dirigir a comunidade, função historicamente exercida pelos homens.

> Antigamente não havia mulher na diretoria. Se formos verificar não havia nem uma mulher na diretoria. Isso mudou de uns 10 anos para cá, quando as mulheres começaram a tomar a frente, porque antes se era mulher não participava. Se formos ver a composição das diretorias, era só com os homens. Eu acho que em tempos passados as mulheres eram mais de ficar em casa cuidar de filhos, não ia muito atrás, não interessava e os homens também não interessava que as mulheres participassem, eles tomavam a frente e não davam oportunidades, era problema dos dois, das mulheres e dos homens. De uns tempos para cá até hoje, na maioria das vezes é a mulher quem toma frente. (Entrevista com Neide, em janeiro de 2017).

A primeira composição de diretoria ocorreu no ano de 1971. De lá para cá, bienalmente ou quadrienalmente, foram-se renovando as diretorias, sempre com composição masculina. A primeira composição de direção com a participação de uma mulher ocorreu no ano de 2000, na função de secretária, após 13 composições de diretorias só masculinas. Seis anos após a eleição da primeira mulher secretária, em 2010, houve a escolha da primeira presidente mulher, quebrando de vez com a hegemonia masculina. De lá para cá, sistematicamente, as mulheres compõem a direção e, nas duas últimas gestões, ocupam o cargo de presidente, situação atual. Esse histórico é bastante ilustrativo em relação ao avanço das mulheres na conquista dos espaços.

Em conversas com o Senhor Carlos Gerson Okada e sua esposa Julieta Hasegawa, um casal de descendentes japoneses que migraram para a comunidade no ano de 2004 para trabalhar na avicultura, ele relata o quanto as mulheres foram construindo autonomia. Detalha duas situações particulares, ilustrativas do processo de construção dessa autonomia: a) a participação nas funções de direção, tendo sido sua esposa a primeira mulher a exercer a função de presidente, no ano de 2010; e b) o fato de boa parte das mulheres adquirir a competência para dirigir veículos automotores, visto que há algum tempo, em um passado não muito distante, a sua esposa era a única que dirigia, o que, provavelmente, acabou por influenciar as mulheres. Dirigir, para a mulher do campo, é muito simbólico em relação à construção da sua autonomia.

Pode-se afirmar que, apesar das relações patriarcais no âmbito familiar advindas da constituição histórica dos costumes da família caipira, que secundariza não só a tarefa feminina, como também a sua existência, as mulheres, ao longo do tempo, passaram a ocupar espaços sociais e a desempenhar papéis sociais que eram tradicionalmente masculinos.

5.1.3 Mulheres: o caminho da feira do produtor rural

As mulheres saíram da cozinha para trabalhar na roça, ocupar a função de liderança e o balcão da feira. Ainda que no início, não participavam da feira, foram aos poucos assumindo a tarefa de comercializar, trabalho que era exclusivamente masculino. Ao longo do tempo elas se mostraram exímias comerciantes, e passaram a assumir a frente na tarefa de comercializar. Sobre isso, Neide relata em uma entrevista: "Antes eu nem ia na feira. Hoje estamos lá, vendendo, à frente de nossas bancas de produtos".

O trabalho da feira assumido pelas mulheres, em conformidade com a categorização de trabalho apresentado por Paulilo (2016), constitui-se em atividade produtiva, a começar pela industrialização artesanal do leite (para produção de queijos e requeijões) e fabricação de doces[54], até o ciclo final, com a comercialização. Assim sendo, compreendo o trabalho desenvolvido pelas mulheres no processamento artesanal dos produtos primários produzidos nos sítios como trabalho produtivo que agrega renda e valor ao trabalho familiar desenvolvido fora das fronteiras do quintal da casa. Essa dinâmica de produção organizada, demonstra que "[...] a produção doméstica feminina é essencial à reprodução econômica do sítio" (Silva; Melo; Moraes, 2017, p. 179), não podendo ser analisada como renda complementar.[55]

O caminho da feira impôs às mulheres algumas necessidades, como aprender a dirigir. O volante do carro para as mulheres, por necessidade em função do trabalho, acabou se transformando em um instrumento de autonomia, provocando o rompimento com a dependência marital. Aquelas que aprenderam a dirigir não mais necessitam do marido para se deslocarem à cidade.

Thompson (2016) chama a atenção para o papel ativo das mulheres na economia moral inglesa e para o papel que exerceram no mercado, talvez por estarem diretamente ligadas à economia doméstica, principalmente nos momentos de crises.

Sob essa perspectiva, podemos entender o relato de Neide:

> Acho que as mulheres têm mais jeito de ficar na frente da banca para vender, mais carisma. No caso do Ronaldo, meu esposo, ele gosta de ficar conversando, na verdade, quase todos os homens. Quem foge à regra é só o Senhor Tonico, ele está sempre lá no banquinho dele, e um de seus filhos também, o Paulinho que também fica mais na sua banca. Agora em relação aos outros, geralmente, as mulheres que estão ali na frente e os homens mais no suporte na parte da logística. Eu acho isso interessante, você já percebeu isso lá na feira? Eu acho que isso simboliza um pouco também o fato de as mulheres tomarem a frente das tarefas, o que acontece também aqui na

---

[54] Em entrevista realizada no dia 19 de abril de 2018, na casa do casal Pedro e Roseneire, enquanto entrevistávamos Pedro, na varanda dos fundos da casa, Roseneire estava na área, perto de nós, produzindo queijos de forma artesanal, oportunidade que nos possibilitou acompanhar os trabalhos durante a entrevista, e até conversar com ela sobre aspectos do trabalho familiar e da mulher.

[55] Thompson (2016) chama a atenção para o fato de que a participação das mulheres não se dá somente como donas de casa, mas como contribuintes da renda familiar, como cidadãs e membros constituintes da política e da economia local.

feira, pois no começo não era assim. Antes as mulheres ficavam em casa, cabendo aos homens a tarefa de ir para a feira. As mulheres iam para a feira de vez em quando e não ficavam na linha de frente das vendas. Isso foi de uns dez anos para cá, não sei exatamente quando, mas de uns dez anos para cá. Esse processo de relação das mulheres com a feira foi natural. Começaram a ir e gostar. Os maridos também gostaram que elas fossem, pois aí sobrava tempo para as conversas, além da companhia. Falando por mim, se eu falar que não vou mais para a feira, ele desanima (o marido). Acho que todos os outros maridos, se as mulheres falarem que não vão mais para a feira, eles até desanimam. O Ronaldo mesmo, o dia que eu falo que não vou, ele também não quer ir. Acho que cria ali um comprometimento que acaba selando e melhorando o nosso relacionamento de casal, estou falando de cumplicidade. Hoje é muito melhor do que foi, acho que os homens e as mulheres foram melhorando as relações. Na verdade, acho que vamos nos desfazendo um pouco da chatice que temos e vamos melhorando. Isso significa parceria do marido com a esposa. Fomos ocupando os espaços. Se olharmos para o passado, a mulher da roça só ia na cidade uma vez ou outra acompanhar o marido nas compras. Você sabe, isso se chama mudança de costume, de cultura. Acabamos mexendo com uma cultura machista, que colocava a mulher para dentro de casa, meio que escondida, cabendo somente aos homens a tarefa de ir para a cidade negociar e fazer o que ele achava que tinha que ser feito. Eu considero isso como uma quebra de paradigma, conquistado por nós mulheres, sem necessidade de nenhuma revolta organizada, não teve queda de braço e nem discussão. (Entrevista com Neide, em janeiro de 2017).

Neide, uma das mulheres feirantes, teve que aprender o ofício do volante, pois seu marido precisava permanecer no sítio no período da manhã para ordenhar as vacas leiteiras. Para ela, o caminho da feira, além de significar o rompimento com os portões do quintal da casa e da porteira do sítio, acabou por mexer em uma estrutura social machista que empurrava as mulheres para dentro de casa, enquanto cabia ao homem, os afazeres na cidade. Ela considera uma quebra de paradigma. A cidade agora é caminho das mulheres também, sem a dependência do homem para as diversas necessidades, como fazer compras, ir para a feira, buscar atendimento médico-hospitalar, entre outras demandas.

Ao falar em quebra de paradigma, sem necessidade de revolta, Neide aponta para o que Hirata e Kergoat (2007, p. 604) identificam como conciliação que, "considera mulheres e homens como parceiros (e portanto decorre mais de uma lógica de conciliação de papéis que do conflito e da contradição) e as relações entre eles e elas mais em termos de igualdade que de poder". Hirata e Kergoat (2007) chamam a atenção para o fato de que essa relação conciliatória pode não quebrar a relação de poder, uma vez que a configuração do trabalho em perspectiva de poder permanece: o trabalho doméstico continua sendo atribuição das mulheres, mesmo em um contexto de reconfiguração das relações sociais de sexo.

O papel da mulher da segunda geração não é limitado à tarefa de procriar e cuidar da família que, em boa medida, foi minorado com a diminuição do número de filhos, o que, conformando com Thompson (1998), não é periférico e secundário. As mulheres, para além do compromisso com a lida doméstica, participam ativamente da vida comunitária, atualmente, até com mais intensidade dos que os homens, participam no preparo da feira e, ao longo do tempo, mostraram habilidade para a prática do comércio na feira, sendo reconhecidas como as principais agentes de vendas.

Importa ressaltar que essa trajetória de ampliação do papel da mulher, buscando sair da condição subliminar, é histórico, sendo percorrido, também, por mulheres da primeira geração, abrindo caminho para o rompimento com a dureza da condição de vida estabelecida para a mulher no contexto das relações no âmbito da família. Aqui, convém destacar o papel fundamental da senhora Alcina, esposa do senhor Arestides, que fala com muito orgulho da conduta da sua vida como mulher, de sair da beira do fogão e ir para a roça, não pela imposição da vontade masculina, mas por necessidade e pelo gosto de trabalhar na roça. Sua filha, Neide, conta com orgulho a trajetória inspiradora de sua mãe: "Teve vezes que mamãe ia sozinha para a roça. Quando o Pai ficou doente, ela foi trabalhar na roça e não somente ajudar. O pai fazia os trabalhos domésticos. Ele gosta de fazer bolo".

Percebe-se que as determinações sociais, no caso específico em relação ao papel social da mulher, advindo da família patriarcal, acaba por ser mudado ou revisto ao longo do tempo. Poder-se-á falar aqui de um feminismo em construção que se dá e se desenvolve por meio do cotidiano das mulheres em construírem, junto com suas famílias, os meios de subsistência e deles participarem e tomarem parte. Um feminismo rural, como apontado por Paulilo (2016), que está vivendo constantemente novas experiências e construindo novos conceitos a partir da luta histórica por justiça, igualdade e fraternidade.

Além das determinações sociais, as individualidades também se colocam como promotoras das quebras de paradigmas comportamentais, pois são as mulheres sujeitos sociais que sofrem influência e influenciam o conjunto das relações sociais, sendo elas, portanto, construtoras e construídas, produzindo e reproduzindo vida material e imaterial.

5.2 Dona Nega: uma trajetória de vida campesina

Conforme já relatado, as relações sociais não se dão de forma uniforme. Além das mudanças nas relações sociais em que ocorre a prevalência do patriarcado, há também situações que fogem ao padrão, colocando-se como importante referência para análises sociológicas. No caso específico, tratamos sobre a heterogeneidade que o papel da mulher pode assumir frente à dinâmica das relações sociais e situações que, às vezes, as circunstâncias impõem à vida dos atores sociais, especificamente, no campo. O padrão é descontruído frente à dinâmica social.

A história de vida de dona Nega requer um olhar particular, pois a sua trajetória lhe impôs uma condição social diferente do padrão da família patriarcal. Dona Nega teve que assumir a condição de provedora sua família, o que fez na lida do campo, como empregada rural em grande parte de sua vida e, depois, como sitiante.

Dona Nega nasceu em 1932, portanto, com 86 anos de idade. É viúva, negra (daí o apelido), franzina, sempre prestativa e disposta, mora e trabalha no sítio. Na contramão do modelo de família patriarcal, como para muitas outras mulheres, a vida lhe impôs a obrigatoriedade de romper com os padrões socialmente estabelecidos para seu gênero. Mãe de cinco filhos e duas filhas, ficou viúva aos 42 anos de idade, no estado de Goiás. O marido era trabalhador rural, empregado de fazenda na lida do gado. A partir da morte do marido, com os filhos e filhas ainda pequenos(as), teve que assumir o papel de provedora da família. Para isso, assumiu o trabalho que antes era executado por seu esposo, na mesma fazenda.

O pai de dona Nega, o Brás, morava e era trabalhador rural assalariado na fazenda onde ela nascera. Ela fala do lugar onde morou, em Goiás, da mesma forma que fala do seu sítio no Córrego das Pedras: "meu pai morava naqueles carvalhos lá, e foi vendendo para um, passando para outro e se tornou empregado da fazenda".

Sua mãe dividia o tempo nos cuidados com a casa, no trabalho doméstico e como diarista nas lavouras de café: "Minha mãe trabalhava nas lavouras de café na diária, longe da fazenda onde meu pai era empregado". Sua irmã mais velha casou-se com pouca idade, cabendo-lhe ainda na infância assumir os cuidados da casa, pois sua mãe trabalhava de diarista nas lavouras de café:

> **Desde que eu me entendo por gente é trabalhando**. Eu fui crescendo e já comecei a fazer comida para o meu pai que trabalhava de empregado na fazenda. **Eu trabalhava**, minha mãe saía e falava: "Olha, quando eu chegar eu quero tudo limpinho, tudo arrumadinho". Eu falava: "Tá mãe". Eu pedia para o Zé, meu irmão me ajudar, mas ele falava: "Não, eu não vou ajudar não, o papai me deu tarefa de capinar. Eu tenho que ir para a roça". A Ana, minha irmã, não trabalhava, ela era a caçula. Eu arrumava aquele trem tudo. Quando a mãe chegava a casa estava arrumadinha, o chão limpinho, tudo arrumadinho. Eu tinha uns oito anos. Comecei a trabalhar novinha e fazia de tudo. Para lavar roupa, papai fez um trampolim no batedor, porque eu era muito pequena e não alcançava. **Eu já trabalhei nessa minha vida**. (Entrevista com dona Nega, em abril de 2018. Grifo nosso).

Apesar da dureza da vida, iniciada ainda criança na lida doméstica, assumindo a responsabilidade dos cuidados com a casa da família em virtude da necessidade de sua mãe trabalhar na roça de terceiros como diarista, dona Nega relata momentos de brincadeiras e travessuras, próprias da infância:

> Mas eu fazia arte, não podia ter uma folguinha [risadas]. O fazendeiro tinha um mundo de cabritos e carneiros. Era eu, a Ana e o Zé, meus irmãos. Nós estávamos pedindo a Deus para o papai sair. Nós pegamos a corda usada para amarrar as vacas para tirar leite, amarramos um carneiro e eu montei nele que saiu em disparada. Quando chegou lá embaixo o carneiro passou por baixo de uma cerca de arame e eu bati no arame, caí do carneiro e sai chorando e a corda ficou enrolada lá. Fomos para casa, Zé na frente e eu atrás, chorando. Estava lá o carneiro chuchado no pau. Nós fomos lá, desenroscamos o carneiro e ele saiu correndo e levou a corda de tirar leite. Eu falei, "Nossa, o papai vai bater em nós" A gente querendo falar para a mãe e a mamãe falou: "O que é que você fica só olhando em mim, o que você quer contar para a mãe filha". Respondi: "Se eu contar a senhora não deixa o papai bater em nós não". E contei: "Nós fomos montar nos carneiros, nós levamos a corda de tirar o leite para amarrar o carneiro e ele levou a

corda embora". E ela falou: "Minha filha pode prevenir o pelo para quando seu pai chegar". E nós chorávamos! Papai chegou, ele gostava demais de mim. A Ana era caçula, mas era comigo que ele era chegado, trazia umas balinhas, colocou eu no colo dele e perguntou: "O que a minha nega fez de arte hoje? Eu olhei na mãe e ela falou: "Conta para o seu pai o que vocês aprontaram". Eu tive que contar: "Pai nós fomos montar nos carneiros e ele levou a corda de tirar leite, nós procuramos, mas não achamos". Tadinho, eu lembro até hoje, o papai abraçou-me e falou: "O papai não vai bater não, isso é arte de menino mesmo. Tem mais corda por aí". Vichi, escapamos. Aí a mãe falou: "Eu nunca vi Brás, você vira as costas e essas crianças somem atrás dos carneiros". E lá foi nós novamente atrás dos carneiros e os cachorros latindo atrás de nós. Aquele tempo as porteiras eram de vara, o carneiro passou e eu fiquei para trás, e lá vem eu chorando, mãeeee!!! O Zé falou: "A Nega tá morrendo". Os cortes ficaram na carne viva. A mãe me pegou, lavou, passou remédio, passa um trem e passa outro, e eu só pensando, aí meu Deus, será se o papai vai me bater. Aí ele chegou e ela falou para ele, ele falou: "Minha filha, eu já falei para vocês, carneiro é um trem perigoso". [...] Tinha um dia que fomos montar em um jumento e tinha umas éguas lá no meio do pasto, o jumento deu uma urrada para o lado delas e me jogou para debaixo da cerca de arame, alto assim (e mostra com a mão), e eu fiquei toda arranhada. Não quebrou nada não, mas levou semanas para sarar. Nós fazíamos arte, gente do céu. Eu fico pensando o tanto que nós éramos custosos. O papai castigava a gente. Colhia muito feijão, tinha aquele terreirão limpinho de secar feijão. Ele saia para buscar mais feijão e falava: "Olha, aquele canto ali de feijão é para vocês catar tudinho e quando eu chegar eu quero ver o tanto que vocês cataram. Eu e o Zé olhávamos uma para o outro. Papai saía e nós íamos lá catar, contando quantos litros nós catávamos. Mamãe falava: "Descansa meus filhos, o que que é isso, seu pai está é bestando". Eu falava: "Se não catarmos ele não vai bater em nós. Ela falava: "Não, não vai bater não". Era aquele resto de feijão que ficava quando batia o feijão, era muito, era para castigar-nos mesmo. Ficava naqueles buraquinhos do cimento, nós tínhamos que catar tudo. Uma mulher chegou lá e falou para a mãe, e nós escutando: "Cabrito não pode ver feijão no terreiro. Cabrito cata esse feijão aí e come tudinho". A mãe não falou nada para nós, mas nós escutamos. Foi só a mulher sair, nós fomos lá nos cabritos e bi...bi...bi... [como que tocando os cabritos]. As cabritas vieram com um monte de filhotes e daí a pouco não tinha mais um caroço de feijão no terreiro, os cabritos comeram tudinho. Nós pegamos um pouco do feijão do saco que o papai bateu e falamos que tínhamos catado (risadas). Nós contamos para a mãe e ela falou: "Vocês vão apanhar". Nós falamos para ela: "Não mãe não conta para o pai não". Ela disse: "Eu não vou contar não, mas se ele descobrir vocês vão apanhar". Ele nunca descobriu [risadas...]. O papai perguntou: "Catou muito feijão meus filhos" e, nós falamos: "Cansamos de ficar ajoelhados, mas catamos tudo". Era umas dez cabritas com cabritinho novo catando feijão [risadas]. (Entrevista com dona Nega, em abril de 2018).

Na adolescência, dona Nega também relata detalhes da sua vida:

Meu pai levava-nos para a festa. Nossa e nós dançávamos. Meu pai falava assim: "Se vocês quebrarem machado em alguém, vocês vão ficar trancada no quarto". Quebrar machado é quando algum homem chama você para dançar e você nega. Tinha uns bêbados, papai falava assim: "Se chamar vocês é para ir". Tinha dia que eu dançava com aqueles homens fedidos. Quem quebrava machado no baile, não dançava mais naquele baile. Quem negasse dança, naquela noite não dançava mais. Era aquela festona, mas não podia quebrar machado. Tinha aqueles bêbados que vinha, que ficava olhando e esperando. Eu tinha que ficar caladinha e não podia negar a dança. Meu pai ficava olhando, se quebrasse machado, ele colocava a gente dentro do quarto. Nós gostávamos de dançar demais. Nós éramos mocinhas, não tinha negócio de mocinhas estar com namorado. Todo mundo dançava alegre e satisfeito. Quando falei em namorado já estava perto de casar-se, meu pai era bravo, não deixava. Ele era bom para nós, levava nos bailes, nas festas, mas nada de namorar. (Entrevista com a dona Nega, em abril de 2018).

Dona Nega não teve uma vida fácil. Foi criada no trabalho, ainda muito nova teve que assumir as responsabilidades domésticas. Mesmo assim, na vida da roça, encontrou espaço para as brincadeiras infantis, brincadeiras essas misturadas com o trabalho, pois para a criança montar em um carneiro ou cabrito equivale ao adulto que monta em um cavalo, com todos os riscos da brincadeira, como bem contado por ela. Esse sentimento gerado pela memória das brincadeiras, do lazer, do convívio com seu irmão no trabalho, é constituinte das experiências de vida de dona Nega. A partir dessas memórias, também, ela pode refletir sobre o trabalho, trabalho árduo, às vezes até como castigo, dado por seu pai na infância.

A família do marido de dona Nega morava em Rio Verde (GO). Seu marido se deslocou para a região a fim de trabalhar, onde a conheceu. Ela relata: "Ele foi para trabalhar na região e nós nos conhecemos por lá. Quando eu fiz 15 anos me casei e não saímos daquela fazenda também. Meu marido foi trabalhar lá de vaqueiro e nunca mais saiu, fomos criando os meninos lá". Ela relata:

> Fiquei viúva muito cedo, com 42 anos de idade, com sete filhos para cuidar, cinco homens e duas mulheres. Em 1984 nós viemos para a Fazenda dos mesmos patrões em Nova Olímpia (MT), onde moramos e trabalhamos por 21 anos. Morei a vida toda na fazenda dessa família, 42 anos em Goiás e mais 21 anos em Mato Grosso. (Entrevista com dona Nega, em abril de 2018).

Por ter ficado viúva, teve que assumir junto com seu filho mais velho, o João Mauro, a condição de empregada da fazenda, substituindo seu marido no trabalho de vaqueiro (serviços de manutenção de cercas, conservação e limpeza das pastagens, trabalho todo manual). Na fazenda, criava-se gado de leite, o que aumentava o volume de trabalho, pois o trabalho manual de tirar leite exige muito esforço e tempo. A jornada de trabalho iniciava de madrugada e se estendia até a noite. Importa ressaltar que, além da lida no campo junto com seu filho, dona Nega tinha que cuidar da casa e fazer os queijos para venda. Sobre seu trabalho na fazenda, ela relata:

> Eu fazia de tudo na fazenda, trabalhava de doméstica, pois fui eu quem criei os filhos da patroa. Era um filho atrás do outro. A comadre não parava em casa e largava os filhos maiores comigo e saía. Fazia queijo para ela. Quando ela chegava, aquele monte de tábuas estavam cheias de queijos, aqueles queijos amarelinhos, antes curava, né? Eu falava: "Comadre se você não viesse quem ia levar essa queijarama toda para a cidade?" Aí ela falava: "Mas agora nós vamos levar". Nós arrumávamos aquele mundo de queijo para levar e vender na cidade. **Se trabalhar fizesse a gente ficar rica eu era a mulher mais rica do mundo:** era cuidando de casa, fazendo farinha, fazendo sabão, cuidando de criança, fazendo queijo, lavando roupa. (Entrevista com dona Nega, em abril de 2018. Grifo nosso).

Quando dona Nega fala do volume de trabalho e usa o termo "se trabalhar fizesse a gente ficar rica eu era a mulher mais rica do mundo", ela está falando das relações de trabalho: sua extenuante jornada diária de trabalho e a dimensão da carga de trabalho. Apesar de assumir a condição de assalariada — após a morte do marido, assumiu seu posto de trabalho para cuidar dos filhos —, vivia também uma relação de compadrio, pois seu pai foi criado na fazenda e seu avô fora proprietário daquelas terras.

Conforme seus relatos, para ela o compadre era bom: "ô gente, meu compadre era bom para mim. Ele chegava lá pelas cinco horas da manhã e me ajudava a arrumar os queijos: lavar, enxugar e colocar nos caixotes". Sobre sua comadre, ela também faz referência: "A comadre não esquece de mim, ela liga para mim. Quando vai uma pessoa lá, ela leva para a gente conversar. Eu considero igual a uma irmã". As relações pessoais estabelecidas eram boas, o que abrandava as duras relações de trabalho.

Os relatos mostram, ainda, que dona Nega viveu em um contexto familiar patriarcal, de um pai amoroso, manifestado por ela: "papai gostava demais de mim". Mas um pai que, apesar de amoroso, de brincar com as crianças, de levar para o baile, era quem mantinha o domínio das relações de poder na família. O risco de apanhar quando fazia "arte" vinha do pai, o trabalho dado como castigo vinha do pai, o castigo se "quebrasse machado" vinha do pai, a não aceitação de namoros e a determinação para se casar, com 15 anos de idade, veio do pai.

Dona Nega cresceu vendo sua mãe trabalhar como diarista nas lavouras de café. O trabalho da sua mãe não se limitava ao trabalho doméstico. Ela conviveu com uma realidade que empurrava sua mãe para fora dos limites do portão de casa, para manter a família. Apesar da autoridade do pai, que tinha o poder de mando no contexto das relações familiares, ela foi criada em um contexto que a mãe foi alçada ao trabalho considerado produtivo, fora dos portões de casa, portanto, fora do ambiente considerado feminino.

Sobre o trabalho na fazenda dos patrões, ela relata:

> Eu ia passando os bezerros para o João Mauro (meu filho). As vacas mansas eu amarrava. Eu arriava o cavalo para mim e ia para o pasto. Arrumava um companheiro, mas não parava ninguém, pois para madrugar todo dia não é qualquer um não. O João Mauro desanimou e queria ir para a cidade e falou: "Mãe eu não vou ficar mais aqui. Vamos comprar uma casa para nós em Nova Olímpia e vamos para lá". Eu falei: "Você tem coragem de deixar os meninos, tadinhos, eu criei eles desde crianças". Ele falou: "Mãe eu não aguento isso mais não". Os patrões passavam semanas sem ir à fazenda, era só eu e o João Mauro. [...]

João Mauro: Às vezes paria 20 vacas por dia eu levava para o curral e aplicava 2ml de ivomec e era eu e a mãe para trazer o gado para o curral e curar. Tinha umas vacas bravas. É Deus quem olha a gente. Tinha umas vacas que investiam na gente. Eu falei: "Mãe, se aquela vaca estiver parida não vai lá não, porque ela investe no cavalo". Quando eu vi minha mãe tocando a vaca. [...]

Dona Nega: Foi a primeira que achei parida, ela chamava cobrinha, eu toquei com uma vara na mão. Eu toquei a cobrinha. Ela olhou para mim, gemeu, pegou o bezerro e foi para o curral. O João Mauro falou: "Você achou a vaca mãe?" Eu falei: "Achei e levei lá para o curral". Quando o João Mauro chegou lá a vaca faltava rasgar a lasca da cerca de brava. O João Mauro contou isso para os meninos eles ficavam bravos. João Mauro disse: "Parecia um trem que levou minha mãe". Quando eu cheguei lá no curral a vaca estranhou eu, você precisa de ver. **Eu já trabalhei nessa minha vida**. É por isso que seu estou lerda desse jeito. Vai indo, cansa. (Entrevista com dona Nega e seu filho João Mauro, em abril de 2018, grifo nosso).

Dona Nega teve pouca oportunidade de estudar, apesar de manifestar o gosto pela escrita:

Eu fiz o quarto ano só em uma escola pertinho de casa. Os meninos estudaram, mas quando foi para eu ir para a escola o papai falou: "Menina, mulher, não precisa estudar não, só para aprender moda". Mamãe falou: "Deixe-a estudar, ela gosta de escrever, deixa ela aprender a escrever o nome dela" E eu gostava de escrever. Quando concluí o quarto ano o Professor falou: "Senhor José, essa menina é estudiosa, se o senhor deixar vai ser alguém na vida". Mas ele não deixou a gente estudar mais. Não me deixou estudar mais. Os meninos estudaram, mas eu não. (Entrevista com a dona Nega, em abril de 2018).

A fala da dona Nega expressa o ambiente da família patriarcal em que viveu. Ela não pode estudar porque o pai entendia que mulher não devia estudar, oportunidade que era reservada somente para os filhos homens. Para as filhas, o ambiente doméstico. Trata-se de uma discriminação em função do sexo. Por outro lado, a fala do professor: "Senhor José, essa menina é estudiosa, se o senhor deixar vai ser alguém na vida", é reveladora da discriminação em relação ao trabalho doméstico e da roça: para ser alguém na vida, era preciso estudar.

Esse fato teve repercussão na vida da dona Nega. Na tentativa de oferecer para as filhas outra perspectiva de vida, possibilitou que as meninas estudassem. Quando veio de Goiás para Mato Grosso, para trabalhar com os mesmos patrões, suas filhas ficaram em Goiás para estudar, uma com a sua patroa e a outra com o seu filho que já era casado e morava em Goiânia.

> Quando eu vim para Mato Grosso, as meninas ficaram. A comadre falou "Não leva ela não, se ela for para a escola fica longe e onça vai pegar ela lá. Eu a coloco na escola aqui". A Lucijane também ficou lá em Goiás, ficou na casa do meu filho. A esposa dele levou ela para estudar em Goiânia. Ela estudou lá e fez o curso de Direito. Hoje ela é advogada. A Lucinéia estudou para professora, ela é muito estudiosa. Hoje ela é professora e trabalha no Município e no Estado. (Entrevista com dona Nega, em abril de 2018).

Dona Nega não repetiu com suas filhas o que ocorreu com ela. Priorizou os estudos para elas como um caminho de, pode-se inferir, livrá-las do trabalho pesado da roça, que fez e faz parte da sua trajetória de vida. Durante seus relatos, reiteradamente, dona Nega afirma que trabalhou muito. Ela gosta da roça, porém, sua trajetória de vida foi sofrida, e ela diz: "Eu sei que já sofri nesse mundo". As marcas da sua vida repercutiram muito naquilo que ela pensou e projetou para suas filhas. Uma protetora das filhas. Podemos dizer que ela teve uma atitude feminista de, por meio da educação formal, ajudar na construção da autonomia de suas filhas. Sua autonomia foi construída na dureza do trabalho da roça, visto que viveu toda a sua vida na roça. Ela não percebe sua vida e seu trabalho fora da roça:

> Eu nunca morei em cidade. **Só sei que eu trabalhei demais.** Eu gosto do sítio. Hoje mesmo estava pensando, dá vontade de ir para a cidade pois eu ando muito sozinha aqui no sítio, mas aí eu penso, eu não gosto da cidade. Às vezes tem gente que fala: "Não dona Nega, vende isso aqui e vai morar na Cidade, a senhora está cansada, para com isso". Eu não tenho vontade de ir para a cidade. Aí eu fico pensando, Deus toma conta. (Entrevista com dona Nega, em abril de 2018).

Além do processo de opressão próprio das relações patriarcais e do colonialismo, reproduzidos com mais intensidade no campo, dona Nega foi submetida também à discriminação e opressão em função da cor da pele. [56]

---

[56] Fanon (1968), analisando a história de colonização do território africano pelas nações europeias, aborda a imposição de uma cultura que tem suas bases constitutivas na modernidade, que criou, na relação branco x negro, o "ser" para o branco e o "não ser" para o preto, esse "não ser" carregado de animalidade, de irracionalidade,

Sua autonomia no trabalho ocorreu em 2006, quando se desligou dos patrões com quem morara por 74 anos e trabalhara como empregada rural por 32 anos. Ela comprou o seu pedaço de terra na comunidade Córrego das Pedras com os frutos daquilo que produziu e economizou durante a sua vida como empregada rural. Seus recursos, além do trabalho, adivinham também dos presentes que ganhava (reses). Seu pai não vendeu nenhuma bezerra que foi presenteada. dona Nega manteve as reses também. Para criá-las, arrendava pastos ou usava os pastos dos patrões. O controle do que ela tinha era mantido pelos próprios patrões. Ela aprendera com seu pai a cuidar dos dotes (as reses ganhas de presentes), o que lhe possibilitou, juntamente com as reservas fruto do seu trabalho — dos salários que recebia e daquilo que conseguia artesanalmente industrializar e vender na feira, ainda em nova Olímpia (MT) —, constituir os recursos para adquirir o sítio e iniciar a sua vida no trabalho por conta própria. Significou a sua autonomia no trabalho.

> Desde que eu era menina eu nunca vendi as bezerras que meus padrinhos me davam de vez em quando. Meu pai nunca vendeu o que era meu. Ele falava: "É das meninas, eu só vendo bezerros machos". Foi aumentando. Eu arrendava pasto pois era barato naquele tempo. Quando o João Mauro resolveu não ficar mais na fazenda, eu falei para os meninos, os filhos da comadre: "Eu preciso do dinheiro vou comprar um pedaço de terra por aqui". O dinheiro ficava lá com eles. A Lucijane, minha filha que é advogada, falou: "Mãe eu andei pelo mundo e vi uma chácara lá em Tangará da Serra com placa de vende-se. Por que a Senhora não compra lá?". Eu falei: "Minha filha, para lá eu não vou não, nem um passo para a frente eu quero voltar é para trás". Ela disse: "vai lá ver mãe, o lugar é bom". Todo mundo aconselhando a gente para ir ver. Um dia um rapaz trouxe-nos aqui, viemos ver. Os filhos da comadre vieram acompanhando. Eles disseram: "Não tia, não compra não, como é que nós vamos ficar?". Eu falei: "Não filhos, Deus ajuda que vocês se casem. Vocês vão arrumar quem ajuda vocês". Aí nós compramos essa chácara. Até hoje eu não sei por quanto nós compramos a chácara, não lembro.

---

desprovido de história e de cultura. Trata-se de um pensamento reproduzido nas relações sociais brasileiras, afinal, estamos diante de uma colonização de um país do berço europeu (Portugal) que usou do expediente de escravização da população africana negra para impor seus propósitos. Esse cenário, que fez parte do processo de colonização e pós-colonização, repercute contemporaneamente nas relações sociais brasileiras, em um país que ainda não deu conta de superar a opressão e discriminação racial.

João Mauro: "Foi R$-60.000,00 mãe, há uns 12 anos.

Dona Nega: "Graças a Deus deu para comprar, pagamos tudo certinho". Nós trouxemos umas oito vacas e o filho da comadre, deu um touro para nós. Começamos a fazer a feira. Nós ficamos dois anos na banca do Flavinho que estava desocupada que o seu irmão Severino arrumou para nós. Eu fazia queijo, requeijão e doces e levava para vender. Fazia tudo sozinha, era muito trabalho. Plantamos mandioca e milho. Produzia muito.

João Mauro: Eu ia para a feira com a minha mãe e levávamos coco, mandioca, mexerica. Eu voltava, tirava o leite, engarrafava e levava para vender na feira, ainda pela manhã. Era uns 50 litros.

Dona Nega: Depois o João Mauro ficou doente e eu não dou conta mais de fazer tudo. Arruma gente, mas ninguém quer saber de nada. (Entrevista com dona Nega e João Mauro, em abril de 2018).

Com os recursos do acerto de contas do período em que trabalhou como assalariada rural, dona Nega comprou seu próprio pedaço de terra no ano de 2006, onde mora e trabalha desde então. Junto com ela, mora seu filho João Mauro, hoje cadeirante, que sempre a acompanhou. Um segundo filho, José, é remunerado por ela para tirar o leite das vacas todos os dias pela manhã. Daí para a frente o trabalho é com ela: continua a fazer queijos, doces e requeijões e vai à feira vender. Nos dias de feira, ela se levanta às duas horas da madrugada para finalizar a arrumação e chegar antes do amanhecer na feira. Seu filho José é quem a leva para a feira e traz de volta. dona Nega tem experiência em feira, pois já fazia feira quando morava e trabalhava na fazenda dos antigos patrões em Nova Olímpia (MT), município limítrofe de Tangará da Serra (MT).

Eu já conhecia muitas pessoas de Nova Olímpia, pois fazia feira lá. O Severino, nosso vizinho, já fazia a feira. Foi ele quem indiciou a banca para nós. Quem nos trouxe para a feira foi o Senhor Leonildo, que era fiscal lá do Mercado Big Master, que também fazia a feira. Quando a gente tinha muita produção eu fazia a feira na quarta também, mas hoje só no domingo. Eu levo queijo, doce, requeijão, eu levo frango quando eu tenho e ovos. Tudo que levo para feira sou eu quem faço e sozinha. Nunca comprei um fundo de agulha para levar. Durante a semana eu vou preparando, vou fazendo doce e queijo. Eu preparo tudo sozinha. No dia de ir para a

> feira eu quase não durmo, preparando. Eu levanto umas duas horas da manhã. Eu tenho uma freguesia que você precisa ver, às vezes chega gente na minha banca às sete horas, sete e pouquinho e não tem mais nada. (Entrevista com Dona nega, em abril de 2018).

Esse relato, em grande medida, expõe a vida de trabalho de dona Nega. Ela quem fabrica artesanalmente os produtos, prepara os frangos (os frangos vão limpos e às vezes, até cortados). Ela prepara tudo sozinha e vai à feira vender. Enfim, não se trata de um desabafo pelo cansaço em função da idade e da dureza do trabalho, mas uma voz de quem se sente honrada pelo que fez e pelo que faz. Uma vida que merece e precisa ser percebida. Apesar das suas limitações físicas a que faz referência, não vê sua vida fora do sítio.

Ela reclama do esgotamento das condições materiais para o seu trabalho no sítio.

> Meu filho, eu morei na roça a vida inteira. Antes de casar eu já morava na fazenda. Eu gosto. [...] Agora está mais custoso, não tem mais lenha, fazer tudo no gás está muito caro. Quando tem a lenha falta pessoas para picar um pedaço de lenha, eu pelejo para cortar lenha e não dou conta. Aí eu fico pensando, mas Deus toma conta. (Entrevista com dona Nega, em outubro de 2018).

Conforme Brandão (1999, p. 61), "Os recursos naturais necessários à reprodução da vida rústica estão sendo esgotados ou estão tornando-se menos adequados". O esgotamento da lenha, no seu pequeno sítio, torna-se uma dificuldade para dona Nega, que necessita da lenha para produzir os itens para vender na feira. Apesar de ter o fogão a gás, o que proporciona uma certa facilidade, ela mesma afirma a inviabilidade do seu uso em função dos custos. O fogão a gás acaba, também, sendo incompatível com uma vida campesina, construída na forma tradicional que, do ponto de vista da subsistência, constituía em tirar todo o sustento da natureza.

Dona Nega trabalha na lida doméstica, na lida do sítio, na feira levando seus produtos para venda e ainda encontra tempo para participar dos eventos religiosos e sociais. É assídua, não faltando em nenhuma atividade comunitária, seja religiosa ou social. Vai a pé de seu sítio até a igreja, que é próxima à sua casa. Quando as atividades são à noite, usa uma pequena lanterna para iluminar o caminho.

Com o seu jeito próprio de tocar a vida, ela é uma figura simbólica. Expressa um feminismo empírico, não ativista, que, no conjunto das práticas das mulheres da comunidade, tem alterado as relações de gênero, com visíveis avanços na relação com o trabalho e na relação com o sexo oposto. É inegável considerar os avanços, ao longo dos tempos, nas relações de gênero no âmbito da comunidade, como é axiomático não olhar para uma figura feminina tão representativa como é o caso da dona Nega, que tem na dimensão trabalho a centralidade de sua vida. Em nenhum momento nos seus relatos ela fala de descanso ou férias.

5.3 A educação formal, o processo sucessório e o trabalho no campo

Relativamente à educação, conformando com Queiroz (1973), a educação familiar no campo, considerada informal, voltava-se para preparar o indivíduo, desde criança, para a vida, ou seja, para as atividades domésticas, de trabalho e sociais que seriam desempenhadas. No caso das mulheres, as atividades domésticas, no caso dos homens, a lida na roça, recaindo sobre si a tarefa de ser o principal provedor da família.

> A família continua a ser uma instituição educativa informal da maior importância [...]. A educação dada informalmente pela família, por sua vez, apanha as crianças desde o berço e segue pela vida afora, dando-lhes todos os conhecimentos de que necessitam para viver de maneira satisfatória nos bairros. É ministrada principalmente através da participação direta e da imitação. (Queiroz, 1973, p. 60).

O roceiro não tinha muita ligação com a educação formal em função das dificuldades de compatibilizar jornada de trabalho com a jornada de estudo escolar. Mesmo quando estavam próximos à escola, a necessidade de trabalhar na roça foi um significativo fator impeditivo. A prioridade era o trabalho. No caso específico das mulheres, havia ainda uma velada discriminação de gênero, o que dificultava ainda mais o acesso à escola. dona Nega faz referência à proibição do pai para que continuasse os estudos, apesar de gostar de ler e de seu professor tê-la como uma aluna promissora. Dona Leonora também faz referência ao acesso à escola pelas mulheres: "Naquele tempo, meu filho, nós mulheres não íamos para a escola, nossos pais não deixavam. A pouca escola que tinha era para os filhos homens".

A educação informal, praticada no seio da família, foi a base da formação na roça. Tratava-se de uma educação vinculada aos afazeres da vida cotidiana, com divisões de tarefas para homens e mulheres, caracterizando uma divisão sexual do trabalho, própria das tradições da família patriarcal.

"No meio rural, a família constitui o meio para a transmissão dos conhecimentos e habilidades de uma geração a outra. É no seio das famílias que se processam as relações sociais entre os dois sexos" (Lucena, 1999, p. 88).

Importante considerar também que o processo de educação formal, presente no contexto das relações sociais no campo, historicamente teve seu papel minimizado, limitado ao aprendizado básico da leitura e da escrita. Essa secundarizacão da educação formal no campo se dava em instância institucional. Até a década de 70 o modelo de educação formal brasileiro destinava-se exclusivamente às elites, não havendo preocupação com um processo de educação formal voltado para as massas populares, excluídas do processo. Esse cenário era potencializado no campo.

Na colonização iniciada em Tangará da Serra na década de 60, caracterizada pela ocupação do campo, não havia escola formal nas comunidades rurais. No caso específico da comunidade Córrego das Pedras, que teve o início da ocupação das terras em meados da década de 60, o acesso possível à escola era no então distrito de Tangará da Serra, a aproximadamente 12 quilômetros dos sítios, andando por trilhas no interior das densas matas. Sobre esse fato, Tiana, filha da primeira geração, relata: "As crianças estudavam na cidade, inclusive eu, em uma escola que funcionava onde hoje é a Delegacia de Polícia, vínhamos e voltávamos a pé".

A possibilidade de acesso à educação formal no campo era ainda dificultada pela demanda do trabalho: a família necessitava da mão de obra dos filhos e filhas. O ingresso na educação formal acabava por diminuir o tempo de trabalho diário. Era preciso que todos trabalhassem para garantir a sobrevivência familiar.

O sitiante da primeira geração tinha claro que o espaço para produção da sua vida material e da família era a roça, a partir do trabalho da família. Para ele, a educação formal tinha pouca ou nenhuma relação com esse processo. Daí o desinteresse pela educação formal. senhor Salvador relata: "Eu queria que os meninos estudassem, mas estávamos fracos financeiramente. Não tinha nem como deixar eles irem à escola, pois precisava deles para o trabalho".

Aprendia-se o básico: ler, escrever e fazer contas, normalmente, no máximo, até a quarta série do ensino fundamental, antigo primário. Essa foi a realidade da primeira geração. A segunda geração, em sua maioria, seguiu o mesmo percurso: levantamento quantitativo apontou que na família do senhor Arestides, de 10 filhos, sendo 08 mulheres e dois homens, somente uma filha, das mais novas, e um filho conseguiram concluir o segundo grau. Para isso, precisam conciliar a tarefa de estudos com a jornada de trabalho no sítio.

Os filhos e filhas da primeira geração tiveram acesso muito limitado à educação escolar, pois tratava-se de uma escola rural que oferecia as séries iniciais do primeiro grau, como identificado nas vozes dos sujeitos e na disponibilidade de tempo, visto que era comum a necessidade da mão de obra das crianças na roça. Sobre o motivo pelo qual deixou a escola, Pedro relata: "Foi meu pai. Eu tinha 11 anos quando eu saí da escola. Meu pai falou que era para eu ajudá-lo. Ele precisava de mim".

O senhor Severino, filho da primeira geração de migrantes, faz um relato abordando as dificuldades de permanecer na escola em função das necessidades do trabalho:

> Quando cheguei aqui com meu pai, em 1967, eu tinha 9 anos. Meu pai comprou as terras bem antes, mas era muito difícil aqui, então viemos para cá no final da década de 60. Comecei a ajudar meu pai na roça muito cedo, logo que chegamos, naquela época o pai plantou café e arroz e nós ajudávamos nos trabalhos da roça, eu e meu irmão. Nossa família era pequena, somente dois filhos homens. Nós estudávamos aqui com a Dona Iracema, uma escolinha lá pra frente, em direção a reserva e linha doze, pois ainda não tinha escola aqui no Córrego das Pedras. Depois foi feita a escola aqui no Córrego das Pedras, no sítio do Senhor Jacinto, logo ali em cima, pra frente da igreja, foi a primeira escolinha aqui na região do Córrego das Pedras, que serviu também como igreja: o padre celebrava as missas na escolinha e os cultos era lá também. Não teve como continuar estudando. Eu tenho um casal de filhos, os dois casaram e moram aqui comigo. Minha vontade era que eles estudassem, porque você sabe que a roça é complicada, só que eles não quiseram estudar, a vontade deles é mexer com roça, então tão continuando até hoje aqui, então, os dois casaram, moram e trabalham aqui no sítio comigo. Eles começaram o ensino médio, na cidade, e depois pararam. (Entrevista com o senhor Severino, em janeiro de 2017[57]).

Em sua fala, Severino aponta para as dificuldades de acesso à educação formal: era preciso deslocar-se para as comunidades próximas para

---

[57] O senhor Severino é filho da primeira geração. Seu pai, senhor Antônio Paulista, falecido, foi um dos primeiros a comprar terras em Córrego das Pedras e teve uma vida social e política muito ativa.

ter acesso à escola e somente até as séries iniciais do ensino fundamental. Posteriormente, no ano de 1971, abriu a "escolinha rural" na comunidade, ficando mais próximo das famílias, mas limitada também às séries iniciais do ensino fundamental. Ele é taxativo, não teve condições de continuar estudando em função do trabalho. Entretanto, seu filho e sua filha concluíram o ensino fundamental na Escola Agrícola próxima à comunidade. Iniciaram o ensino médio na cidade, mas não quiseram prosseguir. Eles trocaram o estudo pela vida no sítio, incluindo a dimensão do trabalho na roça. Fizeram opção pelo trabalho na roça, em certa medida, uma manifestação do afeto à terra.

Apesar dos migrantes da primeira geração considerarem a escolarização importante, pois dela se ressentiam, a prioridade era trabalhar, ou seja, produzir a vida material com a mão de obra familiar.

> Eu tive quatro filhos e queria que os meninos estudassem, mas a gente era muito fraco naquele tempo, não tinha como deixar os meninos ir para a escola. Eles começaram a trabalhar muito cedo, com 12 ou 13 anos já estavam trabalhando comigo na roça. Depois eles foram para a escola, quando surgiu uma escolinha aqui no Córrego das Pedras, uma escolinha de tábua, a primeira escola que fizeram aqui. O Ronaldo, o Roberto e o Carlinhos estudaram, só o Davi que estudou um pouco e depois parou. Todos eles precisavam trabalhar. (Entrevista com o senhor Salvador, em janeiro de 2017).

Quando a escola chegou mais próxima, foi possível que os filhos e filhas, principalmente as crianças, fossem para a escola, estudando até a 4ª série do ensino fundamental, antigo primário. Porém, para as crianças maiores, a partir de 12 anos, a necessidade do trabalho seria maior, o que limitava aos estudos das séries iniciais. Nesse caminho, muitos já estavam na juventude, fora da idade escolar, fazendo já opção pelo trabalho.

Apesar das dificuldades de acesso e permanência na escola, os filhos e filhas da primeira geração saíram da condição de analfabetos, tendo acesso à educação formal via escola rural, aprendendo o básico considerado necessário: ler, escrever, e as quatro operações fundamentais da matemática (adição, subtração, divisão e multiplicação). Em sua maioria, "não conseguiram concluir o ensino fundamental", porém, todos foram alfabetizados. Somente uma mulher e um homem de uma mesma família concluíram o ensino médio; um homem concluiu o ensino médio e duas mulheres concluíram o ensino superior, também de uma mesma família; e um homem e uma mulher de famílias distintas concluíram o ensino médio. Estamos falando de um contingente de 46 pessoas, sendo 25 do sexo masculino e 21 do sexo feminino.

Esses números expressam também uma maior preocupação por parte das famílias com o processo de educação formal das mulheres. O que na primeira geração era reservado somente para os homens, na segunda geração já se percebe um equilíbrio nessa relação, até com supremacia das mulheres.

No caso específico da família da dona Nega, a imersão precoce no mundo do trabalho, iniciando pelo doméstico, posteriormente assumindo a condição de mantenedora econômica da família, o que exigiu-lhe uma condição limite de trabalho, expressa no decorrer da sua fala que "trabalhou demais ao longo da vida", acabou por ser determinante para que suas filhas pudessem ter estudado regularmente. Quando mudou para Mato Grosso, ela deixou suas filhas em Goiás para estudarem.

Houve considerável avanço da segunda geração, em comparação à primeira, no que tange à educação formal. A situação da terceira geração, os filhos e filhas da segunda geração, hoje crianças, jovens e adolescentes, é ainda mais diferente. Daqueles que residem nos sítios com suas famílias e em idade escolar, todos estão regularmente frequentando a escola, alguns já no ensino superior, morando em seus sítios e se deslocando diariamente para a cidade.

Quadro 8 – Demonstrativo de escolaridade dos netos e netas – terceira geração[58]

Nome	Idade	Situação Escolar
Gabriel	07	Cursando o 1º ano – EF
Rafael	09	Cursando o 3º ano – EF
João Pedro	09	Cursando o 3º ano – EF
Eduardo	09	Cursando o 3º ano – EF
Matheus	15	Cursando 0 1ª ano – EM
Jefferson	17	Cursando Agronomia – ES
Alfredo	17	Cursando Biologia – ES
Lucas Rafael	18	Cursando Engenharia Civil – ES

---

[58] Quadro demonstrativo das crianças, jovens e adolescentes que frequentam de forma mais assídua as atividades da comunidade e participaram das atividades de desenhos propostas.

Nome	Idade	Situação Escolar
Igor Matheus	19	Conclui o Ensino Médio
Leonardo Eyi Okada	19	Cursando Zootecnia Civil – ES
Maurício dos Santos	20	Cursando Agronomia – ES
Cristian Rodrigo	21	Cursando Agronomia – ES
Gustavo	05	Não frequenta escola
Camila	06	Cursando o 1º ano do EF
Ana Paula	09	Cursando o 4º ano – EF
Cristina	15	Cursando o 2º ano – EM
Krysllei	22	Concluiu curso de Biologia – ES

Legenda:
FIE – Fora da Idade Escolar
EF – Ensino Fundamental
EM – Ensino Médio
ES – Ensino superior
Fonte: o autor

O quadro demonstra que quase todos os netos e netas que residem nos sítios estão estudando, sendo compatíveis a idade biológica com a idade escolar. Mostra, ainda, que, ao concluírem o ensino médio, os jovens se encaminham para o ensino superior.

Para a terceira geração, as condições de acessibilidade foram bem melhores, pois se instalou na região a Escola Agrícola Municipal, atual Centro Municipal de Educação "Ulisses Guimarães", oferecendo o ensino fundamental completo. Concomitantemente, implantou-se o transporte escolar do sítio para a cidade possibilitando o acesso ao primeiro e segundo grau completo. Além disso, havia uma consciência maior por parte dos pais e mães da segunda geração sobre a importância da formação escolar, razão pela qual, impulsionaram seus filhos para a tarefa de estudar. "Nunca deixei de estudar para trabalhar. Minha família priorizou o meu estudo" (Alfredo, 19 anos, estudante do curso de biologia). "Ajudo no tempo que tenho, nunca deixei de estudar para trabalhar" (Cristian, 22 anos, estudante do curso de agronomia). "Quando eu parei de estudar o pai brigou comigo. Ele tentou fazer eu voltar para estudar, mas não adiantava. Eu não gostava, no período que estudei, foi na marra. Fui de obrigado, eu nunca gostei. Deixei de estudar por conta. O pai e mãe queriam que nós estudássemos." (Fábio, 32 anos, sitiante).

Os jovens caminham para o ensino superior, concomitantemente com as responsabilidades com o trabalho na roça, tendo por prioridade os estudos. Eles e elas estudam e trabalham. Essa é a dinâmica que a produção da vida material na roça exige, e essa é também a consciência construída no interior das famílias. Conforme Cristian: "Em função dos estudos, hoje permaneço mais tempo na cidade do que no sítio, pois o curso é diurno e de tempo integral. Nos finais de semana volto para o sítio. Quando eu estou no sítio eu trabalho lá." No mesmo sentido, temos o relato de Alfredo:

> Eu fico na cidade na segunda e na terça. Na terça-feira, após as atividades de estudos na Universidade eu vou para o sítio ajudar meus pais, pois amanhã, quarta-feira, tem feira e tem muito trabalho. Na quarta-feira de manhã eu vou para a faculdade às 07:30, quando tem aulas no período matutino. Quando não tenho aulas na quarta-feira de manhã eu fico no sítio ou na feira, dependendo da necessidade do trabalho. Tem semestre que tem aulas na quarta-feira de manhã tem semestre que não. Na sexta-feira, após as aulas, eu retorno para o sítio e ajudo nos trabalhos. Trabalho mais na organização da feira: colheita de produtos e preparo dos produtos para levar para a feira. Segunda-feira cedo estou de volta para os estudos. (Entrevista com Alfredo, em outubro de 2018).

Atualmente, a população da comunidade é bem informada. Estão próximos e diretamente ligados à cidade por meio da feira, tem acesso a programação de rádio e televisão local e seus filhos, na sua totalidade, têm acesso regularmente à educação formal, inclusive, na universidade da cidade. Flávio diz: "Eu me orgulho ver meu filho estudando agronomia. Além de estar estudando aquilo que aprendeu, não perde em nada para os alunos da cidade. É muito dedicado e aplicado nos estudos".

Pode-se afirmar que a educação institucional foi puxada para o centro da vida dos sitiantes, fazendo parte do cotidiano da vida das famílias e da perspectiva futura para as crianças, adolescentes e jovens. Se no passado, conforme afirma Queiroz (1973), "A educação institucionalizada pouco colaborava, na socialização da criança", hoje está presente no contexto da formação das crianças, adolescentes e jovens da roça, como um relevante polo do processo de formação.

À medida que se seguiram as gerações, avançou-se na escolarização: a segunda geração foi mais escolarizada que a primeira e a terceira geração está sendo mais escolarizada que a segunda. Os membros da segunda geração não tiveram a possibilidade da avançar nos estudos, em sua maioria. As narrativas e os indicadores quantitativos demonstram que hoje a prioridade é o estudo, sendo o trabalho uma tarefa auxiliar.

Cristian, um dos netos da família Freitas, fala sobre a conciliação do trabalho na roça e os estudos:

> Trabalhei na roça desde os 14 anos. Comecei aos poucos: carpir, plantar os produtos para a feira (milho, quiabo, jiló, berinjela e outros) e tirar leite no período em que meus pais já estavam na feira. Não tenho lembrança dos trabalhos no café. Não deixei de estudar para trabalhar, ajudava e ajudo o tempo que tenho disponível. Quando eu era mais novo eu ia para a feira com mais frequência. Depois que comecei a faculdade ficou mais difícil por conta das atividades de estudo. Quando tem alguma coisa a mais, como o milho verde que precisa descascar para vender, eu vou ajudar. (Entrevista com Cristian Rodrigues de Freitas, em setembro de 2018).

Analisando as informações colhidas, percebe-se que a primeira geração era possuidora de uma consciência em relação à importância da educação formal, limitada à alfabetização, em função das necessidades do trabalho. Para a segunda geração a escolarização continuada de seus filhos e filhas passou a ser prioridade, sendo o curso superior o objetivo dos jovens e de suas famílias. Via de regra, no ensino fundamental estudam na Escola Agrícola, próxima à comunidade. No ensino médio, estudam na cidade, utilizando o transporte escolar para ir e voltar, normalmente em um turno, reservando o segundo turno para os trabalhos na roça, quando menino, e em casa, quando menina. Em relação ao ensino superior, em todos os casos observados, os jovens conciliam o estudo entre a cidade e o sítio. Moram na cidade e quando podem, nos finais de semanas e feriados, retornam para casa e para o trabalho. Os que estão no ensino superior, estudam em cursos diurnos e em tempo integral. Há situações de jovens que vão e retornam das escolas todos os dias.

A dinâmica da vida provocou mudanças. Os jovens romperam com o ciclo dos seus avós e pais que deixaram os estudos em função das necessidades de trabalho. Os membros da segunda geração, que poucas oportunidades tiveram em dar sequência à vida escolar, também percebem a importância dessa dimensão na vida dos filhos. Assim sendo, os jovens da terceira geração já estão no caminho da faculdade, em formações que coincidem ou não com a lida do campo, mas com um pé na roça porque o deslocamento para a cidade se reduz ao tempo necessário para os estudos. Necessitam também auxiliar a família nas lidas da roça, exigindo resiliência para conciliarem a vida de estudo com a jornada de trabalho.

Importante ressaltar que mesmo com essa dinâmica do ensino superior, em que pese a prioridade dada aos estudos, os jovens não perdem a relação com a terra e com o trabalho, aspecto importante quando se projeta uma possibilidade de continuidade da permanência na terra, após a formação.

Outro aspecto a considerar é a questão de gênero: apesar de, numericamente, o quantitativo de netos da primeira geração ser maior, as netas seguem regularmente na educação formal, não havendo discriminação das famílias em relação a elas, o que ocorria no passado.

Verifica-se uma significativa ascendência do contexto social externo em determinar padrões de comportamentos, o que não é novidade, pois faz parte das históricas tensões vividas entre a tradição e a modernidade. As tensões se exacerbam, principalmente em função das demandas dos adolescentes e jovens que, agora, de uma forma mais intensa, acabam por aprofundar os vínculos com a cidade e com as tecnologias disponíveis. A tarefa de estudo, principalmente para os filhos que estão no ensino superior, coloca-se como forte mecanismo de pressão em relação às formas tradicionais de produção e à dinâmica de vida no campo. Cristian, acadêmico do curso de Agronomia, relata:

> Mudaria algumas coisas. Em relação as pastagens não há muito cuidado. Você vai fazendo faculdade e vai conhecendo novas formas de trabalhar. São ideias diferentes e precisa mudar para melhorar. Faria piquetes e adubação para melhorar a qualidade das pastagens e uma maior nutrição para o gado, o que produziria mais leite. Com mais nutrição poderia até aumentar o plantel. Melhorando a pastagem e o manejo, aumentaríamos produção. No sítio, fazemos a ordenha manual, podendo ser substituída pela ordenha mecânica, diminuindo o trabalho manual e ganho de tempo. Nós gradeamos a terra constante. Nos estudos da agronomia aprendemos que precisamos conservar o solo. A prática da constante gradagem não é indicada. Tem outros recursos, por exemplo, ao invés de gradear a terra duas, três ou mais vezes, poderia fazer uma só. (Entrevista com Cristian, setembro de 2018).

Do ponto de vista prático, a busca da educação formal em cursos superiores pela população jovem, combinado com um avanço sistemático da modernização, principalmente o processo de tecnologização da atividade produtiva no campo, implicaram mudanças nas relações familiares, comunitárias e nas formas de produção da vida material, com imprevisibilidade de um cenário futuro de continuação da reprodução de um modelo de vida que tem raízes na cultura caipira do interior de São Paulo e Minas Gerais.

Conformando com a diversidade do mundo rural, as situações são diversas: há uma família cujos filhos já estão trabalhando autonomamente nas terras juntamente com seus pais. Em outras, os filhos estão no ensino superior em áreas afetas às atividades dos sítios, bem como algumas em que os filhos estão no ensino superior em cursos não relacionados às atividades do sítio. Há crianças e adolescentes vivendo nos sítios e estudando, ainda com pouca idade e maturidade para projetar futuro.

5.4 Os desenhos e a inscrição da perspectiva futura

A perspectiva de continuidade do processo sucessório passa pelos aspectos culturais historicamente construídos no âmbito das relações sociais dos sujeitos da comunidade e dos vínculos com a terra. Nesse caminho, ouvir outras vozes, além dos idosos da primeira geração e dos adultos da segunda geração, tornou-se uma necessidade e constituiu-se em desafio. Silva (2018, p. 34) aborda esse desafio. "Ouvir as vozes das crianças, geralmente, alijadas da análise sociológica, em geral adultocêntrica, é um desafio para a compreensão da realidade social". Nesse caso, além das crianças, ouviremos adolescentes e jovens que compõem a terceira geração, também, por meio de desenhos[59], considerando-os, conforme Silva (2018), como uma forma de expressão.

As manifestações produzidas por jovens, adolescentes e crianças que participaram da atividade de desenho, suas narrativas, conjuminadas com nossas percepções, são balizadores das análises e daquilo que se projeta como perspectiva futura. Para Di Leo (1985), a cultura e o intelecto impõem um retrato lógico e realístico da vida, manifestado nos desenhos. Portanto, estamos diante da representação de um mundo real vivido.

---

[59] Essa atividade de desenho foi desenvolvida a partir de uma experiência de pesquisa, tendo como sujeitos crianças filhas de trabalhadores(as) das lavouras de cana-de-açúcar e laranja da região de Ribeirão Preto (SP), conduzida pela orientadora Prof.ª Dr.ª Maria Aparecida de Moraes Silva, em conjunto com a Prof.ª Dr.ª Beatriz Medeiros de Melo e a professora Andréia Peres Appolinário, resultando na elaboração de um artigo científico intitulado "A família, tal como ela é, nos desenhos de crianças". Posteriormente, essa experiência de desenhos como instrumento de diálogo com sujeitos de pesquisa foi apresentada e discutida no grupo de pesquisa TRAMA: Terra, Trabalho Memória e Migração.

Para adentrar à discussão, relativamente ao pensamento dos filhos e filhas da segunda geração, que constituem a terceira geração, convém lembrar que estamos diante de uma realidade multifacetada. Essa característica é própria da pluralidade das relações estabelecidas naquele contexto social, que inclui anseios e expectativas em relação às condições presentes e futuras de vida dos filhos e filhas da segunda geração. O desenho constitui-se em uma forma de apresentar um contexto social. "O desenho do adulto e o desenho da criança não são estanques. Ambos participam do patrimônio humano de aquisição de conhecimento complementando-se" (Derdyk, 1989, p. 50).

Derdyk (1989, p. 20) considera "o desenho como linguagem para a arte, para a ciência e para a técnica, é um instrumento de conhecimento, possuindo grande capacidade de abrangência como meio de comunicação e de expressão", podendo servir à ciência, como recurso de geração de dados.

Assim, procurando evidenciar o sentimento das crianças, adolescentes e jovens, filhos e filhas da segunda geração, portanto, a terceira geração, em relação ao significado das suas vidas no campo, eles e elas foram estimulados a se manifestar por meio de desenhos.

Em um domingo à tarde, dia 24 de setembro de 2017, a partir das 14h, no Centro Municipal de Educação Ulisses Guimarães, identificada pela comunidade como Escola Agrícola, ocupamos o espaço do refeitório da escola, espaço amplo e adequado, para o desenvolvimento das atividades de desenhos. Foram disponibilizadas(os) folhas de papel A3 e A4, réguas, jogos de lápis de cor, canetas, lápis preto e borracha, tudo em muita quantidade. O material foi colocado sobre uma mesa, ficando à disposição para que cada participante pegasse o material que melhor lhe conviesse. Em um primeiro momento, foi solicitado que fizessem um desenho que expressasse o que mais gostavam, o que mais se relacionavam com suas vidas no local onde moram. Em um segundo momento, utilizando outra folha, foi solicitado que desenhassem o que pretendiam ser ou fazer no futuro. Apesar da proposição do conteúdo do desenho, ficaram à vontade para desenhar o que melhor lhes conviesse. A atividade foi muito descontraída e, durante todo o momento, estiveram atentos à realização das atividades. No momento da entrega dos desenhos, eles externaram o significado daquilo que desenharam e, posteriormente, foram feitas as devidas anotações no verso dos desenhos, para não perder a memória do significado dado por eles para seus desenhos.

O desenho lida com os elementos do tempo e do espaço.
O ato de desenhar congrega o presente com um passado e

um futuro. As imagens nascem da observação, da memória, da imaginação. Poderíamos relacionar a observação com o presente, a memória com o passado e a imaginação com o futuro. (Derdyk, 1989, p. 118).

Para Derdik (1989, p. 131), "imaginar é projetar, é antever, é a mobilização interior orientada para determinada finalidade antes mesmo de existir a situação concreta, detectando a intencionalidade contida na ação humana".

Baseado em Di Leo (1985), os desenhos são representações e não reproduções, no nosso caso, iniciadas por um estímulo pessoal, pois foi solicitado aos sujeitos que desenvolvessem os desenhos, a partir das experiências vividas, projetando uma perspectiva futura de vida, o que acaba por mobilizar sentimentos no seu desenvolvimento.

Assim sendo, os desenhos são produções do imaginário de sujeitos imersos em um contexto social, no qual, para além de produzir imagens, acabam por exprimir as percepções presentes e as perspectivas futuras onde a vida se desenrolou e desenrola, e no caso das crianças, adolescentes e jovens, em um cenário de continuidade ou não de produção da vida material, em um *locus* onde foram criados e permanecem.

As análises do conteúdo latente e subliminar dos desenhos levam em conta o contexto social de vida dos sujeitos e suas relações e os contornos teóricos definidos, considerando que: "Podemos detectar o "conteúdo manifesto" do desenho, que seriam as imagens ali presentes no papel e o "conteúdo latente", que trata das mensagens subliminares, escondidinhas também ali no papel" (Derdyk, 1989, p. 54).

Ao todo foram produzidos 31 desenhos, de 16 participantes da atividade, com idade entre 4 a 22 anos, sendo 13 meninos e três meninas. Foram extraídos como amostras oito desenhos, apresentados de forma sequenciada, objetivando situar nossas reflexões e o leitor em um cenário que possa ter a percepção mais geral das mensagens contidas nos desenhos "ressaltando que os desenhos são verdadeiras 'fábricas de imagens', nas quais se misturam as representações do momento presente, passado e das expectativas futuras. Os desenhos revelam e escondem" (Silva; Melo; Appolinário, 2012, p. 169).

Figura 6 – João Pedro – 9 anos

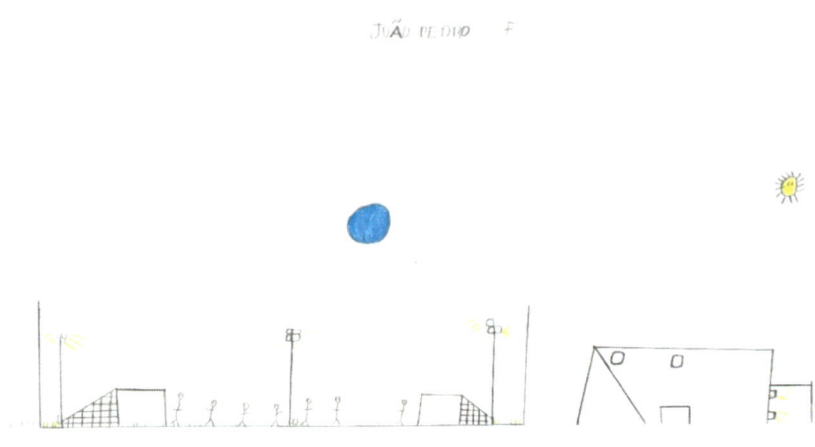

Fonte: o autor

No seu desenho, João Pedro, 9 anos, manifesta gosto pela comunidade e sua casa. Seu desenho traz aspectos da comunidade como o campo de futebol *society*, em um jogo de futebol com crianças, inclusive ele, e a presença da lua em azul. Segundo ele, a partida de futebol era realizada no período noturno (a irradiação da iluminação artificial indica que o campo de futebol e o desenho da lua, são marcas de que a partida de futebol ocorria no período noturno). Ele desenhou também a casa onde mora com seus tios, sol e irradiação de luzes artificiais, sinalizando a existência de energia elétrica na casa.

Figura 7 – João Pedro – 09 anos

Fonte: o autor

Já no segundo desenho, João Pedro apresenta um cenário de um sol com muita luminosidade e um trator no campo, arrastando uma carreta de cereais. Na conversa, João Pedro diz gostar da roça. Seu desenho expressa esse gosto, ele conduzindo o trator e fazendo a colheita de produtos na roça.

Apesar da necessidade de dar importância para o desenho, em sua totalidade, as particularidades, dentro de um contexto de totalidade, também demandam atenção. Nesse caminho Di Leo (1985, p. 77) adverte: "Confiar apenas em detalhes específicos pode ser enganador. A impressão global é geralmente o indicador mais válido". E continua: "Uma avaliação global dos desenhos não deve negligenciar o significado dos itens individuais" (Di Leo, 1985, p. 81).

João Pedro, 9 anos, criança introvertida, mora no sítio com os tios. Em função da separação dos seus pais, os tios acabaram acolhendo-o para a convivência com eles. Eventualmente ele vê sua mãe, que mora na cidade. O seu desenho em perspectiva presente, expressa a relação com a comunidade. Ele está sempre presente junto com seus tios. Já o seu desenho em perspectiva futura, coloca as atividades do sítio como central, expressando a relação e o gosto por elas. É destacável também que ele vincula sua perspectiva futura de vida à roça, pois ele se vê trabalhando nela.

Um importante detalhe observado é que a abordagem do desenho é feita praticamente na parte inferior da folha e em tamanho minimizado em proporção ao tamanho da folha. "Existe suporte geral para a interpretação de que pequenas figuras desenhadas perto da, ou na parte de baixo da folha, expressam sentimentos de inadequação, insegurança e mesmo depressão, enquanto os que estão na parte de cima sugerem otimismo" (Di Leo, 1985, p. 19). Silva (2012), em suas análises de desenhos infantis, também relaciona desenhos com a abordagem contida na Figura 13, que pode ensejar tensões, aflições e inseguranças. No tocante ao desenho em tela, a observação dos detalhes, pode expressar um sentimento de insegurança em relação a sua vida: Pedro mora com os tios.

Figura 8 – Jeferson – 19 anos

Fonte: o autor

No seu desenho, Jeferson, 19 anos, acadêmico do Curso de Agronomia da Unemat, apresenta sua perspectiva de vida associada à roça com uma gramagem colorida de verde e amarela e um trator em movimento equipado com uma plantadeira, efetuando a plantação. Em um horizonte distante, na parte inferior direita da folha, um sol descolorido. Jefferson diz gostar do trabalho da roça e projeta seu futuro nas atividades do campo.

O desenho de Jeferson também aponta para uma possível insegurança, talvez em função dos caminhos que a vida lhe proporciona, ainda sem definição para o futuro, apesar da tendência manifesta em relação à continuidade da sua vida no sítio.

É importante ressaltar que tanto João Pedro quanto Jefferson, apesar da diferença de idade, 9 e 19 anos, respectivamente, mantêm perspectivas semelhantes em relação ao futuro, sugerindo tratar-se da ascendência de uma cultura que, mesmo diante da diversidade, funciona como categoria homogeneizadora em relação ao modo de vida.

Figura 9 – Igor – 19 anos

Fonte: o autor

Igor, 19 anos, acadêmico do curso de Psicologia da UFMT, desenhou uma igreja conjuminada com um campo de futebol, ambos em tom amarelo. A igreja está localizada na parte superior, destacada com torres em marrom e cruzes em cor preta e o campo de futebol na parte inferior. A igreja na parte superior de seu desenho expressa a força das manifestações religiosas. Importante destacar que Martins (1986) fez referência à dimensão da religião no contexto das relações sociais no campo. As quatro casas interligadas indicam a relação das famílias com a comunidade. Seu desenho demonstra que a comunidade é central no cotidiano da vida das famílias. Já o córrego, que é o Córrego das Pedras, pois as pedras pintadas em marrom e em destaque na beira do córrego são identificadoras do córrego, juntamente com duas árvores tracejadas na parte inferior em cor amarela com a copa colorida discretamente em vermelho, aparentando flores, sintetizam a relação com a natureza, natureza que fez e faz parte da sua vida. O córrego, local das brincadeiras de infância, passa muito próximo da estrutura física da comunidade.

Figura 10 – Igor 19 anos

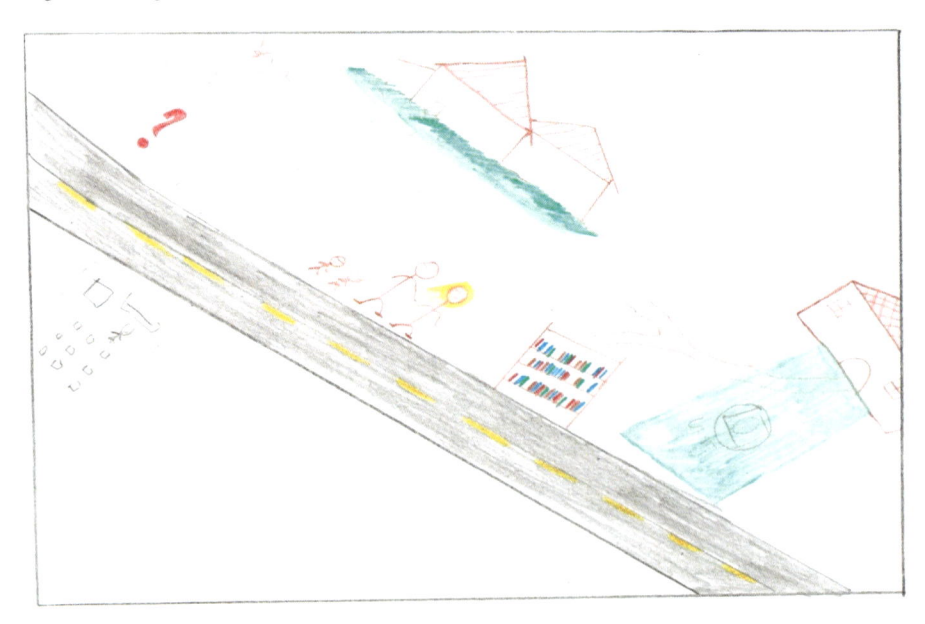

Fonte: o autor

No seu segundo desenho, Igor apresenta a casa onde mora, uma rodovia asfaltada, um prédio que ele identifica ser a UFMT e um caminho que interliga sua casa a todos os cenários do seu desenho. No início do caminho, um ponto de interrogação, identificador da sua etapa de vida, a incerteza. Seguindo a rodovia asfaltada, um desenho de quatro pessoas em caminhada, sendo dois adultos, uma identificada como mulher, pelo tamanho do cabelo, e dois corpos menores acompanhando os adultos, coincidindo com seus pais e irmão. Do lado do prédio da universidade, uma estante com livros, que representa um local de estudo. Para Igor, seu futuro está nos estudos na UFMT, onde atualmente está cursando Psicologia. Quando da produção do desenho, em 24 de setembro de 2017, Igor havia prestado vestibular, ocasião em que aguardava convocação para matrícula e início do curso. No período de férias e recessos e, às vezes, até finais de semana, Igor retorna para casa dos pais, mantendo os vínculos.

Figura 11 – Camila – 6 anos

Fonte: o autor

No seu desenho, Camila, 6 anos, apresenta um cenário em que aparece um conjunto de corações em cor vermelha; uma figura feminina bastante destacada que simboliza uma professora, profissão que a Camila diz interessar-se; e no rodapé da folha o desenho de crianças, divididas em dois grupos de três que, segundo ela, são os alunos. As crianças aparecem abaixo da professora, e em caricaturas menores, o que pode ser compreendido como uma relação de poder vivida em seu cotidiano.

Figura 12 – Ana Paula – 9 anos

Fonte: o autor

Já Ana Paula, 9 anos, em seu desenho, manifesta o gosto pela matemática e que, quando adulta, projeta ser professora.

Os desenhos apresentados, além de demonstrarem os vínculos das famílias com a comunidade, os vínculos com o cotidiano da vida na roça, apresentam, também, a reprodução da divisão do trabalho, em um cenário em que os sujeitos do sexo masculino projetam dar continuidade ao trabalho na roça, desenvolvido por seus avós e pais, com o incremento do uso de tecnologias que já está em curso pela segunda geração, e as mulheres apresentam o interesse por trabalhos socialmente afetos a elas, como a profissão de professora. Enquanto os sujeitos do sexo masculino demonstraram o interesse de produzir e reproduzir a vida na roça, os sujeitos do sexo feminino não demonstram o interesse em reproduzir o trabalho de suas mães.

Figura 13 – Cristian – 21 anos

Fonte: o autor

Cristian, 21 anos completos em 2017, fez a opção por desenvolver um único desenho, informando que no desenho está contido a sua expectativa presente e futura. Na parte superior da folha ele desenhou o universo do sítio – sol, nuvens, pássaros, montanhas e a energia elétrica –, com uma divisória de cerca onde se vê uma vaca e possivelmente um touro, e uma pessoa a cavalo pastoreando o gado. Logo abaixo, na parte central da folha, o desenho de um quintal com árvores, casas e as famílias se deslocando para a comunidade, representada pela igreja e pelo campo de futebol, com árvores e gramagem. A igreja é interligada por caminhos a todas as casas. Na parte inferior, de um lado o trabalho na roça, uma plantação de milho e de árvores frutíferas com um trator preparando a terra, tendo, além do operador do trator, uma pessoa cuidando da lavoura. O desenho apresenta no fundo da igreja e na parte inferior da lateral esquerda o Córrego das Pedras, que banha a maior parte dos sítios. Segundo Cristian, seu desenho representa o futuro e o presente, que se misturam, tendo o trabalho na roça e a vida comunitária como referências. Seu desenho é representativo da simbiose entre tradição e modernidade e das inquietações que acompanham a trajetória de vida das famílias, projetando uma reprodução com bases diferentes daquelas construídas por seus avós e pais. Em seus relatos, Cristian manifesta o interesse em dar continuidade aos trabalhos do pai, que herdou do avô, porém, em bases diferentes. O caminho da universidade, particularmente o curso de Agronomia, por um lado, reflete sua trajetória de vida no campo, pois está buscando a qualificação profissional naquilo que já faz parte de sua vida, e, por outro, apresenta novas bases de relação com a terra, e por consequência, a forma de produção.

> A realidade social possui muitas facetas. Algumas são visíveis, outras são invisíveis, inaudíveis, fragmentadas, silenciadas. No conjunto, os desenhos apontam para a produção de um processo de conservação-dissolução, em que alguns traços dos modelos anteriores permaneceram, enquanto outros desapareceram. (Silva; Melo; Appolinário, 2012, p. 166).

Os desenhos evidenciam o gosto pelas relações construídas com a terra, com a família e com a comunidade, com forte ascendência da modernidade, que poderá determinar a continuidade da produção e reprodução da vida no campo, formatada em bases diferentes da de seus pais, utilizando dos recursos tecnológicos disponíveis, como máquinas, equipamentos e insumos. Nos desenhos, há a predominância das casas, das famílias e dos traços da comunidade, sugerindo reflexões sobre a vida com o ambiente espacial e social em que vivem.

Os desenhos expressam o cotidiano da vida deles e delas, onde é percebido que o tradicional e o moderno se entrelaçam, como categorias presentes no contexto social e no cotidiano da vida. Silva, Melo e Appolinário (2012), ao analisarem o espaço de sociabilidade de crianças que outrora viveram no mundo rural e migraram com suas famílias para a cidade, apontam a relação entre o tradicional e o moderno, presente na vida das crianças, agora citadinas.

> O "tradicional" e o "moderno" se cruzam formando uma verdadeira simbiose. As imagens dos fogões a lenha, das hortas, das ervas plantadas em vasos e áreas bem restritas existem lado a lado com os fogões e gás, a televisão, a geladeira, os aparelhos de som, os celulares, enfim as mercadorias de consumo do mundo urbano. (Silva; Melo; Appolinário, 2012, p. 157).

Em Córrego das Pedras, espaços rurais onde vivem os sujeitos da terceira geração com suas famílias, a simbiose entre o tradicional e o moderno está presente nos desenhos: a paisagem rural é invadida por máquinas agrícolas, universidade, energia elétrica, rodovia, televisão, entre outros artigos da modernidade; contrastando com tradições como o exercício da religiosidade, a forma das casas, as culturas tradicionais como o milho, as árvores, os pássaros e animais de criação, entre outros.

Os desenhos demonstram que o modo de vida vivido no interior das famílias e no contexto comunitário permeia a vida das crianças, adolescentes e jovens que constituem a terceira geração. Assim, como é latente a relação dual entre "tradição" e "modernidade" no modo de vida das famílias, é latente também na vida deles e delas, manifestada nos desenhos.

Se os desenhos mostram uma relação da criança com a família e com a comunidade, evidenciam também a relação com a terra e com o trabalho na terra. As crianças, adolescentes e jovens, por meio dos desenhos, manifestam essa relação, que poderá ser fator determinante para a manutenção dos vínculos com a terra, mesmo em casos em que possam fazer opção pela vida e pelo trabalho urbano. As entrevistas também possibilitam perceber a relação dos jovens com a terra:

> Ah!!! Gosto muito do sítio e da terra, é outra vida, traz tranquilidade e paz. Quando eu penso em organizar minha vida hoje seria no sítio, pois percebo que é bem mais tranquilo. Hoje trabalho com a lógica de dar continuidade aos trabalhos dos meus pais, por exemplo, manter o que está funcionando, como a forma de produção que são pequenas e variadas e a venda na feira. Estou no 4º semestre do curso de biologia, agora que estou começando a aprender a dimensão prática da vida acadêmica. Pelas minhas experiências na vida acadêmica, já posso afirmar que eu diminuiria o uso de agrotóxicos, apesar de meu pai ser bem cauteloso e usar de forma moderada, sendo mais para controle de mato na roça. Para o controle de praga ele usa somente no início, depois quando o vegetal começa a produzir ele não usa mais. Não tenho nenhuma dificuldade em organizar minha vida no sítio, gosto de viver aqui e gosto do trabalho que faço. O curso de biologia abrange várias áreas, como a de melhoramento genético animal e vegetal e controle biológico de pragas, sem usos de produtos químicos. Então, está na minha área de trabalho também. (Entrevista com Alfredo, em outubro de 2018).

Fábio e sua irmã Rosiane, filho e filha da segunda geração, já fizeram a opção pela reprodução do trabalho na terra e, juntamente com seus pais, estão totalmente envoltos na produção da vida material no sítio. Nesse caso, observamos uma situação consolidada de sucessão da 2ª para a 3ª geração, portanto, importante prenúncio de que a reprodução e produção de vida nos sítios poderá ter continuidade.

Os desenhos apresentados e analisados demonstram a relação dos filhos e filhas da terceira geração com a terra, com suas famílias e com a comunidade. Na juventude, estão sendo alçados ao ambiente urbano em busca da formação acadêmica, em distintas áreas, incluindo aquelas formações que pressupõem relação com a terra, como é o caso dos cursos de Biologia e Agronomia. Estão cada vez mais imersos em um mundo pautado por relações de modernidade, que aprofundam o dilema na relação com as tradições que, ao longo do tempo, pautaram suas vidas e permanecem presentes.

****

Por todo o exposto, a continuidade ou não da produção e reprodução da vida nos sítios pela terceira geração, dando sequência à trajetória de resistência iniciada por seus avós, coloca-se como um dilema latente. Apesar do dilema, o mundo rural continua vivo e dinâmico, externado em toda a trajetória dos sujeitos da comunidade, desde a década de 60, quando iniciaram a ocupação daquele espaço. Apesar das incertezas do futuro, é certo que a continuidade das famílias nos sítios dependerá da disposição da terceira geração, com certeza, com uma dinâmica de vida diferente, que somente o futuro dirá.

Capítulo VI

CONSIDERAÇÕES FINAIS

Ao longo do livro, analisa-se o processo de produção de vida material e imaterial, abrangendo categorias como trabalho, cultura, tradição, modernidade, memória, trajetórias, identidade e resistência. Está-se diante de uma realidade no qual um coletivo de famílias produz, em suas terras, uma dinâmica própria de vida, em contraposição à tendência homogeneizadora e concentradora do agronegócio que cerca a região e busca avançar suas fronteiras.

A formação da comunidade deu-se por famílias migrantes de mineiros, paulistas, paranaenses. A história foi contada principalmente a partir da memória dos idosos, nas entrevistas e nas nossas vivências na comunidade. Foram relatados os riscos e desafios na busca de novos horizontes para se viver. Acostumados(as) à vida dura da roça, foram impulsionados a sair de suas terras natais em busca de melhores condições de vida. Esse foi o principal desafio do(a) migrante. Para praticamente todas as famílias, a migração foi a estratégia utilizada de busca para melhorar as condições de vida e garantir a existência e reprodução familiar. Boa parte migrou mais de uma vez, sempre em direção ao norte, em busca de oportunidades de melhorias das condições de subsistência própria e da família. Situações climáticas radicais, como o frio de Mato Grosso do Sul, empurraram boa parte dos migrantes para o norte de Mato Grosso, para regiões desabitadas, determinando uma trajetória tortuosa e de sofrimento.

Mostramos que, ao longo do tempo, os sitiantes reinventaram formas de produção para se manterem em suas terras. Construíram autonomia no processo de produção e de comercialização, fator relevante em seu modo de vida, que se dá na relação entre a modernidade e a tradição. Trata-se de um contexto rural plural, distante da padronização e da uniformização própria da modernidade, conforme apontado por Wanderley (2009). A utilização de variadas estratégias de produção pode ser entendida como mecanismo de resistência e de adequação às condições de mercado, garantidores da sobrevivência no campo.

A realidade de Córrego das Pedras é percebida como um espaço de microrresistência, que se materializa na permanência das famílias em seus sítios, produzindo e reproduzindo a existência material e imaterial. Refere-se a uma história de luta de homens e mulheres, iniciada no processo de migração, de conquista e permanência na terra, firmemente enraizada na luta pela sobrevivência material das famílias, o que caracteriza a resistência. Há mais de cinco décadas, e há três gerações, produzem vida material e cultural em um espaço de prevalência das relações capitalistas de produção, por meio do agronegócio, almejando apropriar-se das terras, em função da qualidade e da localização.

Procuramos demonstrar que a trajetória de vida de cada um e de cada uma impregna e está impregnada daquilo que se vive cotidianamente no seio social, tanto no âmbito das relações internas (família e comunidade) como no das relações externas (comunidades vizinhas e cidade), constituindo a essência da reprodução das condições existenciais daquele povo, sendo a memória o fio condutor para o desvelar dessas relações que são sociológicas e históricas.

Conforme Barrozo (2007), trata-se de fazer "vir à tona", emergir um passado remoto, "encoberto pelas cinzas", muitas vezes esquecido, conservado na memória de cada um e cada uma que fizeram e fazem história.

Os sitiantes desenvolveram uma forma de produção que se caracteriza pela relação entre o conhecimento tradicional e a modernização das práticas produtivas com agregação de máquinas, equipamentos e insumos, responsáveis pela melhoria dos processos produtivos com a diversificação da produção, humanizando as relações de homens e mulheres com as desgastantes tarefas de trabalho, sendo também, agregadoras de renda. Associa-se a esse processo produtivo a dinâmica da comercialização diretamente ao consumidor, sem a presença de atravessadores, rentabilizando a produção.

Produziu-se uma dinâmica diferente dos padrões capitalistas dentro das estruturas capitalistas, fenômeno já apontado por Luxemburgo (1985). Essa dinâmica econômica construída no contexto das relações sociais da comunidade Córrego das Pedras também se constitui como um elemento de resistência, pois possibilitou rentabilizar a atividade de produção, garantindo uma estabilidade do processo produtivo e das famílias em seus sítios.

Os relatos mostram claramente que ao longo do tempo, alteraram-se as condições de trabalho. Coube à primeira geração o trabalho de desbravar e de implantar as lavouras brancas, primeiramente, e as de café, posteriormente, subsistindo esse modo de se relacionar com a terra por um longo período, de meados de década de 60 até os anos 2000. A primeira geração viveu períodos de muito sofrimento, seja pela escassez de abastecimento, seja por constantes doenças a que eram acometidos, ou, ainda, pela rudeza e dureza do trabalho, praticamente todo ele manual. A segunda geração, em conjunto com a primeira, foi responsável pela transição das lavouras de café para a produção voltada à feira — verduras, frutas, legumes e gado de leite —, fazendo também a transição do trabalho manual para o uso de tecnologias, como trator, implementos agrícolas, controle de pragas por herbicidas e fungicidas e adubação química. Uma transição que está em curso, pois parte do trabalho ainda é manual, com moderado uso de tecnologias. A terceira geração tem mais acesso aos processos de educação formal e às tecnologias disponíveis, o que poderá gerar outras formas de produção e de relação com a terra.

Houve uma melhoria das condições de vida e de produção da vida material. Hoje, todas as famílias possuem seus próprios sítios, desfrutando de melhores condições de vida e conforto. Possuem carros, motos, serviços de internet, de telefonia, energia elétrica e variados eletrodomésticos. Para a produção, têm acesso moderado as máquinas, equipamentos e insumos para o desenvolvimento das atividades produtivas.

A população idosa, composta pelos primeiros migrantes permanecem nos sítios, mora em suas próprias casas, rodeada pelas casas ou pela presença dos filhos e filhas da segunda geração e netos e netas da terceira geração. Dentro dos limites, em função da idade, continuam a desenvolver seus trabalhos, inclusive, alguns(as) deles(as) indo para a feira.

A trajetória de vida dos sitiantes é, em última instância, uma recusa ao modelo totalizador proposto pela modernidade. Entendo como uma recusa ao modelo de produção do agronegócio, centrado na concentração de grandes áreas de terras e na monocultura, que privilegia o ter em detrimento do ser. Ainda, a trajetória dos sujeitos pode ser compreendida como uma afirmação de um modo próprio de vida, que perpassa as experiências de vida individuais e coletivas — como as relações comunitárias que permeiam o cotidiano da vida das famílias —, em simbiose com a tradição e modernidade.

Além da dinâmica da produção e da comercialização construída, importante ressaltar o papel substancial da vida imaterial desde o processo migratório. Pelos caminhos da migração, construíram e reproduziram uma dinâmica de vida própria da rusticidade da vida no campo. Nesse processo, mantiveram muitos aspectos dos hábitos e tradições das suas existências originais, uma reprodução da cultura caipira, como também é demonstrado nas obras de Queiroz (1973) e de Antonio Candido (1982).

Os escritos demonstram que, junto com as famílias que migraram para o estado de Mato Grosso, a cultura também migrou, produzindo e se reproduzindo ao longo da existência dos homens e mulheres, na relação com a modernidade. Estava certo Sahlins (1997) quando afirmava que não há possibilidade de a cultura desaparecer. A cultura é uma expressão das relações sociais, estabelecendo uma relação de correspondência. No caso da cultura caipira, ficou demonstrado que ela foi migrando e subsistindo ao tempo.

A cultura caipira permanece viva, presente no modo de vida dos sitiantes, como instrumento de construção de uma coesão social no âmbito da comunidade, forjando uma resistência cotidiana, promotora da reprodução de um modo de vida que viabilizou a permanência das famílias em suas terras. Wanderley (2012) já apontava para um cenário rural de habitantes portadores de uma cultura e de uma grande capacidade de resistência aos efeitos desagregadores da modernidade, aos quais são constantemente confrontados. Nossas observações vão no mesmo sentido apontado por Wanderley (2012).

Nessa trajetória de mais de 50 anos, as mulheres também foram se descobrindo e, mesmo diante de uma estrutura patriarcal, encontraram espaços para construir uma relação de parceiras dos maridos, interferindo, por intermédio do trabalho, na constituição da renda familiar. As mulheres saíram dos portões do quintal e dos sítios para junto dos seus maridos viabilizarem a produção e a renda, quer seja na tarefa de industrialização artesanal dos produtos a serem vendidos, quer seja no trabalho de comercializar os produtos no balcão da feira.

> Acho que as mulheres têm mais jeito de ficar na frente da banca para vender, mais carisma. Via de regra, as mulheres quem estão ali na frente do balcão e os homens mais no suporte na parte da logística. Eu acho que isso simboliza um pouco também o fato de as mulheres tomarem a frente das tarefas, o que acontece também aqui na feira, pois no começo não era assim. Antes as mulheres ficavam em casa, cabendo aos homens a tarefa de ir para a feira. As mulheres iam para a feira de vez em quando e não ficavam na linha de frente das vendas. Isso foi de uns dez anos para cá, não sei

exatamente quando, mas de uns dez anos para cá. (Entrevista com Neide, em janeiro de 2017).

Concomitante ao processo de avanço das mulheres em relação ao trabalho produtivo, o que significa uma construção da autonomia na relação com seus maridos, pois, além de participarem do processo de produção da renda, de extrapolarem os limites das fronteiras do sítio para a cidade, passaram a ocupar espaços na gestão da comunidade. Aqui é importante ressaltar que, do ponto de vista temporal, esses processos são coincidentes, o que reforça o avanço das mulheres na ocupação dos espaços nos processos de vida individual e coletiva.

Os caminhos trilhados possibilitaram ainda um encontro com dona Nega, uma figura singular no contexto das relações sociais da comunidade, cuja trajetória de vida, construída em um contexto de ascendência de relações patriarcais e patronais, viúva e negra, com poucas oportunidades na vida, construiu na dureza do trabalho da roça sua autonomia de vida. Saiu da condição de trabalhadora rural assalariada no estado de Goiás e no município de Nova Olímpia, para proprietária de um sítio, no qual, aos 86 anos, contínua na lida da roça, dando conta de cuidar da propriedade, industrializar artesanalmente produtos como leite e frutos, vender na feira e cuidar de seu filho cadeirante, em um mundo rural plural, diverso e polissêmico que não dá sinais de esgotamento.

Os sitiantes da primeira geração que há mais de 50 anos ocupam a região estão com idade superior a 75 anos, praticamente sem força vital para o trabalho. A segunda geração herdou da primeira o conhecimento e o gosto pela lida na roça, assumindo a condução dos trabalhos, estando em sua maioria na faixa dos 45 a 55 anos de idade, portanto, com significativa vida útil para o trabalho rural, garantidora da permanência das famílias em seus sítios, da continuidade das relações sociais estabelecidas na comunidade e da reprodução de um modo de vida. A terceira geração é constituída por crianças, jovens e adultos, sendo que as crianças e adolescentes residem com suas famílias e os jovens dividem o tempo com os estudos — a maioria em cursos superiores na cidade de Tangará da Serra —, e a permanência nos sítios dos pais, principalmente nos fins de semana, ajudando nas tarefas de trabalho.

A geração de jovens envoltos nos seus próprias dilemas, aprofundados com a experiência da formação acadêmica e dos ares da modernidade que sopram com vigor sobre suas vidas, mantém o desejo de permanecer na terra e dar continuidade ao trabalho dos pais e avós, demonstrado nos desenhos, sob outras bases econômicas e sociais, principalmente, a partir dos conhecimentos acadêmicos. Não estamos nos referindo apenas a um possível crescimento econômico das práticas agrícolas, potencializadas pelo conhecimento e aplicação de novas tecnologias, mas mudanças na maneira de produzir, aliadas aos projetos de continuar na terra. Apontamos para sementeiras, talvez de uma agricultura ecológica, baseada nos conhecimentos técnicos e na experiência transmitida pelas gerações anteriores. Apontamos também para a manutenção de uma relação ética de trabalho na terra, assentada em valores tradicionais dos sitiantes e reverberados nas teorias de relação com a terra que reafirmam propósitos de uso da terra para gerar vida, e não somente lucros.

Por todo o exposto, demonstramos um espaço rural contemporâneo que se constrói na relação de interdependência com o urbano, uma relação de ambivalência assimétrica e o reconhecimento do mundo rural como um modo de vida em que muitos sujeitos, homens e mulheres, fazem a opção de viver. Apesar das concepções alinhadas ao *continuum* rural-urbano, percebe-se a afirmação do rural na sociedade urbana, com a emergência de novas identidades e formas diferentes de se relacionar com a terra.

REFERÊNCIAS

ACOSTA, Alberto. **O bem viver**: uma oportunidade para imaginar outros mundos. Tradução de Tadeu Breda. São Paulo: Elefante & Autonomia Literária, 2016.

ATLAS do Desenvolvimento Humano no Brasil. Disponível em: www.atlasbrasil. org.br. Acesso em: 27 jun. 2019.

ANDRIOLLI, Carmem Silva. **Nas entrelinhas da história, memória e gênero**: lembranças da antiga Fazenda Jatahy. Dissertação (Mestrado em Sociologia). São Carlos: [s. n.], 2006.

APPIAH, Kwame Anthony. Identidade como problema. *In:* SALLUM JUNIOR, Brasílio *et al.* **Identidades**. São Paulo: Edusp, 2016. p. 17-32.

BARROZO, João Carlos. **Em busca da pedra que brilha como estrela**: garimpos e garimpeiros do Alto Paraguai-Diamantino. Cuiabá: Tanta Tinta, 2007.

BARROZO, João Carlos. A questão agrária em Mato Grosso: a persistência da grande propriedade. *In:* BARROZO, João Carlos (org.). **Mato Grosso**: a (re)ocupação da terra na fronteira amazônica (século XX). Cuiabá: EdUFMT, 2010. p. 11-27.

BAUMAN, Zygmunt. **Identidade**. Rio de Janeiro: Zahar, 2005.

BERNARDO, Vaz Macedo. **Papagaio velho não pega língua mais, não**: um estudo sobre a recriação das formas de identificação na comunidade quilombola Córrego do Narciso, Vale do Jequitinhonha, MG. Texto de qualificação (Doutorado em Sociologia) – Programa de Pós-Graduação em Sociologia, Universidade Federal de São Carlos, 2018.

BOSI, Ecléa. **Memória e sociedade: lembrança de velhos**. 3. ed. São Paulo: Schwarcz, 2004.

BOURDIEU, Pierre. **Meditações pascalianas**. Tradução de Sérgio Miceli. Rio de Janeiro: Bertrand Brasil, 2001.

BOURDIEU, Pierre. **Razões práticas**: sobre a teoria da ação. 9. ed. São Paulo: Papirus, 2008.

BOURDIEU, Pierre. **O poder simbólico**. Tradução de Fernando Tomaz. 13. ed. Rio de Janeiro: Bertrand Brasil, 2010.

BRANDÃO, Carlos Rodrigues. Tempos e espaços nos mundos rurais do Brasil. **RURIS, Revista do Centro de Estudos Rurais**, Campinas, v. 1, n. 1, p. 37-64, 2007.

BRANDÃO, Carlos Rodrigues. **O afeto da terra**. Campinas: Unicamp, 1999.

BRASIL. Estatuto da Terra. **Lei n.º 4.504, de 30 de novembro de 1964**. Disponível em: http://www2.camara.leg.br. Acesso em: 09 set. 2018.

BRUMER, Anita. Gênero e agricultura: a situação da mulher na agricultura do Rio Grande do Sul. **Estudos Feministas**, Florianópolis, n. 12, p. 205-227, 2004.

BRUMER, Anita. Gênero e reprodução social na agricultura familiar. **Revista Nera**, Presidente Prudente, ano 11, n. 12, p. 6-17, 2008.

CAMPOS, Antonio Pires de. Breve notícia que dá o capitão Antonio Pires de Campos do gentio bárbaro que há na derrota da viagem das minas do Cuyabá e seu recôncavo. **Revista Trimensal do Instituto HistoricoGeographico e Ethnographico do Brasil**, tomo XXV, 3º trimestre, p. 437-449. Rio de Janeiro: Typ. de D. Luiz do Santos, 1862.

CANCLINI, Néstor Garcia. **Culturas híbridas**. Tradução de Heloísa Pezza Cintrão. 4. ed. São Paulo: Universidade de São Paulo, 2008.

CANDIDO, Antonio. **Os parceiros do Rio Bonito**. 6. ed. São Paulo: Duas Cidades, 1982.

CHAVEZ, Wagner Diniz. Canto, voz e presença: uma análise do poder da palavra cantada nas folias norte-mineiras. **Revista Mana**: estudos de antropologia social, Rio de Janeiro, v. 20, n. 2, p. 249-280, ago. 2014.

CHIAVENATTO, Julio José. **Genocídio americano**: a Guerra do Paraguai. 3. ed. São Paulo: Brasiliense, 1979.

COLLINS, Patrícia Hill. Aprendendo com o outsider within: a significação sociológica do pensamento feminista negro. **Revista Sociedade e Estado**, v. 31, n. 1, p. 66-127, 2016. Disponível em: https://www.scielo.br/scielo.php?scrit=sci_arttext&pid=S0102-69922016000100099 . Acesso em: 16 abr. 2017.

COSTA, Luís César Amado; MELLO, Leonel Itaussu A. **História do Brasil**. 6. ed. São Paulo: Scipione, 1993.

COTRIM, Gilberto. **História do Brasil**: um olhar crítico. Barra Funda: Saraiva, 1999.

CRESWELL, John W. **Projeto de pesquisa:** métodos qualitativo, quantitativo e misto. 3. ed. Porto Alegre, Artmed, 2010.

DAMATTA, Roberto. **O ofício de etnólogo, ou como ter "Anthropological Blues".** Disponível em: https://pt.scribd.com/document/51433408/DAMAT-TA-Roberto-O-oficio-de-etnologo-ou-como-ter-anthropological-blues. Acesso em: 4 dez. 2017.

DERDYK, Edith. **Formas de pensar o desenho**: desenvolvimento do grafismo infantil. São Paulo: Scipione, 1989.

DI LEO, Joseph H. **A interpretação do desenho infantil.** Tradução de Marlene Neves Strey. Porto Alegre: Artes Médicas, 1985.

DURKHEIM, Émile. **As regras do método sociológico.** 6. ed. São Paulo: Nacional, 1974.

DURKHEIM, Émile. **Sociologia.** Tradução e organização de José Albertino Rodrigues. 9. ed. São Paulo: Ática, 2000.

ECHEVERRÍA, Bolívar. **La modernidad de la barroco**. 2. ed. México: Era. S. A. de C. V., 2011.

FANON, Frantz. **Os condenados da terra.** Tradução de José Laurênio de Melo. Rio de Janeiro: Civilização Brasileira, 1968.

FANON, Frantz. **Pele negra máscaras branca.** Tradução de Renato da Silveira. Salvador: EDUFBA, 2008.

FRANÇA, Raimundo Nonato Cunha de. Comunicação e Agricultura familiar na Comunidade Vale do Sol II – Tangará da Serra-MT. *In:* ALMEIDA, Rosemeire Aparecida de; SILVA, Tânia Paula (org.) *et al.* **Repercussões territoriais do desenvolvimento desigual-combinado e contraditório em Mato Grosso.** Campo Grande: UFMS, 2015. p. 285-313.

FRIEIRO, Eduardo. **Feijão, angu e couve.** 2. ed. São Paulo: Itatiaia, 1982.

FURTADO, Celso. **Formação econômica do Brasil**. 17. ed. São Paulo: Nacional, 1980.

GEERTZ, Clifford. **O saber local**: novos ensaios em antropologia interpretativa. Tradução de Vera Mello Josclyne. Petrópolis: Vozes, 1997.

GIDDENS, Anthony. **Modernidade e identidade**. Tradução de Plínio Denzien. Rio de Janeiro: Jorge Zahar, 2002.

GOHN, Gabriel. Identidades problemáticas. *In:* SALLUM JUNIOR, Brasílio *et al.* **Identidades**. São Paulo: EDUSP, 2016. p. 33-39.

GOMES, Andréia Patrícia *et al.* Malária grave por Plasmodium falciparum. **Rev. Bras. de Ter. Intensiva**, viçosa, v. 23, n. 3, p. 358-369, 2011.

GUIMARÃES NETO, Regina Beatriz. **Cidades da mineração**: memória e práticas culturais: Mato Grosso na primeira metade do século XX. Cuiabá: EDUFMT, 2006.

GUIMARÃES NETO, Regina Beatriz. Cidades da fronteira. *In:* SILVA, Luiz Sérgio Duarte da (org.). **Relações cidade-campo: fronteiras**. Goiânia: UFG, 2000. p. 181-193.

GUIMARÃES NETO, Regina Beatriz. Vira mundo, vira mundo: trajetórias nômades e as cidades da Amazônia. *In:* Projeto História: revista do Programa de Estudos Pós-Graduação em História e do Departamento de História da Pontifícia Universidade Católica de São Paulo. **Nomadismo, memórias, fronteiras**, São Paulo: Educ, n. 27, p. 49-69, 2003.

GULLAR, Ferreira. Colônia, culto e cultura. *In:* BOSI, Alfredo. **Dialética da colonização**. São Paulo: Letras, 1992.

HALBWACHS, Maurice. **A memória coletiva**. Tradução de Beatriz Sidou. 2. ed. São Paulo: Centauro, 2015.

HALL, Stuart. Quem precisa de identidade? *In:* SILVA, Tomaz Tadeu. **Identidade e diferença:** a perspectiva dos estudos culturais. Petrópolis, 2000. p. 103-133.

HALL, Stuart. **A identidade cultural na pós modernidade**. Tradução de Tomaz Tadeu da Silva e Guacira Lopes Louro. 12. ed. Rio de Janeiro: Lamparina, 2019.

HIRATA, Helena; KERGOAT, Danièle. Novas configurações da divisão sexual do trabalho. Tradução de Fátima Murad. **Cadernos de pesquisa**, v. 37, n. 132, p. 595-609, set./dez. 2007. Disponível em: http://scielo.br/pdf/cp/v37n132/a0537132. Acesso em: 10 jan. 2019.

HIRATA, Helena. Gênero, classe e raça: interseccionalidade e consubstancialidade das relações sociais. **Tempo social**, v. 26, n.1, p. 61-73, 2014. Disponível em: http://www.revistas.usp.br. Acesso em: 16 abr. 2017.

IBGE CIDADES@. Tangará da Serra. Disponível em: www.cidades.ibge.gov.br. Acesso em: 23 nov. 2016.

IBGE ESTADO@. Mato Grosso. Disponível em: https://cidades.ibge.gov.br/brasil/mt/panorama. Acesso em: 27 jun. 2019.

INSTITUTO NACIONAL DE COLONIZAÇÃO E REFORMA AGRÁRIA (Incra). **Classificação de imóveis rurais**. Disponível em: http://www.incra.gov.br/tamanho-propriedades-rurais. Acesso em: 23 de abril de 2018.

LANNA, Marcos. Nota sobre Marcel Mauss e ensaio sobre a dádiva. **Revista de sociologia e política**, Curitiba, n. 14, p. 173-194, jun. 2000.

LEFF, Enrique. **Ecologia, capital e cultura**: a territorialização da racionalidade ambiental. Petrópolis: Vozes, 2009.

LIMA, Vanessa. Jair Bolsonaro diz que mulher deve ganhar menos porque engravida. **Revista Crescer,** 15 fev. 2015. Disponível em: https://revistacrescer.globo.com/Familia/Maes-e-Trabalho/noticia/2015/02. Acesso em: 26 de out. 2108.

LUCENA, Célia Toledo. **Artes de lembrar e de inventar**: (re)lembranças de migrantes. São Paulo: Arte & Cia, 1999.

LUCENA, Célia Toledo. Saberes e sabores do país de origem como forma de integração. **Cadernos CERU,** São Paulo, série 2, v. 19, n. 1, 2008, p. 65-80.

LUXEMBURGO, Rosa. **A Acumulação do capital**. Tradução de Marijane Vieira Lisboa e Otto Erich Walter Maas. 2. ed. São Paulo, 1985.

MAFFESOLI, Michel. O imaginário é uma realidade. **Revista Famecos**, Porto Alegre, n. 15, p. 74-82, ago. 2001.

MARX, Karl; ENGELS Friedrich. **A ideologia alemã e outros escritos**. Tradução de Waltensir Durtra e Florestan Fernandes. Rio de Janeiro: Zahar, 1965.

MARX, Karl. **O capital**. Tradução de Gabriel Develle. Bauru: Edipro, 1998.

MARX, Karl. **O capital:** crítica da economia política – o processo global da produção capitalista. Tradução de Regis Barbosa e Flávio R. Kothe. São Paulo: Victor Cintra, 1985.

MARX, Karl. **Contribuição à crítica da economia política**. Tradução de Florestan Fernandes. 2. ed. São Paulo: Expressão Popular, 2008.

MARIEN, Alfredo. **Era um poaeiro**. Cuiabá: Academia Matogrossense de Letras, 2008.

MARTINS, José de Souza. **Os camponeses e a política no Brasil**. Petrópolis: Vozes, 1986.

MARTINS, José de Souza. **A imigração e a crise do Brasil agrário**. São Paulo: Pioneira, 1973.

MARTINS, José de Souza. Fronteira: a degradação do outro nos confins do humano. São Paulo: Hucitec, 1997.

MELO, Beatriz Medeiros de. **História e memória na contramão da expansão canavieira**: um estudo das formas de resistência dos sitiantes do extremo noroeste paulista. Tese (Doutorado em Sociologia) – Programa de Pós-Graduação em Sociologia, Universidade Federal de São Carlos, 2013.

MILLS, Wright G. **A imaginação sociológica**. Tradução de Waltensir Dutra. 6. ed. Rio de Janeiro: Zahar, 1982.

MONSMA, Karl. James C. Scott e a resistência cotidiana: uma avaliação crítica. **Revista Brasileira de Informação Bibliográfica em Ciências Sociais**, Rio de Janeiro, v. 49, n. 49, p. 95-121, 2000. Disponível em: https://www.anpocs.com/index.php/encontros/papers/23-encontro-anual-da-anpocs/gt-21/gt14-13/4977-karlmonsma-james/file. Acesso em: 17 jan. 2019.

MOREIRA, Roberto José. **Terra, poder, território**. São Paulo: Expressão Popular, 2007.

MORENO, Gislaene. **Terra e poder em Mato Grosso**: política e mecanismos de burla/1892/1992. Cuiabá: EDUFMT, 2007.

NARDOQUE, Sedeval. Tangará da Serra (MT): dinâmica fundiária, agricultura capitalista e (re)criação camponesa. *In:* ALMEIDA, Rosemeire Aparecida de; SILVA, Tânia Paula (org.). **Repercussões territoriais do desenvolvimento desigual--combinado e contraditório em Mato Grosso.** Campo Grande: UFMS, 2015. p. 83-107.

NOBRE, Miriam Nobre Pacheco *et al.* **Economia feminista e soberania alimentar**: avanços e desafios. São Paulo: [*s. n*], 2014.

NORA, Pierre. Entre memória e história: a problemática dos lugares. Tradução de Yara Aun Khoury. **Projeto História**: Revista do Programa de Estudos Pós-graduados de História, v. 10, p. 7-28, 1993.

OLIVEIRA, Ariovaldo Umbelino de. **Amazônia**: monopólio, expropriação e conflitos. 3. ed. Campinas: Papirus, 1990.

OLIVEIRA, Carlos Ednei de. **Famílias e natureza**: as relações entre famílias e ambiente na colonização e Tangará da Serra-MT. Tangará da Serra: Tangará, 2004.

OLIVEIRA, Carlos Ednei de. **História de Tangará da Serra**. Tangará da Serra: Sanches, 2012.

OLIVEIRA, Fabiana Luci. **Triangulação metodológica e abordagem multimétodo na pesquisa sociológica**: vantagens e desafios. São Carlos: [s. n.], 2015.

PASTA JUNIOR, José Antônio. Cordel, intelectuais e o Divino Espírito Santo. *In*: BOSI, Alfredo (org.). **Cultura brasileira**: temas e situações. 4. ed. São Paulo: Ática, 2000. p. 58-74.

PAULILO, Maria Ignez. **Mulheres rurais**: quatro décadas de diálogo. Florianópolis: UFSC, 2016.

POLLAK, Michael. Memória, esquecimento, silêncio. **Estudos históricos**: memória, Rio de Janeiro: SPDOC/Vértice, v. 2, n. 3, p. 3-15, 1989.

POLLAK, Michael. Memória e identidade social. **Estudos históricos**: memória, Rio de Janeiro: SPDOC/Vértice, v. 5, n. 10, p. 200-212, 1989.

QUEIROZ, Maria Isaura Pereira de. **Bairros rurais paulistas**. São Paulo: Duas Cidades, 1973.

QUEIROZ, Maria Isaura Pereira de. Relatos orais: do "indizível" ao "dizível". *In*: SIMSON, Olga de Moraes Von. **Experimentos com história de vida**. São Paulo: Vértice, 1988. p. 14-41.

RAGIN, Charles C. **La Construcción de laInvetigación Social**: introducción a los métodos y su diversidade. Bogotá: SiglodelHombre, 1994.

RELAÇÃO DAS TERRAS INDÍGENAS DEMARCADAS E SUAS RESPECTIVAS ALDEIAS. Fundação Nacional do Índio: Coordenação Regional de Cuiabá: Cuiabá: [s. n.], 2016.

RICOEUR, Paul. **Ideologia e utopia**. Rio de Janeiro: Edições 70, 2015.

ROSENTHAL, Gabriele. **Pesquisa social interpretativa**: uma introdução. 5. ed. Porto Alegre: EDIPUCRS, 2014.

ROSSETTO, Ornélia Carmem. Faces da Agricultura familiar camponesa nas Microrregiões do Alto Pantanal e Tangará da Serra – Mato Grosso – Brasil. *In:* ALMEIDA, Rosemeire Aparecida de; SILVA, Tânia Paula (org.). **Repercussões territoriais do desenvolvimento desigual-combinado e contraditório em Mato Grosso**. Campo Grande: UFMS, 2015. p. 41-62.

SAHLINS, Marshall. O "pessimismo sentimental" e a experiência etnográfica: por que a cultura não é um "objeto" em via de extinção (parte I). **Mana**, Rio de Janeiro, v. 3, n. 1., p. 41-73, abr. 1997.

SCHENATO, Vilson Cesar. **Economia moral e resistências cotidianas no campesinato:** uma leitura a partir de E. P. Thompson e James Scott. Natal: [*s. n.*], 2010. Texto apresentado na I Conferência Nacional de Políticas Públicas Contra a Pobreza e desigualdade.

SCOTT, James C. **Domination and the arts of resistance.** New Haven: Hidden Transcripts, 1990.

SCOTT, James C. Exploração normal, resistência normal. **Revista Brasileira de Ciência Política**, Brasília, n. 5, p. 217-143, jan./jul. 2011.

SCOTT, James C. Formas Cotidianas da Resistência Camponesa. Tradução: Marilda A. de Menezes e Lemuel Guerra. **Raízes**, Campina Grande, v. 21, n. 01, p. 10-31, jan./jun. 2002.

SILVA, Maria Aparecida de Moraes. **Errantes do fim do século.** São Paulo: Unesp, 1999.

SILVA, Maria Aparecida de Moraes. Nas cores dos desenhos, as travessias (não travessuras) das crianças maranhenses. **Travessia:** revista do migrante, São Paulo, ano XXXI, n. 82, p. 29-62, 2018.

SILVA, Maria Aparecida de Moraes; MELO, Beatriz Medeiros de. Desenhos e mapas: uma contribuição aos estudos migratórios. **Revista Espaço Plural**, Marechal Cândido Rondon: Unioeste, v. 20. p. 41-52, 2009.

SILVA, Maria Aparecida de Moraes; MELO, Beatriz Medeiros de; APPOLINÁRIO, Andréia Peres. A família, tal como ela é, nos desenhos de crianças. **Trabalho & Educação**, Belo Horizonte, v. 21, n. 3, p. 153-186, set./dez. 2012.

SILVA, Maria Aparecida de Moraes; MELO, Beatriz Medeiros de; MORAES, Lara Abrão de. Saindo das sombras: mulheres sitiantes paulistas. **Revista Política & Sociedade**, Florianópolis, v. 16, n. 37, p. 179-207, 2017. Disponível em: http://dx.doi.org/10.5007/2175-7984.2016v15nesp1p179. Acesso em: 3 abr. 2018.

SIMSON, Olga de Moraes Von. **Experimentos com história de vida**. São Paulo: Vértice, 1988. p. 14-41.

SIMSON, Olga de Moraes Von. Folguedo carnavalesco, memória e identidade sócio-cultural. **Revista Interdisciplinar de cultura**, São Paulo: Papirus, n. 03, p. 53-60, 1991.

SOUZA, Hellen Cristina de. **Entre a Aldeia e a cidade:** educação escolar Paresí. 1997. Dissertação (Mestrado em Educação) -Universidade Federal de Mato Grosso,Cuiabá, 1997. Orientador: Prof. Dr. Edir Pina de Barros.

SUPERINTENDÊNCIA do Desenvolvimento da Amazônia. Ministério da Integração Nacional. Disponível em: http://www.sudam.gov.br/. Acesso em: 17 jan. 2017.

THOMPSON, E. P. **Costumes em Comum:** estudos sobre a cultura popular e tradicional. Tradução de Rosaura Eichemberg. 1. ed. 9. reimp. São Paulo: Schwarcz, 2016.

TRIBUNAL DE CONTAS DO ESTADO MATO GROSSO. (Ed.). **Contas Anuais do Governo do Estado de Mato Grosso:** Processo 58.963/2008. Cuiabá: [s. n.], 2008. Disponível em: http://www.tce.mt.gov.br/resultado_contas/governo. Acesso em: 23 abr. 2018.

TRIBUNAL DE CONTAS DO ESTADO MATO GROSSO. (Ed.). **Contas Anuais do Governo do Estado de Mato Grosso:** Processo 2.339-6/2015. Cuiabá: [s. n.], 2015. Disponível em: http://www.tce.mt.gov.br/resultado_contas/governo. Acesso em: 24 abr. 2018.

VELHO, Gilberto. Observando o familiar. *In:* NUNES, Edson de Oliveira (org.). *et al.* **A aventura sociológica.** Rio de Janeiro: Zahar, 1978. p. 37-46.

VIANA, Nildo. **Escritos metodológicos de Marx**. São Paulo: Alternativa, 2007.

VILAVA, Walnice; MIYAZAKI, Tieko Yamaguchi (org.). **Fio de memória:** pioneiros de Tangará da Serra. Cáceres: Unemat, 2013.

WANDERLEY, Maria de Nazareth Baudel. A ruralidade no Brasil moderno. Por um pacto social pelo desenvolvimento rural. Em publicacion: **Una nueva ruralidade**

en América Latina. Norma Giarracca. CLASCSO, Consejo Latinoamericano de Ciencias Sociales, Buenos Aires, 2001. Disponível em: http:/bibliotecavirtual. Clacso.org.ar/ar/libros/rural/wanderley.pdf. Acesso em: 8 abr. 2109.

WANDERLEY, Maria de Nazareth Baudel. Agricultura familiar e campesinato: rupturas e continuidade. **Revista Estudos Sociedade e Agricultura**, Rio de Janeiro, p. 42-61, 21 de out. 2003.

WANDERLEY, Maria de Nazareth Baudel. **O mundo rural como um espaço de vida**. Porto Alegre: UFRGS, 2009.

WANDERLEY, Maria de Nazareth Baudel. **Meio rural:** um lugar de vida e de trabalho. Entrevista publicada na página do Fórum DRS, do IICA, 2012. Disponível em: http://www.iicaforumdrs.org.br/index.php?saction=conteudo&id=a12a-c3b16ba6f272193312abda9386e8&idMod=64. Acesso em: 28 jan. 2018.

WEBER, Max. **Ensaios da sociologia**. Tradução de Waltensir Dutra 5. ed. Rio de Janeiro: Zahar, 1982.

WILLIAMS, Raymond. **Marxismo e literatura**. Tradução de Waltensir Dutra. Rio de Janeiro: Zahar, 1979.

WILLIAMS, Raymond. **Cultura e materialismo**. Tradução de André Glaser. São Paulo: Unesp, 2011.

WOORTMANN, Ellen F. (org.) *et al.* Eingutes Land: uma categoria do imaginário teuto-brasileiro. *In:* WOORTMANN, Ellen F. **Significados da terra**. Brasília: UNB, 2004.

WOORTMANN, Ellen F; WOORTMANN, Klass. **O trabalho da terra:** a lógica e a simbólica da lavoura camponesa. Brasília: UNB, 1997.

WOORTMANN, Klass. **Com parente não se neguceia**: o campesinato como ordem moral. Anuário Antropológico/87. Rio de Janeiro: Edições Tempo Brasileiro, 1990.